林園經濟志

만학지 晩學志 01

林園經濟志

만학지 晩學志 01

서유구 지음 | 박순철 · 김영 역주

소와당

발간에 즈음하여

전북대학교 인문한국 쌀·삶·문명 연구원은 그 명칭 자체가 암시하는 것처럼 현대문명에 대한 심각한 문제의식 속에서 인류가 공동으로 추구해야 할 바람직한 삶의 방향을 찾아보고자 하는 뜻에서 출범하였다. 많은 지성인들이 염려하는 것처럼 오늘날 우리의 삶은 미증유의 시련과 위기에 봉착해 있다. 물론 어느 시대에나 크고 작은 시련과 위기가 없었던 것은 아니지만, 지금처럼 인간의 삶이 근본적으로 위협받은 경우는 없었을 것이다. 오늘날 전세계적 각 분야의 석학들이 나서서 현대문명의 병증을 진단하고 또 나름대로 구원의 방안을 제시하는 것도 이러한 위기의식의 소산일 것이다.

그들의 주장은 크게 나누어보면 대체로 두 가지의 사유행로를 그 저변에 갖고 있는 것으로 보인다. 하나는 오늘날의 학문과 사상을 토대로 그 연장선상에서 새로운 삶과 대안문명을 모색하는 것이다. 현대 학문과 사상은 인류가 발전시켜온 지식과 지혜의 집적물인 만큼 거기에는 우리의 고민거리를 해결할 수 있는 방책이 이미 내재되어 있다는 것이다. 이 시대의 모든 문제는 바로 현대문명의 산물이라고 혹자는 주장할지 모르지만, 이는 사람들이 현대문명을 잘못 이용해온 부작용이요 폐해일 뿐이라는 생각이다. 그러므로 과거 어느 시대에나 그랬던 것처럼 오늘날 우리가 안고 있는 문제점도, 그것이 아무리 심각하다 하더라도, 현대의 지식 성과를 토대로 해결할 수 있다고 그들은 생각한다.

또 하나는 각 나라의 문화전통으로 전승해온 위대한 지식과 지혜에서 문제 해결의 실마리를 찾아보려는 움직임이다. 이는 물론 회고적이거나 또는 복고적인 사고에 머무르고자 하는 것이 아니다. 이들 역시 미래지향적임은 저들과 다를 게 없다. 다만 이들은 오늘날 문명의 폐해와 삶의 병증이 근본적으로는 사람들의 그릇된 지식에 기인한다고 여긴다. 이를테면 문제의 근원은 그들이 자연 속에서 인간의 위상을 잘못 설정한 데에 있다. 그 결과 인간과 자연의 이분법적인 사고가 자연의 착취와 정복을 야기함으로써 오늘날의 전지구적인 위기상황을 초래하고 말았다고 한다. 이들은 이에 따라 전통사상 가운데에서 아직도

유효한 삶의 지혜를 찾아 그것을 이 시대의 사고문법으로 재구성하려 한다.

전북대학교 쌀 · 삶 · 문명 연구원은 이러한 모색 방안들 가운데 어느 하나에 치우치지 않고 두 가지를 모두 아젠다 수행의 디딤돌로 삼으려 한다. 양자 모두 중요한 의의를 갖고 있다고 여기기 때문이다. 그 일환으로 조선후기 풍석(楓石) 서유구(徐有榘, 1764~1845)의 『임원경제지』를 번역하여 세상에 내놓으려 한다. 이 책은 당시의 농업생활상을 보여주는 한편으로 삶의 철학과 나아가 자연관까지도 포괄하고 있어 현대 문명을 돌이켜보는 데 중요한 근거가 될 것으로 믿는다. 다만 이 책의 분량이 매우 호한한 만큼 우리는 이를 다년간에 걸쳐서 연차적으로 착실하게 출간해나갈 것이다.

역자들을 비롯하여 어려운 여건 속에서도 원고를 다듬는 작업을 맡았던 여러 선생님들과 소와당 출판사 여러분의 심혈을 기울인 노고에 심심한 감사를 드린다

2010년 9월

전북대학교 인문한국 쌀 · 삶 · 문명 연구원

원장 이 정 덕

풍석 서유구

1764년(영조 40)~1845년(헌종 11)

본관 : 달성(達城), 자: 준평(準平), 호: 풍석(楓石), 시호: 문간(文簡)

조선후기 소론의 대표적인 학자로서 다산 정약용에 버금가는 방대한 저술을 남겼다. 그의 학문은 조부 서명응의 선천역(先天易)과 명물지학(名物之學), 부친 서호수의 수리(數理)와 역상(曆象), 중부 서형수(徐瀅修)의 훈고(訓詁)와 명물 등 가학의 영향을 받아 성숙하였고, 연암 박지원을 비롯한 북학파의 영향을 크게 받았다.

서유구는 문학이나 경학보다는 농학과 같은 실용에 더 깊은 관심을 갖고 있었다. 22세(1785년)의 나이에 조부 서명응의 명을 받아 『보만재총서(保晩齋叢書)』 중 『본사(本史)』의 뒷부분을 대신 저술할 만큼 일찍부터 농학적 소양을 연마한 이래 『행포지(杏蒲志)』『종저보(種藷譜)』『난호어목지(蘭湖漁牧志)』『경솔지(鶊蟀志)』『옹희지(饔饎志)』『금화경독기(金華耕讀記)』 등을 저술하였고, 이들은 113권 54책에 달하는 『임원경제지(林園經濟志)』로 종합되었다. 농사에서 의학, 예술, 상업에 이르기까지 실생활에 필요한 지식을 집대성한 『임원경제지』는 총서(叢書)의 성격과 유서(類書)의 성격을 아울러 지닌 백과전서적인 저술로 그의 평생에 걸쳐 온축된 학문의 결정체이다.

이외에도 『풍석전집(風石全集)』『모시강의(毛詩講義)』『완영일록(完營日錄)』『화영일록(華營日錄)』『번계시고(樊溪詩稿)』『누판고(鏤板考)』 등의 저술이 있다.

임원경제지의 구성

1	본리지本利志	권1－권13	곡식 농사의 전체에 대한 총람. 토지제도, 수리, 토질, 농사 시기, 개간과 경작법, 거름과 종자의 선택, 파종, 수확 및 저장, 곡식 이름 고증, 곡식 재해와 예방, 농가 달력표, 농기구와 관개시설 도보.
2	관휴지灌畦志	권14－권17	온갖 채소류, 나물류, 해초류, 약초의 이름 고증 및 재배법.
3	예원지藝畹志	권18－권22	온갖 화훼의 이름 고증 및 재배법.
4	만학지晩學志	권23－권27	과실류, 풀열매류, 각종 나무의 이름 고증 및 재배법.
5	전공지展功志	권28－권32	뽕나무 재배, 누에치기, 비단짜기, 삼베·모시·칡·면화의 재배와 옷감짜기. 염색 및 잠상(蠶桑)과 방직(紡織).
6	위선지魏鮮志	권33－권36	기상과 천문을 관찰하여 농사의 풍흉 예측하기.
7	전어지佃漁志	권37－권40	가축사육, 사냥, 각종 어구(漁具)와 어로 및 낚시. 물고기 이름 고증.
8	정조지鼎俎志	권41－권47	음식요리백과. 음식 재료에 대한 총론, 밥·떡·죽·엿·국수·만두, 국과 탕 종류의 요리, 한과, 김치류 담그기, 고기 요리, 조미료 만들기, 술 담그기, 절기 음식 만들기.
9	섬용지贍用志	권48－권51	가정생활 백과. 건축, 취사 도구, 공작 기구, 복식제도, 화장 도구, 실내장식, 교통 수단, 도량형.
10	보양지葆養志	권52－권59	선비의 정신수양과 건강유지법. 정기신의 수련, 식이요법, 양노법, 육아법, 섭생법.
11	인제지仁濟志	권60－권87	본격적인 치료의학. 『동의보감』 이후 가장 방대한 전통의학의 집대성. 내인, 외인, 내외겸인의 병인(病因) 체계 구분. 부과(婦科), 유과(乳科), 외과 및 포제서례(炮製敍例), 침구수혈.
12	향례지鄕禮志	권88－권90	가정과 향촌 생활에 필요한 의례. 향음주례(鄕飮酒禮), 향사례(鄕射禮), 향약(鄕約), 관혼상제(冠婚喪祭).
13	유예지游藝志	권91－권98	임원에서 익히고 즐기는 기초 교양 및 기예. 독서법, 활쏘기, 산법(算法), 서예와 그림, 방악(房樂).
14	이운지怡雲志	권99－권106	예술과 문화 각 분야별 취미생활. 정원과 연못의 배치 및 운용, 생활용구와 차, 향, 거문고, 화석(花石), 애완동물 사육법, 문방구, 예술품 감상, 서적, 명승 유람, 각종 연회와 놀이.
15	상택지相宅志	권107－권108	주거지의 선택방법과 전국의 명기(名基). 대문, 담장, 울타리, 창고, 숫돌, 화장실, 외양간, 우물, 연못의 설치 방법.
16	예규지倪圭志	권109－권113	가정경제의 운영방법과 상업활동의 기초자료. 지출방법, 절약방법, 화재와 절도 예방법, 재산증식법, 전국의 산물과 시장 거래품목, 거리 대조표.

일러두기

1. 이 책은 서유구의 『임원경제지』 중 『만학지』를 표점, 교감, 번역, 주석한 것이다.
2. 전북대학교도서관에 소장하고 있는 보경문화사에서 나온 필사본을 저본으로 하였다.
3. 이 책은 전북대학교 인문한국 쌀·삶·문명연구원 임원경제지간행위원회가 2008년에 펴낸 『임원경제지, 본리지』 전3권의 범례에 따르려고 하였다.
4. 교감은 『만학지』의 원문을 대조해볼 수 있는 문헌이 없는 약간의 경우는 제외하고 대교(對校)와 타교(他校)를 중심으로 하였고 교감사항은 각주로 밝혔다. 단 서로 대조하여 의미상 차이가 없는 어조사의 유무나 단순한 글자의 이동은 밝히지 않았고 오기(誤記), 오자(誤字)인 경우, 의미상 차이가 있게 되는 경우, 또 글자 상 분명한 차이가 있는 경우에 한하였다.
5. 『만학지』 원문에 세조(細條)의 제목을 [ ] 안에 넣은 것은 이 책에서는 원문, 번역문에서 모두 【 】로 바꿨다.
6. 원문에 소자(小字)로 쓰여진 주(注)와 역시 소자로 된 서유구의 의견을 나타내는 안(按) 혹은 안(案)은 【 】 안에 넣고 원문에서는 맨 앞에 注, 按으로 표시하였으며 번역문에서도 注, 按으로 표시하였다. 그러나 원문에 '注' 자가 없을 경우는 원문에도 注 표시를 하지 않고 번역문에도 注 표시를 하지 않았다.
7. 중목(中目) 밑에 있는 소자(小字)로 된 부분은 【 】 안에 넣었다.
8. 번역문에서 한자어의 경우 한자를 밝혀줄 필요가 있을 때, 우리 음과 한자가 일치하는 경우는 ( ), 일치하지 않는 경우는 [ ] 안에 넣었다.
9. 서명, 편명은 원문과 번역문 모두에 각각 『 』, 「 」으로 표시하였다.
10. 식물(植物)의 한자명을 우리나라 명칭으로 옮기는 과정에서 명칭의 혼동을 피하기 위해 가능한 한, 각주에서 각 식물의 극히 기본적인 분류와 학명을 기록하였다.
11. 표점은 중국의 「古籍校點釋例-初稿」에 의거하되 부호는 마침표, 쉼표, 가운데점, 쌍점, 쌍반점, 인용부호, 물음표 등을 사용하였다.

만학지 01_ 晩學志 卷第一~卷第三

차례

晩學志 卷第一

총서
總敍

한강 가에 사는 서유구 준평 편찬 아들 우보 교정
洌上 徐有榘 準平 纂 男 宇輔 校

심는 법

種栽

【1. 시기】

【時候】

나무 심는 시기는 정월이 좋은 때〔上時〕이고 2월이 그 다음〔中時〕이고 3월이 제일 좋지 않은 때〔下時〕이다. 그러나 대추나무는 싹눈이 닭부리 모양〔棗雞口〕, 느티나무는 싹눈이 토끼 눈 모양〔槐兎目〕, 뽕나무는 싹눈이 두꺼비 눈 모양〔桑蛤模眼〕, 느릅나무는 싹눈이 둥근 혹 모양〔楡負瘤散〕일 때 심고, 나머지 잡목은 싹눈이 쥐 귀 모양〔鼠耳〕, 등에 날개 모양〔虻翅〕일 때 각각 심는다. 심는 것과 꺾꽂이도 모두 이와 같은 모양일 때 한다.【注이상의 명칭은 모두 나뭇 잎이 나올 때의 모양을 보고 형상화한 것이다. 이 때에 맞춰 심는 나무는 잎이 모두 바로 나오고 이 시기보다 일찍 심는 것은 잎이 늦게 나온다. 비록 그렇더라도 대체적으로 일찍 심는 것이 좋으니 늦게 심어서는 안된다.】○『범승지서』

栽樹正月爲上時,二月爲中時,三月爲下時.然棗鷄口·槐兎木·桑蝦蟇眼·楡負瘤散,其餘雜木－鼠耳·虻趄,[1]各以其時.凡種栽幷插,皆用此等形象.【注此等名目,皆是葉生形容之所象似,以此時栽樹者,葉皆卽生.早栽者,葉晚出.然大率寧早爲佳,不可晚也.】○氾勝之書

나무 심는 것은 정해진 시기가 없고 지방에 따라 심는 시기를 정하지만, 3월에 느릅나무에 꼬투리가 생기고 비가 올 때에 높은 지대의 굳은 땅에 나무를 심을 수 있다.『범승지서』

種木無期,因地爲時,三月楡莢,雨時,高地强土,可種木.同上

정월에는 초하루부터 그믐까지 여러 종류의 나무들, 즉 대나무·옻나무·오동나무·가래나무·소나무·측백나무·기타 잡목을 옮겨 심을 수 있다. 다만 과실나무는 보름날까지 옮겨 심어야 한다. 보름이 지나면 과

正月,自朔暨晦,可移諸樹:竹·漆·桐·梓·松·柏·雜木.唯有果實者,及望而止;過十五日,則果少實.四民月令

---

[1] 趄_『범승지서』에 근거하여 翅로 교정함.

실이 적게 열린다.『사민월령』

모든 나무는 마땅히 하현(下弦) 후와 상현(上弦) 이전에[1] 옮겨 심어야 한다. 땅기운은 달의 변화에 따라 성하고 쇠하는데 조수의 썰물과 밀물을 관찰해보면 이런 이치는 쉽게 이해할 수 있다. 기운이 성할 때에는 생기가 전부 가지와 잎사귀에 있다. 그러므로 옮겨 심으면 그 성질을 상하게 되고, 접을 붙이면 그 기운을 잃게 되고, 나무를 베어서 쓰면 윤기가 나무 속에 가득 차 있어 오래 되면 좀벌레가 생긴다.『농정전서』

諸木俱宜在下弦後上弦前移種,地氣隨月而盛,觀諸潮汐,此理易晰矣.方氣盛時,生氣全在枝葉,故移則傷其性,接則失其氣,伐用則潤氣滿中,久而生蠹也.農政全書

동지의 삼후(三候)가[2] 지난 이후부터 춘사(春社)[3] 이전까지는 소나무·측백나무·삼나무·느티나무 등 모든 나무는 옮겨 심을 수 있다.『군방보』

過冬至三候以後,至春社以前,松·柏·杉·槐,一切樹,皆可移栽.羣芳譜

봄 3개월 동안에 옮겨 심을 때, 모든 나무는 마땅히 매달 15일 이전에 심어야 무성하고 열매가 잘 맺는다. 소나무·측백나무·느티나무·버드나무·뽕나무·산뽕나무·등자나무·귤나무 등 여러 종류의 나무를 옮겨 심을 때도 모두 적용할 수 있다.『광군방보』

春月移栽,各樹宜上半月前,則茂而結實.移栽松·柏·槐·柳·桑·柘·橙·橘,各色樹,皆可.廣羣芳譜

춘분 이후에는 어떤 나무도 심지 말아야 하고 추분 이후에는 모든 나무를 심을 수 있다.『산림경제보』

春分後,勿種諸樹,秋分後,方可種.山林經濟補

1 상현과 하현_ 상현(上弦)은 음력으로 매달 7, 8일경 달이 반원(半圓)의 상태로 있을 때이고, 하현(下弦)은 음력으로 매달 22, 23일경 달이 반원의 상태로 있을 때를 가리킨다.

2 삼후(三候)_ 하나의 절기(節氣)를 가리키는 말로 그 기간은 15일이다. 음력으로 일 년은 24절기가 있는데 각 절기는 그 기간이 15일 정도이다. 이 15일을 다시 5일씩 나눠 1후라고 함으로 하나의 절기는 3후로 구성된다. 이 때문에 어느 하나의 절기를 삼후로 호칭하는 것이다.

3 춘사(春社)_ 옛날에 봄에 밭을 갈기 전에 토지 신에게 제사를 지내 풍년을 기약하는 의식을 말한다. 주대(周代)에는 갑일(甲日)에 지냈고 후에는 대부분 입춘 이후 다섯 번째 무일(戊日)에 지냈다.

【2. 종자 저장하기】

청리(青李), 능금〔來禽〕, 앵두〔櫻桃〕, 일급등(日給藤)의 종자는 모두 주머니에 담아 보관하는 것이 좋고 봉투에 담아 보관하면 대부분 싹이 나지 않는다.【『농정전서』: 진(晉)나라 사람이 봉투에 넣어 보관하면 싹이 나지 않는다고 한 것은 잘못이다.】○『왕우군첩』

【藏種法】

青李·來禽·櫻桃·日給籐,子皆囊盛爲佳,函封多不生.【農政全書:晉人謂函封不生者,謬也.】○王右軍帖

【3. 파종법】

과실은 과육이 문드러지기를 기다려 씨와 함께 심어야 한다. 그렇게 하지 않으면 원래 종류와 같지 않게 된다.『종수서』

씨를 거둘 때에는 좋은 것을 선택하여 종자로 삼아야 한다. 반드시 과실이 잘 익어서 벌어질 때까지 기다렸다가 손가락으로 씨를 취하여 담장 아래 따뜻한 양지쪽에 구덩이를 깊고 넓게 파서 소와 말의 똥거름을 흙과 섞어 구덩이에 반쯤 채우고 평평하게 깐 다음, 씨를 취하여 뾰족한 머리가 위를 향하도록 잘 배열하고 다시 거름흙을 한 자 남짓한 두께로 덮는다. 이렇게 하면 봄이 되어 싹이 나오고 만에 하나도 손실되지 않는다. 그러나 물에 잠기고 바람이 드는 것을 꺼리니 모두 씨를 썩게 하기 때문이다. 모든 초목의 종자는 표주박에 담아 걸어서 보관하는 것이 좋다. 종자는 반드시 충실하게 늙어서 검은 것을 햇볕을 쬐어 말린 다음 병에 담아 높은 곳에 걸어놓아 땅기운을 가까이 하지 않도록 해야 한다. 이렇게 하는 것은 흰 막이 생기면 쓸 수가 없게 되고, 한 해 묵혀도 싹이 나지 않을까 염려해서이다. 제때에 모종을 하여 늦어서 잘못되는 일이 없도록 해야 하며 너무 일찍 해서도 안된다. 높은 땅을 싫어하지 않으며 비옥한 땅이 가장 좋다. 호미질을 자주 해주어도 좋으니 땅이 포송포송 하면 더욱 좋다. 모든 종자는 때와 절기에 맞춰 심어야 하며, 파종할 때가 다가오면 반드시 한낮에 햇볕에 말려서

【子種法】

凡果須候肉爛,和核種之.否則不類其種.種樹書

凡收子核,必擇其美者,作種.必待果實熟甚擘取,于墻下向陽煖處,深寬爲坑,以牛馬糞和土,以半于坑底鋪平,取核尖頭向上排定,復以糞土復之,令厚尺餘.至春生芽,萬不失一.忌水浸風吹,皆令仁腐.一切草木種子,俱瓢盛懸掛爲佳.凡取種子,必充實老黑者晒乾,以瓶收貯高懸,弗近地氣.恐生白摸[1]則無用,隔年亦不生.及時秧子,勿使遲誤,亦不宜太早.地不厭高,土肥爲上,鋤不厭數,土鬆彌良.各要按時及節,臨下子時,必日中晒曝,擇淨然,合浸者浸之,不浸便用.撒入土內,子細者撒在土面,下子訖,卽以糞沃其上.成行與打潭種者,亦然.下子者必要晴,雨則不茁.三五日後,又要雨,旱則不生,須頻澆水.農

---

[1] 摸_『수시통고』에 근거하여 膜으로 교정함.

깨끗한 것을 골라 물에 담글 것은 담그고 담그지 않을 것들은 그대로 사용한다. 씨앗을 땅속에 흩뿌리되 씨앗이 작은 것은 땅위에 뿌린다. 파종이 끝나면 그 위에 거름을 주어 비옥하게 해준다. 줄을 맞춰 심거나 구멍을 뚫어 심는 것도 이와 같이 한다. 씨를 심을 때는 반드시 날씨가 맑아야 하고 비가 내리면 싹이 나지 않는다. 심고 나서 3~5일 후에는 비가 내려야 하는데 가물면 싹이 나지 않으므로 반드시 자주 물을 주어야 한다. 『농정전서』

政全書

씨를 땅속 깊이 심은 것은 나지 않으니 땅속으로 한 치 정도 들어가게 심는다. 겨울에 얼어 터지면 쉽게 난다. 『사시찬요』

凡核種入土深者,不生,入土纔寸許.冬月凍拆易生.四時纂要

입에 넣었던 과일 씨는 심어서는 안된다. 이는 먹고 남은 과일 씨를 말한다. 『증보산림경제』

口中核,不宜種,言啖餘者.增補山林經濟

【4. 옮겨 심는 법】

【移栽法】

옮겨 심는 모든 나무는 그 음양의 방향을 표시하여 바꾸어 심지 않도록 해야 한다.【注 나무는 음양의 방향이 바뀌면 살기 어렵다. 작은 나무를 옮겨 심는 경우에는 번거롭게 표시하지 않아도 된다.】 큰 나무는 가지를 쳐주어야 하고【注 가지를 쳐 주지 않으면 바람에 흔들려 죽기 때문이다.】 작은 나무는 가지를 칠 필요가 없다. 우선 구덩이를 깊이 파고 나무를 그 속에 넣어 세운 다음, 물을 부어 흙과 물이 섞여 묽은 진흙처럼 되면 동서남북으로 한참동안 흔들어준다.【注 흔들어서 진흙이 심은 나무뿌리 틈새로 들어가면 살아나지 않는 것이 없다. 흔들어 주지 않으면 뿌리가 들떠서 대부분 죽는다. 작은 나무라면 흔들어주지 않아도 된다.】 그런 뒤에 흙으로 구덩이를 메워 주고 단단히 다져준다.【注 위쪽으로 3치 정도는 습기가 유지되도록 흙을 다져줄 필요가 없다.】 때때로 물을 주어 항상 습기를 유지하게 하고【注 매번 준 물이 다 스며 들어간 다음에는 바로 마른 흙을 덮어주어야 한다. 덮어주면 습기가 유지되지만 그렇지 않으면 말라버린다. 『구선신은서』: 3~4일 이후에 비로소 물을 줄 수 있다.】 깊이 묻어주어 흔들리게 않도록 한다. 나무를 다 옮겨 심고 나서는 손으로 잡아 흔들거나 육축(六畜)이[1] 뿔이나 머리로 치받는 일이 없도록 해야 한다. 『제민요술』

凡移栽一切樹木，欲記其陰陽，不令轉易.【注 陰陽易位，則難生.小小栽者，不煩記之焉.】大樹髡之，【注 不髡，風搖則死.】小則不髡.先爲深坑，內樹訖，以水沃之，著土令如薄泥，東西南北搖之良久.【注 搖則泥入根間，無不活者;不搖，根虛多死.其小樹，則不煩爾.】然後下土堅築.【注 近上三寸不築，取其柔潤也.】時時灌漑，常令潤澤.【注 每澆水盡，卽以燥土覆之，覆則保澤，不覆則乾涸.臞仙神隱書:三四日後，方可用水澆.】埋之欲深，勿令搖動.凡栽樹訖，皆不用手捉，及六畜觝突.齊民要術

나무의 본성은 그 뿌리는 뻗어나가기를 바라고 그 북

凡植木之性，其本欲舒，其培

1 육축(六畜)_ 집에서 기르는 대표적인 여섯 가지 가축으로 소, 말, 양, 돼지, 개, 닭을 이른다.

돋움은 고르기를 바라며 그 흙은 본래의 것이기를 바라고 그 다짐에는 빈틈이 없기를 바란다. 이미 그렇게 하고 나면 건드려도 안 되고 걱정해서도 안 되며 떠나가서 다시 돌아보지 않아야 한다. 처음에 심을 때는 자식을 돌보듯 하고 심고 나서는 내버린 듯이 하면 그 천성이 온전해지고 그 본성이 얻어진다. 다른 나무 심는 자들은 그렇게 하지 않아서 뿌리는 구부리고 흙은 다른 것으로 바꾸며 그것을 북돋음에는 지나치지 않으면 모자란다. 또한 이와 반대로 하는 자가 있으니 또 그것을 너무 지나치게 은혜롭게 사랑하고 너무 지나치게 부지런히 걱정을 한다. 아침에 보고 저녁에 어루만지며 이미 떠난 후에 다시 와서 돌본다. 심한 자는 그 껍질을 긁어서 그것이 살았는지 죽었는지를 시험해보고 그 근간을 흔들어서 심어진 상태가 성긴지 빽빽한지를 본다. 그래서 나무의 본성과 날로 멀어진다. 유종원『종수곽탁타전』

欲平,其土欲故,其築欲密.既然已,勿動勿慮,去不復顧.其蒔也若子,其置也若棄,則其天者全,而其性得矣.他植者則不然,根拳而土易.其培之也,若不過焉,則不及.苟有反是者,則又愛之太恩,憂之太勤.朝視而暮撫,已去而復顧.甚者爪其膚以驗其生枯,搖其本以觀其疎密,而木之性,日以離矣.柳柳州種樹郭橐駝傳

옮겨 심는 모든 나무는 가지에 남북방향을 표시해 두어야 한다. 뿌리가 깊고 심을 땅이 멀리 떨어져 있으면 흙을 넓게 파내고 위를 거적으로 싸매어 햇빛을 보지 못하게 한다. 그리고 큰 수레 위에 옮겨 실은 뒤에 사람이 끌고 천천히 걸어간다. 수레 앞 수백 보는 길을 평평하게 만들어 수레바퀴 자국이 평탄하고 수레가 흔들리지 않도록 해준다. 옮겨 심을 장소에다 방법대로 재배하면 심은 나무는 반드시 살아난다. 옛 사람이 '나무를 옮겨 심는 것은 때가 없으나 나무로 하여금 옮기는 것을 알지 못하게 해야 한다.'라고 하였다. 구덩이는 넓고 깊게 파야 한다. 물을 흙에 섞어 진흙을 만들고 햇조와 보리 백여 톨을 섞어서 뿌리 부분에

一切栽,枝記南北.根深土遠,寬掘.上以蓆包包裹,不令見日.大車上般載,以人捧拽,緩緩而行,車前數百步,平治路上車轍,務要平坦,不令車輪搖擺.于處所依法栽培,樹樹決活.古人有云:'移樹無時,莫令樹知.'區宜寬深,以水攪土成泥,仍糝新粟,大麥百餘粒,卽下樹栽.樹大者,須以大扶架,若根不動搖,雖丈許之木可活.仍須芟去繁枝,不可招

넣은 뒤 바로 나무를 옮겨 심는다. 옮겨 심은 나무가 클 때는 반드시 받침대를 세워준다. 만약 뿌리가 흔들리지 않으면 한 길 정도의 나무라도 살 수 있다. 심고 나서는 반드시 무성한 가지를 베어내어 바람을 타지 않게 해야 한다. 『무본신서』

風.務本新書

옮겨 심은 나무는 곡식을 진흙물에 섞어 뿌리 부분에 날마다 뿌려주면 살지 않는 나무가 없다. 『종수서』

移樹木,用穀調泥漿水,於根下日沃之,再無有不活者.種樹書

나무를 옮겨 심을 때에는 수염뿌리를 상하지 않도록 해야 하니, 넓게 파고 흙을 제거하지 않는 것은 뿌리가 상할까 두려워서이다. 속담에 '나무를 옮겨 심는 것은 때가 없으나 나무로 하여금 옮기는 것을 알지 못하게 해야 한다'고 하였다. 『종수서』

凡移樹,不要傷根鬚,須潤垛,不可去土,恐傷根.諺云:'移樹無時,莫教樹知.'同上

나무 심을 때는 서풍을 꺼린다. 『종수서』

凡栽植,忌西風.同上

과일나무를 옮겨 심을 때는 먼저 상강(霜降)[2] 이후에 괭이로 뿌리 주위를 파서 타원형으로 둥우리를 만들어 새끼로 흙을 돌려 감고 다시 거친 흙으로 사방을 둘러 채운 뒤 비옥한 흙을 물로 뿌리면서 채운다. 정월과 2월에 옮겨 심을 곳으로 가져와 넓게 구덩이를 파서 반듯하게 세운 다음 구덩이를 흙으로 반쯤 채우고 나서 나무막대기를 비스듬히 잡고 뿌리 둥우리 밑으로부터 흙을 다져서 반드시 채워 올리되 포송포송한 흙을 더하여 지면보다 2~3치 높게 한다. 그리고 그 높낮이를 적당하게 헤아려서 흙을 너무 높게 북돋우지 말아야 하는데 큰 뿌리가 드러나지 않을 정도로 하면 된다. 나무 자체가 높은 것은 반드시 참죽나무로

凡植果木,先于霜降後,鋤掘,轉成圓垜,以草索盤定泥土,復以鬆土,塡滿四遭,用肥土澆實.次年正二月,移至今種處,宜寬作區,安頓端正然後,下土半區,將木捧斜,築根垜底下,須實上,以鬆土加之,高于地面二三寸,度其淺深得所,不可培壅太高,但不露大根爲限.若本身高者,必用椿木扶縛,庶免風雨搖動.灌以肥水,天晴,每朝水澆半月,根實生意動則已.大

2 상강(霜降)_ 양력 10월 23일 서리가 내리기 시작할 때이다.

붙들어 매어야 비바람에 흔들리는 것을 피할 수 있다. 거름 물을 뿌려주고 날씨가 맑으면 보름 정도 매일 아침 물을 뿌려주어 뿌리가 튼실하여 생기가 돌면 물주는 것을 그만둔다. 큰 나무는 가지를 모두 잘라버리고 조금 작은 나무는 반드시 다 잘라버릴 필요는 없다. 만약 길이 멀어서 재빨리 심을 수 없다면 반드시 햇볕을 가려주어야 하니 뿌리 둥우리가 부서져 햇볕에 그을리면 살기 어렵기 때문이다. 『종수서』

樹禿,稍小不必禿.若路遠未能便種,必須遮蔽日色,埰碎日炙,則難活矣.同上

과실나무를 옮겨 심을 때에는 넓고 깊게 파서 먼저 똥거름과 진흙을 섞어 넣어 말리고 이튿날에 흙으로 덮는다. 뿌리에 원땅의 흙〔宿土〕이 붙어 있지 않은 것은 깊은 흙 속에 심고 나서 가볍게 위로 잡아당겨 나무의 뿌리가 땅과 평평하게 되게 하면 뿌리가 잘 펴져서 쉽게 산다. 반드시 3～4일 이후에 물을 뿌려주고 흔들어서는 안된다. 『종수서』

凡移果樹,宜寬深開掘,先入糞和泥乾.次日用土盖根.無宿土者,深栽泥中,輕輕提起,樹根使與地平,則其根舒暢易活.必三四日後,方可用水澆灌,勿令搖動.同上

만약 나무를 옮겨 심는 자가 작은 표딱지로 남쪽 가지를 표시하더라도 먼저 구덩이를 파고 물을 뿌려서 진흙으로 축축하게 하는 것만 못하다. 나무를 심고 다질 때에 흙을 채우고 밟아서는 안 되므로 대부분 나무로 받친다. 그것은 바람이 나무 꼭대기를 흔들면 뿌리까지 흔들릴까봐서이니 비록 한 자쯤 되는 나무라 할지라도 뿌리가 흔들리면 살지 못하고, 뿌리가 흔들리지 않으면 비록 나무가 크더라도 살 수 있다. 또 줄기에 가지와 잎사귀가 무성하지 않도록 하면 바람을 타지 않는다. 『종수서』

令移樹者,以小牌記取南枝,不若先鑿窟,沃水攪泥.方栽築,令實不可踏,仍多以木扶之,恐風搖動其顚,則根搖,雖尺許之木,亦不活.根不搖,雖大可活.更莖上無使枝葉繁,則不招風.同上

큰 나무를 옮길 때 구덩이에 가을보리 열 말 정도를 깔고서 심으면 백 그루를 옮겨 심어도 모두 살 수 있다. 『사시찬요』

凡移大樹,於坑中布秋麰十餘斗而種之,百種百活.四時纂要

나무를 옮겨 심을 때는 나무의 뿌리덩이가 비록 작더라도 수염뿌리는 자르지 말아야 한다. 그 방법은 먼저 구덩이를 넓게 파고 대나무를 사용하여 뿌리덩이 옆에 붙은 흙을 빌라내되 가는 뿌리는 상하지 않게 한다. 대략 인력으로 옮길 수 있을 만큼 헤아려 새끼로 묶고 새 구덩이는 되도록 넓고 크게 파서 나무 뿌리가 곧게 뻗도록 해야지 말아서 구부러지게 해서는 안 된다. 『농정전서』

移樹,土封縱小,無絶根鬚.其法,宜先寬掘,土封漸用竹木,剔去傍土,勿傷細根.約量人力可致者,以繩束之,新坑務掐令濶大,令根鬚條直,不可卷曲.農政全書

큰 나무는 반드시 뿌리에 흙을 넓게 남겨야 한다. 예컨대 1길 되는 나무는 흙을 2자 남기고 멀리 옮길 경우에는 2자 5치를 남겨서 새끼로 뿌리 흙을 묶는다. 큰 나무는 아래로부터 가지를 2~3층 제거하고 남북 방향을 표시한다. 심을 곳으로 옮겨가서 구덩이를 깊이 파고 먼저 물을 충분히 준다. 그리고 나무를 내려서 심고 마른 흙을 구덩이에 채우면서 나무를 받치고 흔들어서 흙이 뿌리 밑까지 내려가게 하고 흙을 모두 채워서 이전 뿌리와 같게 한다. 뿌리 주위는 잘 다져 채운 다음 물을 충분하게 준다. 마르기를 기다렸다가 다시 흙을 1~2치 덮어 말라서 갈라터지는 것을 방지하고 바람이 들어가 뿌리를 상하지 않도록 하면 백 그루를 옮겨 심어도 모두 살 수 있다. 『군방보』

大樹須廣留土,如一丈樹留土二尺,遠移者二尺五寸,用草繩纏束根土.樹大者從下去枝三二層,記南北.運至栽處,深鑿穴,先用水足,然後下樹加乾土,將樹架起搖之,令土至根底,皆偏實土如舊根.四圍築實,然後澆水令足.俟乾,再加土一二寸,以防乾裂,勿令風入傷根,百株百活.羣芳譜

옮겨 심은 나무는 빽빽하게 무더기로 심는 것을 가장 꺼리는데 그렇게 되면 무더기로 자라는 작은 나무라 하더라도 자랄 수가 없다. 육우인(陸友仁)의 『연북잡지(研北雜志)』에서 말하기를 "송나라 때 공현(鞏縣)과 낙양(洛陽)에 있는 능침(陵寢)은 해마다 4월에 측

凡移栽樹木,最忌密窄攢簇,終古樸樕,不能滋長.陸友仁研北雜志云:'宋鞏雒陵寢,歲以四月科柏,前期遣官,奏古.'[1]亦膚傍枝交戛也.杏蒲志

---

[1] 古_『연북잡지』에 근거하여 告로 교정함.

백나무 줄기를 꺾어 묘를 쓸어 깨끗이 한다고〔科柏〕[3] 전기(前期)에 파견한 관리가 아뢰었다.'라고 하였으니 옆가지가 크게 자라 서로 부딪쳤다는 뜻이다. 『행포지』

3 과백(科柏)_ 제사를 지내기 위하여 측백나무를 잘라 능묘를 쓸어 깨끗이 하는 것을 말한다.

【5. 뿌리 나누기】[1]

【分根法】

뿌리를 나누어 심을 때는 나무 뿌리 옆에 작은 그루가 나오면 그루마다 본 뿌리와 연결된 곳을 끊어내어 바로 옮길 수는 없고 반드시 다음 해까지 기다렸다가 다른 곳에 옮겨 심을 수 있다. 간혹 무더기로 자라는 것이라도 반드시 때와 달에 맞추어 뿌리를 나누어 심어야 쉽게 산다. 『농정전서』

分栽者, 于樹木根傍生小株, 每株就本根連處截斷, 未可便移, 須待次年, 方可移植別處. 或叢生, 亦必按時月分植, 則易活也. 農政全書

1 뿌리 나누기[分根法]_ 나무의 뿌리가 뻗어나간 곳에서 싹이 올라와 줄기로 자라는 것을 포기나누기 식으로 절단하여 묘목으로 만드는 번식 방법.

【6. 휘묻이 하는 법】[1]

2월 말부터 3월까지 나뭇가지를 휘묻이 할 수 있다.【注뿌리가 자라 나오도록 나뭇가지를 땅 속에 묻어 두었다가 2년 이후에 옮겨 심을 수 있다.】○『사민월령』

휘묻이라는 것은 가지 몸체를 반쯤 자르고 그 가지를 땅에 휘어 묻는 것이다. 숙토(熟土)를 다섯 손가락 굵기 정도의 깊이로 파고 휘어 굽힌 가지를 구덩이에 눕혀 나무 갈고리로 땅에 고정시킨다. 본 나무와 가까운 쪽의 절반 정도를 마른 흙으로 묻고 드러난 가지 끝의 절반 정도는 묻지 않는다. 그리고 거름물을 구덩이에 준다. 장마철에 이르러 가지와 잎이 여전히 무성하면 뿌리가 반드시 나온 것이다. 이듬해 이맘때에 잎에 싹이 트기 시작하면 이어진 곳을 끊어준다. 그 해 상강 이후에 옮겨 심으면 더욱 좋다.『농정전서』

【壓條法】

二月盡三月, 可掩樹枝.【注埋樹枝土中, 令生二歲已上, 可移種矣.】○四民月令

壓條者, 身截半斷, 屈倒于地. 熟土兜一區, 可深五指餘, 臥條于內, 用木鉤子, 攀拗在地, 以燥土壅近身半段, 露稍頭半段勿壅, 以肥水灌區中. 至梅雨時, 枝葉仍茂, 根必生矣. 次年此日, 初葉將萌, 方斷連處. 是年霜降後, 移栽尤妙. 農政全書

1 휘묻이 하는 법〔壓條法〕_ 모수(母樹)의 가지를 땅속에 휘어 묻어 부정근을 발생시킨 다음, 모수에서 분리하여 독립된 묘목을 만드는 방법.

【7. 탈지법】

키 낮은 과실나무와 꽃을 옮겨 심을 때는 좋은 황토 흙을 햇볕에 말려 체로 쳐서 사람의 오줌에 담갔다가 또 햇볕에 말려서 체로 치는 이 과정을 열 번 정도 한다. 그 진흙으로 나무껍질을 봉하고 죽통을 절반으로 쪼개어 나무를 감싸 봉하면 뿌리가 즉시 난다. 이듬해에 대나무 껍질을 쪼개고 뿌리를 자르고 심는다. 『종수서』

【脫枝法】

凡移矮果及花,用好黃土,晒乾篩過,以小便浸之,又晒乾,篩過凡十餘度.以泥封樹皮,用竹筒破兩半,封裏之,則根立生.次年斷其皮截根栽之.種樹書

【8. 꺾꽂이 하는 법】[1]

【扦插法】

먼저 기름진 땅을 여러 번 파서 흙을 부드럽게 하여 고랑을 만들고 물을 뿌려 스며들게 한다. 정월과 2월 사이에 나무에서 싹이 트려고 할 때, 튼실하게 싹이 나는 가지들을 골라 한 자 남짓씩 자르고 매 가지의 두 끝을 말 귀 모양으로 깎는다. 작은 막대기로 땅을 대략 나뭇가지의 반 정도 깊이로 찌른 다음 가지를 흙 속에 찔러 넣고 흙으로 메운다. 매 구멍 사이의 간격은 한 자 남짓으로 한다. 항상 물을 뿌려 축축하게 해주고 가리개를 세워 해를 가려준다. 겨울이 되면 따뜻한 덮개로 바꾸어 설치했다가 다음해에 걷어버리고, 크게 자라면 옮겨 심는다. 꺾꽂이를 하려면 날이 흐릴 때 해야 하는데 비가 오면 모두 살고 비가 오지 않으면 활착율이 낮게 된다. 가지에 여력이 있는 초목은 모두 가지를 잘라서 심을 수 있다. 가지가 연하면서 곧은 것을 찾아 칼로 껍질을 2치 남짓이 벗겨내고 꿀을 껍질 벗겨낸 부위에 바른 다음 생마〔生山藥〕를 찧어 꿀 위에 바르고 다시 부드러운 황토로 밖을 감싸서 그늘진 곳에 묻어두면 자연스럽게 뿌리가 나온다. 『농정전서』

先于肥地熟劚細土成畦,用水滲定.正二月間,樹芽將動時,揀肥旺發條,斷長尺餘,每條上下削成馬耳狀.以小杖刺土,深約與樹條過半,然後以條插入,土壅入.每穴相去尺許.常澆令潤,搭棚蔽日.至冬換作煖蔭,次年去之.候長高移栽.初欲扦插,天陰方可用手.過雨十分,無雨難有分數矣.大凡草木有餘者,皆可採條種.尋枝條嫩直者,刀削去皮二寸許,以密[1]固底,次用生山藥搗碎,塗蜜上,將細軟黃泥裹外,埋陰處.自然生根.農政全書

3월 상순에 엄지손가락만한 굵기의 곧게 뻗은 가지를 5자 길이로 잘라서【按『사시류요(四時類要)』에서는 1

三月上旬,斫取直好枝,如大拇指,長五尺,【按類要云一尺五

---

1 꺾꽂이 하는 법〔扦插法〕_ 식물체의 일부인 줄기, 잎, 뿌리 등을 잘라 부정근(不定根)이나 부정아(不定芽)를 발생시켜 하나의 독립된 개체를 얻는 영양번식의 한 방법이며, 모주와 동일형질의 개체를 일시에 대량 증식할 수 있다. 특히 여기에서는 가지의 끝부분을 삽수로 사용하는 삽목법을 가리켰다.

[1] 密_『농정전서』에 근거하여 蜜로 교정함.

자 5치라 하였다】를 토란에 꽂아 심는다. 토란이 없으면 큰 순무 뿌리에 꽂아 심어도 된다. 이렇게 심으면 씨로 심는 것보다 낫다. 씨는 3~4년이 지나야 꺾꽂이 크기만큼 자라서 심을 수가 있다. 『식경』

寸.】納著芋魁中種之. 無芋, 大菁根亦可勝. 種核, 核三四年乃如此大耳. 可得行種. 食經

등처사(勝處士)의 과수나무 심는 법: 동지 후, 입춘 전에 엄지손가락만큼 굵고 학슬(학 다리 모양)이 있는 맛있는 과일나무의 곧은 가지를 2자 길이로 잘라 토란 속에 꽂아 넣는다. 그리고 흙을 넓게 파고 그 속에다 진흙물을 만들고 가늘게 썬 생파를 한 되 정도 섞어 넣는다. 나뭇가지를 꽂은 토란을 진흙 속에 심고 고운 흙으로 덮기만 하고 단단하게 다지지 않는다. 그러면 그 해에 바로 꽃이 피고 이듬해에 열매를 맺으니 씨를 심는 것보다 훨씬 낫다. 『모정객화』

滕處士栽果法: 以冬至後·立春前, 斫美果直枝, 有鶴膝, 大如毋指者, 長可二尺以來, 劄於芋魁中, 掘土令寬, 調泥漿, 細切生蔥一升許, 攪於泥中, 將芋魁致泥中, 以細土覆之, 勿令堅實, 卽當年有花, 來年結實, 絶勝種核. 茅亭客話

모든 좋은 나무의 큰 가지에는 중간에 옆으로 뻗은 작은 가지가 있다. 그 작은 가지가 난 곳 위아래로 몇 자쯤 되게 큰 가지를 잘라 정(丁)자 모양을 만들고 쇠붙이를 달구어 양쪽 잘린 부분을 지진 다음 땅속에 가로 눕혀서 묻되 큰 가지는 뿌리가 되고 작은 가지는 줄기가 되도록 심고 날마다 물을 주면 반드시 산다. 『청천양화록』

凡佳樹大枝之中, 有橫生小枝, 從小枝上下數尺, 斷其大枝, 作丁字形, 以銕器火燒, 烙定兩頭斷處, 橫埋於地, 使大枝爲根, 小枝爲株, 日日澆之, 必活. 菁川養花錄

꺾꽂이 할 때에는 먼저 다른 나무꼬챙이로 땅을 찔러서 구멍을 내놓은 다음, 그 구멍에 가지를 꽂아 놓되 잘린 가지 끝이 거꾸로 심어지거나 상하지 않게 해야 하며 손으로 가볍게 눌러놓고 항상 짙은 그늘 속에 놓아두어야 한다. 『청천양화록』

凡揷枝, 先將別籌子揷土而拔之, 然後始揷枝, 勿逆損枝端皮, 輕手按之, 令土密固, 常置陰濃處. 同上

접붙이기
接換

【1. 총론】

【總論】

뽕나무와 과일나무는 접붙이는 것이 좋으니 1년 후에 바로 이익을 얻을 수 있다. 옛 사람들이 접붙이는 것을 명령(螟蛉)에 비유하였는데 빠르게 원 나무와 같아진다는 의미이다.[1] 접붙일 때는 반드시 튼실한 가지를 선택하고【마땅히 양지쪽의 묵은 가지로 생기가 왕성하고 무성한 것을 써야지 연한 음지쪽의 기가 약한 가지는 살기 어렵다.】 밑나무도 같은 종류로 한다. 접붙이는 일을 할 때는 반드시 날이 촘촘한 톱 한 자루와 등이 두껍고 날카로운 작은 칼 한 자루를 사용하여 마음과 손을 편안히 하여야 하며 또 반드시 때를 맞추어야 한다.【춘분 전후의 10일이 적당하다. 간혹 그 가지를 취해 청색이 도는 것으로 기일을 삼기도 한다. 그러나 반드시 때가 따뜻하기를 기다려 접을 붙여야 하니 햇볕의 따뜻한 기운을 빌리고자 함이다.】 접을 붙이고 나면 두 나무의 기운이 서로 통하여 나쁜 것이 좋게 되고 밑나무가 새나무로 바뀌니 그 이익은 이루 다 말할 수 없다. 『무본신서』

凡桑果以接博爲妙, 一年後便可獲利. 昔人以譬螟子, 取其速肖之義也. 凡接枝條, 必擇其美,【宜用宿條向陽者, 庶氣壯而茂, 嫩條陰弱而難成.】根株各從其類. 接工必有用其細齒截鉅一連, 厚脊利刃小刀一把. 要當心手疑穩, 又必趁時.【以春分前後十日爲宜, 或取其條襯青爲期. 然必待時暄可接, 盖欲籍陽和之氣也.】一經接博, 二氣交通, 以惡爲美, 以彼易此, 其利有不可勝言者矣. 務本新書

다만 과일 열매의 씨가 서로 비슷하고 잎이 서로 같은 것을 취한다면 모두 접을 붙일 수가 있다. 예를 들면

但取實內核相似, 葉相同者, 皆可接換. 如桃貼接杏·接梅, 櫟

---

* 접붙이기[接換]_ 눈 또는 눈이 붙은 줄기(접수)를, 뿌리가 있는 줄기 또는 뿌리(대목)에 접착시켜 접붙이 묘를 생산하는 방법. 대목과 접수의 형성층에서 형성된 유상조직에 의하여 서로 밀착하고 유관속으로 연결되어 완전한 식물체로 생장하게 됨. 가지접, 뿌리접, 눈접 등의 방법이 있음.

1 나나니벌이 명령(螟蛉)의 체내에 알을 낳은 후에 명령을 업어다 나나니벌의 벌집 속에 넣어두면 나나니벌은 명령의 몸에서 부화해 나온다. 그런데 옛 사람들은 명령의 유충이 나나니벌이 업어다가 키운 후에 나나니벌로 변하는 줄로 잘못 알았다. 다시 말하면 다른 종(種)이 길러준 후에 원래 종과 같게 변한다고 잘못 알고 있은 것이다. 여기에서도 접붙이는 것은 다른 종을 원래의 종류로 변화시킨다는 의미로 이 비유를 든 것이다.

복숭아나무는 살구나무나 매실과 접을 붙이고 상수리나무는 밤나무와 접을 붙일 수 있다. 이와 같은 종류는 같은 종류 나무의 좋은 가지를 접붙이는 것이 가장 좋다. 장약재 『종화법』 주

貼接栗.盖此類也,亦宜本色接換,本色美者最妙.張約齋種花法注

나무를 접붙일 때는 반드시 남향에 있는 일 년 이상 된 가지를 취하여 접을 붙여야 한다. 그렇게 하면 열매가 많이 열린다. 여러 차례 반복하여 접을 붙이면 씨가 작아지지만 씨는 심을 수 없다. 『종수서』

接樹,須取向南隔年者接之,則着子多.經數次接者核小,但核不可種耳.種樹書

나무를 접붙일 때는 세 가지 비결이 있다. 첫째는 푸른 속껍질이 맞붙게 하는 것이고 둘째는 두 나무의 절단면이 맞붙게 하는 것이고, 셋째는 접붙이는 나무와 밑나무가 서로 맞물리게 봉하는 것이다. 이 세 가지 방법을 따르면 만에 하나도 실패하지 않는다. 『농정전서』

接樹有三訣:第一襯靑;第二就節;第三對縫,依此三法,萬不失一.農政全書

접붙이는 방법에는 네 가지가 있다. 첫째는 삽접법이고,【按삽접법은 『제민요술』「종리조」에 보인다. 또 『사농필용』에도 삽접법이 소개되어 있다.】 둘째는 벽접법인데 세속에서는 산접, 혹은 침접(도마졉)이라고도 한다.【按벽접법은 『전공지』와 『사농필용』「종상법」에 보인다.】 셋째는 근접이고,【按아래의 『무본신서』에 보인다.】 넷째는 탑접이다.【按아래의 『무본신서』에 보이고, 또 『사농필용』에 탑접법이 있고, 『전공지』에도 보인다.】 ○『증보산림경제』

接換之法有四:一曰揷接,【按法見齊民要術·種梨條,又士農必用有揷接法.】二曰劈接,俗稱蒜接,或稱砧接도마졉【按法見展功志 · 士農必用·種桑法.】三曰根接,【按見下務本新書.】四曰搭接【按見下務本新書,又士農必用有搭接法,見展功志.】○增補山林經濟

【2. 신접법】

【身接法】

먼저 이가 가는 톱을 사용하여 본 나무를 어깨 높이만큼 잘라 밑나무로 삼는다. 날카로운 작은 칼로 그 밑나무 둘레의 양쪽 가를 쪼개어 깊이 1치 반 정도의 작은 틈을 낸다. 먼저 대나무가지를 꽂아 깊이를 헤아리고 5치 정도 길이의 접붙이는 나무의 한쪽 끝을 깎아서 빗치개 모양을 만들어서 먼저 입에 물고 진액을 발라 기운을 돋운다. 그런 다음, 그것을 틈 속에 집어넣어 껍질과 살이 서로 맞붙게 한다. 다 집어 넣었으면 나무껍질로 봉해 적당하게 묶은 다음, 소똥거름을 섞은 진흙으로 적당하게 발라 싸맨다. 바람이 들어가지 못하게 하고 바깥 위쪽으로 두 개의 눈을 남겨서 기운이 새나오게 한다.【『농정전서』: 밑나무를 쪼갤 때는 마땅히 까마귀부리〔老鴉嘴〕를 사용하는 것이 좋다. 밑나무의 높이는 높게는 말 높이 정도로 하고 낮게는 기왓장 높이만큼 한다.】○『무본신서』

先用細鉅截去元樹枝莖,作盤砧,高可及肩.以利刃小刀,際其盤之兩傍,微啓小罅,深可寸半.先用竹籤之,測其深淺,却以所接條,約五寸長,一頭削作小篦子,先噙口中,假津液以助其氣.却內之罅中,皮肉相對揷之.訖用樹皮封繫,寬緊得所,用牛糞和泥,斟酌封裹之.勿令透風,外仍上留二眼,以泄其氣.【農政全書:開砧,宜用老鴉嘴爲妙.高如馬,低如瓦.】○務本新書

정월에 나무 밑둥이 도끼자루나 팔뚝만한 것이면 모두 접을 붙일 수 있는데 이것을 밑나무〔樹砧〕라 한다. 밑나무가 조금 크면 땅에서 1자 정도 떨어진 곳을 잘라 준다. 만약 땅으로부터 가깝게 자르면 지력이 너무 강하기 때문이다. 밑나무가 좀 작으면 땅에서 7~8치 떨어진 곳을 자른다. 만약 밑나무가 작은데 높은 곳을 자르면 지기(地氣)를 받기 어렵다. 반드시 이가 가는 톱으로 잘라야 하니 톱니가 굵으면 밑나무의 껍질을 손상시킨다. 잘 드는 칼로 밑나무 가장자리의 서로 마주 보는 측면을 깊이 1치 정도로 쪼개고 밑나무마다 마주보게 가지 2개를 접붙인다. 다 살아나서 잎이

正月取樹本,大如斧柯及臂者,皆堪接,謂之樹砧.砧若稍大,卽去地一尺截之.若去地近截之,則地力太壯矣.所接之本稍小,則去地七八寸截之,若砧小而高截,則地氣難應,須以細齒鋸截.鋸齒麤,卽損其砧皮.取快刀子,於砧緣相對側劈開,令深一寸,每砧對接兩枝.候俱活,卽待葉生,去一枝弱者.所接樹,選其向陽細嫩

나오기를 기다렸다가 약한 가지 하나를 잘라버린다. 접붙이는 나무는 양지쪽에서 젓가락 굵기 만한 길이 4치 정도의 가늘고 연한 가지를 고른다. 음지쪽의 가지는 열매가 적게 날린다. 그 가지는 반드시 마디가 2개이고 2년 된 가지여야 접을 붙일 수 있다. 접붙일 때는 한쪽 끝을 밑나무의 접붙일 곳에 들어가도록 살짝 밀어 넣고 밑나무 가선의 쪼개놓은 곳에 절반 정도 끼워 넣는다. 접수의 가지를 끼워 넣을 때는 반드시 양쪽 가장자리로 들어가게 하여 접붙일 나무의 껍질이 닿도록 끼워 넣는다. 끼워 넣고 나서는 밑나무 껍질과 딱 맞게 하여 끼워진 정도가 적당해지도록 한다. 느슨하게 끼우면 양기를 받지 못하고 꽉 끼우면 기가 통하지 못하여 죽으니 모든 것은 세심하게 가늠하는데 달려 있다. 가지를 다 끼워 넣었으면 따로 길이 1자 남짓, 너비 2~3푼 정도 되는 본래 가지 껍질 한 조각을 가져다가 접수의 가지와 밑나무 가선의 성처 입은 곳을 동여매는데 이는 빗물이 들어갈까 염려해서이다. 다 동여맸으면 즉시 황토 진흙을 발라준다. 밑나무 표면과 접붙인 가지 끝도 모두 황토 진흙으로 봉한다. 맞은편에 꽂는 가지도 이와 같은 방법대로 한다. 진흙을 다 바르면 뒤이어 종이로 윗부분을 싸매 주고 삼으로 동여매는데 이는 바른 진흙이 떨어질까 염려해서이다. 밑나무에서 잎이 자라면 즉시 제거한다. 그리고 재거름으로 그 밑나무 뿌리를 북돋아준다. 바깥쪽은 가시가 있는 멧대추나무로 가려 보호하고 어떤 물체

枝,如筋[1]麤者,長四寸許.陰枝卽少實.其枝須兩節,兼須是二年枝,方可接.接時微批一頭入砧處,揷砧緣劈處,令入五分,其入須兩邊批所接枝皮處.揷了,令與砧皮齊.切令寬急得所.寬卽陽氣不應.急則力大夾煞,全在細意酌度.揷枝了,別取本色樹皮一片,長尺餘,濶三二分,纏所接樹枝,幷砧緣瘡口,恐雨水入.纏訖,卽以黃泥泥之,其砧面幷枝頭,幷以黃泥封之.對揷一邊,皆同此法.泥訖,仍以紙裹頭,麻繩縛之,恐其泥落故也.砧上有葉生,卽旋去之.乃以灰糞壅其砧根,外以刺棘遮護,勿使有物動撥其枝,春雨得所,尤易活.四時類要

[1] 筋_『농상집요』에 근거하여 筯로 교정함.

라도 그 가지를 흔들지 못하도록 해준다. 봄비가 적당히 내리면 더욱 쉽게 살아난다. 『사시류요』

등처사(滕處士)의 과일나무 접붙이는 법: 과일나무를 접붙이려면 먼저 시고 떫어 맛이 없는 야생 과일나무를 고르는데 만약 그 높이가 어깨 이상이면 모두 접붙일 수 있다. 그리고 나서 맛있는 과일나무 가지를 찾아서 길이가 2자 넘지 않으면서 양지쪽에 있는 2년이 된 학 다리 모양의 가지를 고른다. 만약 2자가 넘으면 다스리기 힘들다. 때가 되면 잘라내어 즉시 무 속에 꽂는데 이것은 기가 새지 않게 하기 위해서이다. 동지 후 10일과 입춘 7일 전에는 야생나무의 껍질에 물기만 오르고 싹이 나오지 않으니 이때가 바로 접붙일 때이다. 야생나무를 땅에서 5~7치 정도 남겨두고 톱으로 자른 뒤 나무 가운데를 깊이 2치 정도 되게 쪼갠다. 좋은 가지를 하나 또는 두 개를 선택하여 푸른 껍질이 상하지 않게 비스듬히 깎는다. 그것을 야생나무의 쪼갠 틈 속에 끼워 넣고 바깥은 야생나무 껍질과 서로 대등하게 하여 딱 붙게 한 뒤 소똥진흙으로 봉하고 붙인 곳을 대나무 껍질로 둘러 감싸고 마 끈으로 꽉 묶는다. 나무 위쪽 끝은 또 황토진흙으로 감싸서 빗물이 들어가지 못하게 한다. 만약 야생나무에 옆으로 싹이 나오면 즉시 제거한다. 그러면 그 해에 꽃이 핀다. 『모정객화』

滕處士接果法:凡欲接果,先得野樹子酸澁不美者,如臂已上皆堪接也.然後尋美果枝,選隔年有鶴膝向陽者,枝長不過二尺,過則難活,[2]至時剪下,便劄於蘿葍中,欲不洩其氣也.冬至後十日·立春前七日,其野樹皮潤萌芽未發,是其時也.將野樹以鋸截,令去地五七寸,中心劈破,深二寸許,取美枝或一枝或兩枝,斜捭,勿傷靑皮,揷於野樹罅中,外與野樹皮相齊,等緊密用牛糞泥封之,與笋籜苞[3]裹其接處,以麻紉纏定,上更以黃土泥搭頭裹之,勿使雨水透入.或有野樹旁生芽葉,卽取去之,當年有花.茅亭客話

밑나무를 다 잘랐으면 날카로운 칼로 밑나무의 톱니 자국을 깎아낸다. 좋은 나무를 찾아서 접붙일 가지를 취하는데 반드시 젓가락 굵기의 2년 된 튼실하고 연

樹貼截訖,用利刀銛貼上齒痕.尋樹木佳者,取到接頭:須經二年肥盛嫩枝,如筯大者,

[2] 活_『모정객화』에 근거하여 治로 교정함.

[3] 苞_『모정객화』에 근거하여 包로 교정함.

한 가지를 취하여 3~4치 이상의 길이로 자른다. 밑나무 끝으로부터 1치 반쯤을 얇은 칼을 사용하여 절반까지 깎아내어 판관의 머리 모양으로 만들고, 그 나무 뼈는 깎아서 말 귀 모양으로 만든다. 그리고 다시 말 귀 뾰족한 끝의 얇은 나무 뼈를 반대로 돌려서 절반을 끊어낸다. 접붙이는 끝은 입안에 머금어 따뜻하게 하여 생기를 불어 넣는다. 그런 후에 밑나무 좌우 껍질 내막 밖에 칼을 대어 두 줄 혹은 세 줄을 밀어 넓혀서 입에 머금었던 접붙일 머리를 틈 고랑으로 집어넣는데 재빠르게 연결시켜 딱 맞게 한다. 반드시 밑나무 살갗과 접붙이는 나무 끝 살갗이 서로 마주 잘 붙게 한다. 이렇게 두 개 혹은 세 개를 붙이고 모두 붙였으면 대껍질을 사용하여 한 치 정도 쪼개진 곳을 메우고 두 손가락으로 붙인 면을 딱 맞추고 붙인 끝 표면의 칼로 밀어 상처 난 곳을 감싸서 마 껍질로 감는다. 그리고 다시 대나무 껍질을 사용하여 접붙인 꼭대기를 감싸 꼭 묶는다. 다음에 잘 이긴 진흙을 사용하여 묶은 곳을 봉하여 오래 묵은 마로 꼭 묶는다. 접붙인 부위 위까지는 넓은 투구 모양의 바가지를 사용하여 흙을 담아다 북돋아서 접붙인 부분에 바람이 들거나 햇볕을 보지 못하게 한다. 흙이 마르면 감싼 흙 위로 물을 뿌려준다. 가지의 싹이 자라나오면 접붙인 끝의 싹이 아니면 모두 제거하여 힘이 분산되는 것을 막는다. 북돋운 흙 위로 접붙인 나무의 눈이 한두 개 나오면 활기를 통하게 하고 위는 대껍질로 가려서 햇볕과 비를 막아준다. 장약재 『종화법』 주

斷長三四寸以上.根頭一寸半,用薄刀子刻下中半,刻成判官頭樣;削其骨,成馬耳狀.又將馬耳尖頭薄骨,翻轉割去半分.將接頭口內噙養溫煖,以借生氣,然後將刀于貼盤左右皮內膜外,批豁兩道或三道.納所噙接頭于渠子內,極要快捷緊密.須使老樹肌肉,與接頭肌肉相對着.或二或三;皆了,用竹籜攔寸許,劈開,雙指齊貼面于接頭外面所批痕處包裹定,麻皮(纏).[4]復用竹籜,包其貼頂,縛定.次用爛泥,封其纏處.舊麻縛着.上用寬兜,盛土培養.接頭勿令透風見日;土乾則洒之所包土上.條芽長出,非接頭上者,悉去之,以防分力.培土上,露接頭一二眼,通活氣.上用竹籜蔽之,以防日雨.張約齋種花法注

---

[4] 纏_원문에 근거하여 纏을 보충함.

【3. 근접법】

밑나무를 땅에서 5치 정도 되는 곳을 톱으로 자른다. 접붙일 가지를 빗치개 모양으로 깎아 꽂아 넣되 신접법과 같이 한다. 흙으로 북돋아 봉하고 둘레에 가시나무를 쳐서 보호한다. 『무본신서』

【根接法】

鋸截斷元樹身,去地五寸許.以所接條,削篦插之,一如身接法.就以土培封之,以棘圍護之.務本新書

【4. 피접법】

작고 날카로운 칼로 밑나무를 팔자(八字) 모양으로 비스듬하게 깎는다. 작은 대꼬챙이로 그 깊이를 헤아려서 접붙이는 나무 가지의 껍질과 살이 서로 마주 붙게 꽂아 넣는다. 봉하는 것과 보호하는 것은 근접법처럼 한다. 접붙인 가지가 싹이 터서 무성하기를 기다렸다가 재빨리 밑나무의 가지와 줄기를 제거한다. 『무본신서』

꽂는 나무는 굵기가 도끼 자루나 팔뚝만한 본 가지를 취하여 모두 삽접할 수 있는데 많게는 4~5개, 작게는 3~4개 꽂을 수 있다. 잎이 싹트려고 할 때가 제일 좋은 시기이고 잎이 벌어지려고 할 때가 가장 좋지 않은 시기이다. 먼저 삼실【紉은 支와 殄의 반절이다.】을 만들어 밑나무가 될 나무의 자를 부분을 10여 바퀴 돌려 묶고 톱으로 밑나무를 자르되 땅에서 5~6치 정도 남겨놓고 자른다. 묶지 않으면 가지를 꽂을 때 껍질이 찢어질까 염려되기 때문이다. 높이 자른 것은 바람이 불어 갈라지거나 꺾이므로 대바구니로 덮어두어야 한다. 대나무를 비스듬하게 깎아 대꼬챙이를 만들어 접본의 목질과 껍질 사이를 깊이가 2치 남짓 되도록 찔러 넣는다. 그런 다음 접붙일 가지로 쓸 좋은 과일나무 가지를 취하는데 양지쪽의 것이 좋다. 음지쪽의 것은 열매가 적게 열린다. 5~6치 길이로 역시 비스듬하게 나무 심을 지나도록 깎고 크기와 길이는 대나무 꼬챙이와 같게 한다. 칼로 과일나무 가지를 약간 깎아【按 剺이다.】 엇비슷이 자른 사이에 꽂아 넣는다. 검은 겉껍질은 벗겨 버리되 속의 푸른 껍질이 상하지 않

【皮接法】

用小利刃刀子,於元樹身,八字斜劃之.以小竹籤測其淺深,以所接枝條,皮肉相向插之.封護如前法.候接枝發茂,卽斬去其元樹枝莖.務本新書

插樹取本枝,如斧柯及臂者,皆堪插.大者四五枝,小者二三枝.葉微動爲上時,將欲開孛爲下時.先作麻紉【支殄反】纏樹十餘匝,以鋸截樹,去地五六寸,不纏則恐插時皮破.留高者遇風則披折,宜以籠盛之,斜劃竹爲籤,刺木皮之際,令深二寸許.折取美好果枝,陽中者妙,陰中者少實,長五六寸亦斜劃之,令過心.大小長短與竹籤等,以刀微斷【按 剺也.】樹枝,斜劃之際,剝去黑皮,勿令傷青皮,傷則死.

게 해야 하니 상하면 죽는다.

그런 뒤에 대나무꼬챙이를 빼내고 베어냈던 곳까지 닿도록 접할 가지를 꽂아 넣는다. 나무부분은 나무쪽을 향하고 껍질부분은 껍질 쪽을 향하게 꽂아야 한다. 다 꽂았으면 솜으로 본 나무 위쪽 끝을 덮고 소똥진흙으로 위를 봉하고【按『구선신은서』에서는 접붙인 나무의 껍질로 묶거나 혹은 뽕나무 껍질로 감싼 다음 진흙으로 봉한다고 하였다.】 흙으로 북돋아 덮어서 나무 가지가 머리만 겨우 나오게 흙으로 사방을 막아준다. 가지에 물을 주어야 하며 물이 마르면 흙으로 덮어주되【『산림경제보』: 속세에서는 짚과 대그릇으로 그 위를 덮고 대그릇 위에다 물을 뿌려 습기가 있게 할 따름이니 가지 위는 물을 적셔서는 안된다.】 단단하게 하지도 말고 손바닥으로 누르지 말아야 한다. 접붙인 가지가 살아나서 나무 옆에서 잎이 나오면 곧바로 제거해야 한다. 그렇지 않으면 기운이 분산되어 더디게 자란다.【按이 방법은 『제민요술』의 삽리법(揷李法)을 사용했으나 약간 다른 점이 있다.】 ○『거가필용』

拔出竹籤,揷枝令到斲處,木適向木,皮還近皮.揷訖,以綿羃樹本頭,封熟牛糞泥於上,【按臞仙神隱書用所接樹皮纏之,或用桑皮裹纏,以泥封之.】以土培覆,令樹枝僅得出頭,以土壅四畔.當枝上沃,水盡,以土覆之,【山林經濟補:俗方以藁篇覆其上,洒水篇上,使有濕氣而已.枝上則不得沃水.】勿令堅固,勿使掌撥,接枝旣生,樹傍有葉出輒去之.不爾則分氣長遲.【按此用齊民要術揷梨法,而畧有出入.】○居家必用

【5. 지접법】

피접법 같지만 조금 비슷할 뿐이다. 『무본신서』

【枝接法】

如皮接之法, 而差近之耳. 務本新書

【6. 엽접법】

작은 나무가 적당하다. 먼저 밑나무에서 옆으로 뻗은 가지를 잘라서 한 자 정도를 남긴다. 접붙이려고 취한 가지 위에 난 싹눈 밖으로 사방 반 치를 칼끝으로 껍질과 살에서 뼈대까지 새겨 나무 싹눈이 달린 네모조각의 나무의 껍질과 살을 정성스럽게 들어내는데 반드시 싹눈의 심(心)이 달려 있어야 한다. 사람 입에 조금 머금고 있다가 꺼내어 칼끝으로 침 흔적을 따라 밑나무의 접붙일 자리를 잘라내는데 그 크기는 접붙일 나무에서 잘라낸 네모 조각과 똑같이 한다. 그리고 접을 붙인 뒤에는 꼭 누른다. 위아래 양 끝은 뽕나무 껍질로 봉해 적당하게 묶고 소똥진흙을 발라 보호한다. 나무의 크기에 따라 적당한 양을 짐작하여 접을 붙인다. 『무본신서』

【靨接法】

小樹爲宜.先於元樹橫枝上截了,留一尺許.於所取接條樹上,眼外方半寸,刀尖刻斷皮肉至骨,倂帶款揭(帶眼)[1]皮肉一方片,須帶芽心.丁口噙少時取出,印濕痕於橫枝上.以刀尖依痕刻斷元樹靨處,大小如之,以接按之.上下兩頭,以桑皮封繫,緊慢得所,仍用牛糞泥塗護之.隨樹大小,酌量多少接之.務本新書

[1] 帶眼_ 원문에 근거하여 帶眼을 보충함.

【7. 탑접법】[1]

이미 심어서 싹이 난 가지를 땅에서 3치 남짓 떨어진 곳에서 말의 귀 모양으로 깎는다. 그리고 접붙일 가지를 역시 말의 귀 모양으로 깎아서 밑나무에 올려 태우듯이 하여 붙인다. 봉하고 묶는 것은 앞의 엽접법처럼 하고 똥거름으로 북돋아준다.『무본신서』

【搭接法】

將已種出芽條,去地三寸許,削作馬耳.將所接條,併削馬耳,相搭接之,封繫如前法,糞壅.務本新書

1 탑접법(搭接法)_ 싹이 나올 무렵에 대목과 접수의 굵기가 같을 때 양자를 비스듬히 잘라서 서로 형성층을 합해서 묶고, 접수의 선단이 겨우 나올 정도로 흙을 덮는다. 맞접이라고도 한다.

【8. 과접법】

속칭 의접법(倚接法)이라고도 하는데 그 방법은 대체로 매화를 접붙이기에 알맞다. 먼저 작은 나무를 화분에 심어서 접붙일 만한 나무에 걸어둔다. 두 나무를 모두 한쪽을 깎아 버리면 껍질이 이어져서 붙는데 생칡껍질로 단단히 묶어서 기운이 껍질에 통하여 서로 접붙인 곳이 이어지기를 기다린 후에 밑나무를 잘라내고 화분의 나무를 편안하게 내려놓는다. 『증보산림경제』

【過接法】

俗稱倚接,其法多宜於接梅.先將小樹栽盆,懸於可接樹上.兩樹皆削去一邊,皮接合.用生葛皮纏束,待氣通皮縫相接,然後斷去本樹,安下盆樹.增補山林經濟

【9. 행접법】

나무를 옮겨와서 아직 심지 않았을 때, 뿌리 위를 헤아려 잘라버리고 밑나무로 삼아 벽접(劈接)을 하거나 삽접(揷接)을 하거나 근접(根接)을 한 후에 심는다. 물을 뿌려 주어 밑나무가 살아나면 접붙인 가지도 살아난다. 그러나 접붙이는 여러 방법 중에서 가장 좋지 못하다.『증보산림경제』

【行接法】

本樹移來未及栽, 量根上截去作砧, 或劈接·或揷接·或根接, 然後栽之. 澆水活之, 則接枝亦活. 然諸法中最劣也. 增補山林經濟

【10. 접화교법】

촉(蜀) 지방 사람은 꽃과 과일나무를 접붙일 때에 모두 토란을 사용하여 그 틈을 봉합하였다. 그 토란은 본래 먹을 수 없는 한 종류인데 이름은 접과우(接果芋)이다. 『동파잡기』

【接花膠法】

蜀人接花果，皆用芋膠合其罅.其芋自是一種，不甚堪食，名接果芋.東坡雜記

【11. 원지취접지법】

【遠地取接技法】

먼 곳에서 가지를 가져올 때 아래 끝 3~4치를 불에 태우면 수 백리를 옮겨 가도 여전히 살아있다. 또한 접붙일 싹을 먼 곳에서 취하되 너무 멀면 부들 짚에 찔러서 대그릇 속에 넣고 밖을 밀봉하여 바람이 통하지 않게 하면 천리를 가더라도 손상되지 않는다.【按나무 아래 끝을 태우는 것은 『제민요술』「접리조(接梨條)」에서 인용하였다. 부들 짚과 함께 저장하는 방법은 『사농필용』「접상조」에 보인다.】○『색경』

凡遠地取枝者，燒下頭三四寸，亦可行數百里猶生.又取接萌遠處，過遠則可於篝中與蒲穰搘了，外密封不透，雖行千里不損.【按燒下頭，洗[1]出齊民要術·接梨條；蒲穰同藏法，見士農必用·接桑條.】○穡經

또는 순무 뿌리와 무 뿌리, 토란 뿌리에 꽂아 옮기면 4~5일 동안의 먼 거리도 갈 수 있다.『증보산림경제』

或挿蔓菁根·蘿葡根·芋魁，亦可致四五日程.增補山林經濟

[1] 洗_選의 誤字인 듯하다.

물주고 북돋우기

澆壅

【1. 관요법】

나무는 아침저녁으로 물뿌리개로 물을 뿌려 주어 그 위를 촉촉하게 해야 한다. 그리고 반드시 오래된 냉분(冷糞)을 사용해야 하는데 12월에 물과 3:1 비율로 섞어서 사용하는 것이 알맞다. 풀 종류는 사계절 내내 비료를 사용해도 된다. 예를 들면 정월에는 똥거름과 물을 5:5 비율로 섞어서 사용하고 2월에는 3:7 비율로 섞어서 사용하고 3~4월에는 2:8 비율로 섞어 사용하고, 5~9월, 11~12월에는 똥거름과 물을 8:2 비율로 섞어 사용하고 12월에는 순수 똥거름만 사용해도 상관없다. 가뭄을 만나면 맑은 물만 뿌려주거나 혹은 똥거름과 물을 1:9 비율로 섞어 주어도 된다. 2월에는 간혹 비료를 뿌려주기도 하지만 대부분 꺼린다. 만약 2월에 나무에 연한 가지가 피었다면 반드시 새로운 뿌리도 났을 것이니 비료를 뿌려주면 뿌리가 말라 죽는다. 싹이 트지 않았다면 비료를 주어도 상관없다. 3월에도 마찬가지다. 그러나 또 비료를 두려워하지 않는 것들이 있으니 석류나 재스민나무 같은 것은 비료를 많이 주더라도 상관없다. 5월에서 하지까지, 그리고 장마철에는 비료를 주면 뿌리가 반드시 썩는다. 8월에도 비료를 주어서는 안된다. 백로에 비가 오면 반드시 가는 뿌리가 생겨나는데 비료를 주면 죽는다. 6~7월에 꽃나무가 싹이 돋아나 안정되었으면 모두 가볍게 비료를 주어도 된다. 월령의 비율등급에 따라 조심스럽게 비료물을 주면 음력 10월에 이르러 더

【灌澆法】

凡木早晚以水沃其上,以喞筒喞水其上.必須用停久冷糞,正宜臘月,亦必和水三之一.草之類,宜四季用肥:如正月,則用五分糞,五分水;二月,三分糞,七分水;三四月,二分糞,八分水;五·六·七·八·九·十一二月,八分糞,二分水.臘月,純糞無妨.遇天旱,只宜白水澆,或加一分糞.二月,或用澆肥,多有所忌:假如二月樹上已發嫩條,必生新根;澆肥,則根桔[1]而死.如萌未發者,不妨.三月亦然.又有一等不怕肥者,如石榴·茉莉之屬,雖多肥不妨.五月·夏至,梅雨時,澆肥根必腐爛.八月亦不可澆肥.白露雨至,必生細根;肥之則死.六七月,花木發生已定者,皆可輕輕用肥.謹依月令等級澆之,及小春時,便能發旺.種樹書

---

[1] 桔_枯의 誤字인 듯하다.

욱 왕성할 수 있다. 『종수서』

모든 꽃과 과일은 싹이 날 때에 밑에서 뿌리가 뻗어가므로 이때에는 거름을 주어서는 안된다. 연한 가지가 자라서 처음 꽃이 생겼을 때를 기다려 맑은 거름물을 뿌려주어야 하며 농분은 꺼린다. 꽃이 필 때에도 거름을 주어서는 안 되며 가뭄을 만나면 맑은 물만 뿌려주어야 한다. 처음 열매가 맺었을 때 똥거름을 주면 바로 떨어지고 열매가 크면 상관없다. 대개 꽃나무는 농분을 꺼리니 반드시 오래된 냉분(冷糞)을 사용하여 물처럼 주어야 한다. 생똥거름은 12월에만 줄 수 있으며 또 반드시 물과 거름을 3:1 비율로 섞어 주어야 한다. 거름을 사용할 때는 반드시 때를 살펴 해야 하는데 정월에는 반드시 물과 똥거름의 비율을 같게 해야 하고, 2~3월에는 나무에 연한 가지가 피었다면 나무 밑에는 새 뿌리가 나와 있으므로 비료를 뿌려주면 뿌리가 상해서 죽는다. 싹이 트지 않은 것은 거름을 주어도 상관없다. 5월에 비가 올 때 거름을 뿌려주면 뿌리가 반드시 썩는다. 6~7월에 싹이 나서 안정되었다면 가볍게 비료를 뿌려줄 수가 있다. 8월에는 거름을 뿌리는 것을 꺼리고, 백로에 비가 오면 반드시 연한 뿌리가 나오므로 거름을 뿌려주면 죽는다. 다만 석류나무 종류는 비료를 좋아한다. 감귤 종류는 거름을 주면 오히려 껍질이 터져 즙이 흘러나오며 겨울이 되면 반드시 죽는다. 따라서 월령에 따라 거름을 하고 물을 주어야 자연스럽게 왕성하게 자라서 무성해질 수 있다. 『군방보』

諸花果芽時，下便行根，此時不宜澆糞.俟嫩條長成，生頭花時，止可澆清糞水，忌濃糞.花開時，又不可澆糞.遇旱只澆清水.初結實澆糞卽落，實大則無妨.大約花木忌濃糞，須用停久冷糞，如水澆.新糞，止宜臘月，亦必和水三之一.凡用肥宜審時，如正月，須水與糞等；二三月，樹發嫩枝，則下生新根，澆肥則損根而死.未發萌者，不妨.五月，雨時澆肥，根必腐爛；六七月，發生已定，可輕輕澆肥；八月，亦忌澆肥；白露雨至，必生嫩根，見肥則死.惟石榴之屬，喜肥；柑橘之屬，用肥反皮破脂流，至冬必死.能依月令澆灌，自然發旺暢茂.羣芳譜

【 2. 배옹법 】

거름에 흙을 섞거나 혹은 마병(麻餅) 가루에 흙을 섞어서 뿌리를 3~5치 높이로 북돋아준다. 물은 정해진 양을 주어야지 너무 많이 주어서는 안된다. 『종수서』

【培壅法】

糞和土,或麻餅屑和土,壅根,高三五寸.澆水實定,不可太過.種樹書

즙리
葺理

【1. 박수법】

정월 말부터 2월 사이에 나뭇가지를 쳐낼 수 있다. 『사민월령』

정월에 낮은 가지 중에 작고 무질서한 것들을 잘라내어 나무의 기운을 분산시키지 않으면 맺는 과일이 자연스럽게 살찌고 커진다. 『편민도찬』

과일나무는 모두 반드시 번다한 가지를 잘라내서 힘이 분산되지 않게 해야 한다. 믿지 못한다면 꽃이 피어 열매를 맺을 때에 시험해 보면 알 수 있다. 꽃이 피지 않고 열매가 맺지 않는 가는 가지는 후에 반드시 잎이 피어나니 어찌 나무의 힘을 감소시키지 않겠는가? 만약 미리 그런 가지를 끊어낸다면 힘이 꽃과 과일에 모일 것이다. 또 과일은 모두 3년 정도 묵은 가지에서 맺어야만 크고 달다. 『농정전서』

나무에서 재목을 취하려면 느티나무, 느릅나무, 삼나무, 측백나무 같은 것은 곁가지를 없애주어 가지가 곧게 뻗도록 해야 한다. 기타 꽃과 잎사귀, 싹과 열매를 취하는 나무들은 모두 가지가 옆으로 자라도록 하고, 6~7자 정도 높이로 가지를 잘라내어 나무 밑으로 사람이 다니게 하는 것이 좋다. 이렇게 하면 과일을 따는 데 편리하다. 본 나무에 싹이 피기 15일 전에 모두 정리하는 것이 좋다. 『농정전서』

【剝樹法】

正月盡二月,可剝樹枝.四民月令

正月間削去低枝小亂者,勿令分樹氣力,則結子自肥大.便民圖纂

凡果木,皆須剪去繁枝,使力不分.不信時,試看開花結果之際.凡無花無果細枝,後來亦須發葉,豈不減力?若預先芟去,則力聚於花果矣.又凡果,俱三年老枝上所生,則大而甘.農政全書

凡樹,欲取材,如椐·榆·杉·柏之類,可令挺枝無旁枝.其他取花葉芽實者,皆令枝旁生,剝削令至六七尺,其下可通人行可也.如此便于採掇.凡本樹未發芽前半月以上,俱可修理.同上

【2. 열지법】

늙은 원예사에게 들었는데 오구(烏臼) 나무는 접을 붙일 필요가 없고 다만 봄에 나뭇가지를 일일이 비틀어 그 나무심만 부러뜨리고 껍질을 상하지 않게 하면 바로 열매가 생겨서 접붙인 것과 같다고 하였다. 시험해봤더니 정말 그러하였다. 만약 멀리 떨어져 있어 좋은 접붙일 나무를 가져올 수 없다면 이 방법을 사용해야 한다. 이 방법은 농서에도 기록되어 있지 않고 농가에서도 듣지 못한 것이나 아마도 다른 나무에 적용하여도 같을 것이니 하나씩 시험해봐야겠다.『농정전서』

【捩枝法】

聞之老圃云,烏臼樹不須接博,但于春間將樹枝一一捩轉,碎其心無傷其膚,卽生子,與貼博者同.試之良然.若地遠無從取佳貼者,宜用此法.此法農書未載,農家未聞,恐他樹木亦然,宜逐一試之.農政全書

【3. 종근 제거법】

심괄(沈括)의 『몽계필담(夢溪筆談)』에 이르기를 '민(閩) 지방의 여지 중에 씨가 작아서 정향(丁香)만한 것이 살이 많고 달다. 토속민들도 이 여지를 만들 줄 아는데 그 방법은 다음과 같다. 여지나무에서 그 종근(宗根)을 제거하고 나머지 뿌리를 불에 그을려 태워서 다시 심는다. 큰 돌로 그 뿌리를 눌러놓고 옆 뿌리가 생겨나오게 하면 그 씨는 작아지는데 그 씨를 다시 심으면 싹이 나지 않는다. 이는 마치 육축(六畜)을 거세하면 고기가 많아지고 새끼를 다시 가질 수 없는 이치와 같을 따름이다.'라고 하였다. 나는 씨 과일은 모두 이 방법을 써야 한다고 생각한다. 『행포지』

【去宗根法】

沈括筆談云,閩中荔枝核有小如丁香者,多肉而甘,土人亦能爲之,取荔枝木去其宗根,仍火燔令焦,復種之,以大石抵其根,但令傍根得生,其核乃小,種之不復芽.正如六畜去勢,則多肉而不復有子耳.余謂:凡核果,皆當用此法.杏蒲志

【4. 선수법】

정월에 뿌리 싹이 트기 전에 뿌리 옆을 넓고 깊게 파헤쳐서 땅 속 깊숙히 뚫고 들어가 박힌 뿌리를 찾아 파내어 제거하는데 이것을 선수(騸樹)라고 한다. 사방에 얽혀 있는 뿌리는 남겨두어 움직이지 않게 하고 흙으로 덮고 단단히 다져주면 열매를 크게 맺으므로 삽접법보다 낫다. 『편민도찬』

【騸樹法】

正月間,根芽未生,於根傍寬深掘開,尋攅心釘地根鑿去,謂之騸樹.留四邊亂根勿動,仍用土復盖築實,則結子肥大,勝揷接者.便民圖纂

【5. 서예법】

【鋤薉法】

나무 아래는 항상 풀을 매어 깨끗하게 해야 한다. 풀이 많으면 벌레와 좀벌레를 끓게 할 수 있고 또 나무의 힘을 빼앗아가 나무를 피폐하게 할 수 있다. 나무 아래에 웅덩이가 없게 해야 하니 비가 온 뒤에 물에 잠기면 뿌리가 썩고 잎이 누렇게 된다. 그러므로 나무 밑은 지면보다 3~5치 높고 평평하게 채워야 한다. 『편민도찬』

凡樹脚下,常令耘草清淨.草多則引蟲蠹,亦能偸力乏樹.弗使下有坑坎,雨後水漬,根朽葉黃,宜令平滿,高於地面三五寸.便民圖纂

꽃과 과일 나무 아래는 자주 잡초를 매어 깨끗하게 해주어야 한다. 자주 밟아주어야 열매가 깨끗해지고 또 많이 맺으며 애벌레들도 적어진다. 『행포지』

凡花果樹下,宜數鋤薉令淨.數踐春,令實旣淨且實子繁,螬稀.杏蒲志

보호하고 기르기

護養

【 1. 나무에 뜸질하는 법 】

【炙樹法】

나무는 남쪽으로부터 북쪽으로 옮기면 대부분 말라 죽고 추위를 타서 열매를 맺지 않는다. 다만 12월에 뿌리 옆의 흙을 제거하고 보릿짚을 두툼하게 덮어서 불로 태운 뒤에 예전처럼 깊이 북돋아주면 1~2년이 되지 않아 열매를 맺는다. 만약 해마다 이 방법을 사용하면 남에 있거나 북에 있거나 다를 것이 없으니 마치 사람에게 쑥뜸 뜨는 것과 같다.『종수서』

木自南而北多枯,寒而不實.只於臘月去根旁土,麥穰厚覆之,燃火深培如故,則不過一二年,皆結實.若歲用此法,則南北不殊,猶人炷艾耳.種樹書

갑자기 말라죽으려 하는 나무는 땅에서 3치 되는 양지쪽 부분을 서둘러 태우면 대부분이 산다.『화한삼재도회』

諸木卒然將枯者,急宜炙地上三寸向陽處,多活.和漢三才圖會

【2. 나무 시집보내는 법】

【嫁樹法】

나무는 설날 해뜨기 전에 도끼로 얼룩지게 대추나 오얏 등 나무를 찍고 두드리는 것을 나무를 시집보낸다〔嫁樹〕고 한다. 『종수서』

凡樹木,當元日日未出時,以斧斑駁推接[1]棗李等樹,謂之嫁樹.種樹書

이관경(李冠卿)의 집에 살구나무 한그루가 있었는데 꽃은 많이 피지만 열매가 맺지 않았다. 마침 한 매파가 이를 보고서 웃으며 말하기를 "내년 봄에 이 나무를 시집보내야겠다."라고 하였다. 겨울이 깊어질 때 갑자기 술 한 동이를 가지고 와서 '혼인하는 집에 선사하는 술〔撞門酒〕'이라고 하면서 처녀의 붉은 치마를 찾아서 나무 위에 걸어놓고 술을 올리고 축사를 두 세 번 하고 갔다.【그 축사에 "봄의 신이 만물을 다스려서 많은 무리가 빛나 새롭네. 나무의 덕은 인(仁)에 속하니 봄에 더욱 왕성하리라. 가지와 줄기는 빽빽하여 짙은 그늘 많네. 내가 너를 시집보내어 만억의 자손을 두게 하리라"라고 하였다.】 그랬더니 이듬해 봄에 과연 살구가 무수히 열렸다. 『문창잡록』

李冠卿家一杏樹花多而不實.適一媒姥見之,笑曰:"來春與嫁此樹."冬深,忽携一樽酒來云,婚家'撞門酒',索處女紅裙,繫樹上,奠酒,辭祝再三而去.【其詞曰:"靑陽司命,庶彙維新;木德屬仁,更旺於春;森森柯幹,簇簇繁陰;我令嫁汝,萬億子孫.】來春,杏果結子無數.文昌雜錄

과일나무가 무성한데 열매가 맺지 않는 것은 설날 오경에 모탕에 얼룩지듯이 도끼질하면 열매가 번성하여 떨어지지 않는데 이를 가과(嫁果)라고 한다. 12월 그믐날 밤에 같은 방법으로 오얏나무를 시집보내고 돌을 나무의 갈라진 가지 사이에 끼워둔다. 『편민도찬』

凡果樹茂而不結實者,元日五更,以斧班駁雜砧,則子繁而不落,謂之嫁果.十二月晦日夜,同若嫁李樹,以石頭安樹丫中.便民圖纂

일설에는 진일(辰日)에 도끼로 과일나무를 찍어 놓으면 달린 열매가 떨어지지 않는다고 한다. 『고금의통』

一云,辰日將斧砍果樹,結子不落.古今醫統

---

[1] 推接_ 원문에 근거하여 椎斫로 교정함.

【3. 대과법】

과일나무는 1년간 열매가 달리면 이듬해에는 반드시 가지를 쉬게 해야 한다. 한(漢)나라 사람이 말하기를 "매실나무와 오얏나무 중에서 열매가 많이 달린 것은 다음해에 쇠한다."라고 하였으니 이것은 정해진 이치이다. 여기에 한 가지 방법이 있다. 만약 복숭아와 자두가 30그루 있으면 꽃이 필 때, 15그루만 남겨놓고 나머지 15그루는 꽃을 다 따버린다. 그리고 이듬해에는 또 열매가 맺었던 나무의 꽃을 따버리는 것이다. 이것은 옛사람의 대전법(代田法)과[1] 같으니 나무가 상하지 않고 항상 과일을 얻을 수 있을 것이다. 『군방보』

【代果法】

凡果樹結實一年，次年必歇枝.漢人云，梅李實多者，來年爲之衰，此定理也.玆有一法，如有桃李三十株，花時只留十五株，花悉適去.至來年則又適其結實者，如古人代田法，木不傷而常得果矣.羣芳譜

1 대전법(代田法)_ 한(漢) 무제(武帝) 말년에 소농민의 보호를 목적으로 한 공전경영정책(公田經營政策)에 따라 소곡도위(騪粟都尉) 조과(趙過)가 고안하여 시행하였다. 너비 6자[尺], 길이 240보(步)의 대상(帶狀)의 경지에 세로로 3줄의 고랑을 만들고 그곳에 씨를 뿌려 농작물을 재배하며, 1년마다 고랑과 두덩을 교체시켜 연작을 피하였기 때문에 '대전(代田)'이라 불렀다.

【4. 새와 벌레 퇴치법】 【辟禽蟲法】

나무에 좀벌레가 있으면 왕골 꽃을 구멍 속에 집어넣거나 파부초〔百部〕[1] 잎을 집어넣으면 벌레가 즉시 죽는다. 『농상집요』

木有蠹蟲,以莞花納孔中,或納百部葉,蟲立死.農桑輯要

좀벌레를 다스리는 법: 정월에 삼나무를 깎아 못을 만들어 그 구멍에 박아주면 벌레가 바로 죽는다. 『편민도찬』

治蠹蟲法:正月間,削杉木作釘,塞其穴,則蟲立死.便民圖纂

산 사람의 머리카락을 잎사귀가 난 나무에 걸어 두면 까마귀와 새들이 감히 와서 그 열매를 먹지 못한다. 『유양잡조』

生人髮挂葉樹,烏鳥不敢食其實.酉陽雜俎

과실나무에 작고 푸른 벌레가 생겼을 때, 잠자리가 떼지어 날아와 앉아 있으면 저절로 없어진다. 『종수서』

果樹生小青蟲,虰蜻肹挂樹,自無.種樹書

다섯 가지 과일〔五果〕은[2] 정월 초하루에 닭이 울 때에 불로 나무 아래를 두루 비춰주면 벌레의 재앙이 없어진다. 『제민요술』

凡五果,正月一日鷄鳴時,把火遍照其下,則無蟲災.齊民要術

혹은 청명일에 해도 된다. 『편민도찬』

或清明日,亦可.便民圖纂

이 해에 오디에 벌레가 생겼다면, 정월 초하루에 횃불을 비춘 나무는 반드시 벌레의 재앙을 면할 수 있다. 『사시찬요』

時年有桑果生蟲者,元日照者,必免災.四時纂要

나무 속의 좀벌레를 다스리려 한다면 유황을 가는 분말로 갈아서 약간의 강의 진흙과 섞어서 두루 좀벌레 구멍에 집어넣는다. 구멍이 많고 가늘 경우에는 그 가지와 줄기에 두루 발라두면 벌레가 모두 바로 죽는다. 또 다른 방법은 철사로 갈고리를 만들어 벌레를 빼낸

凡治樹中蠹蟲,以硫黃研極細末,和河泥少許,令稠遍塞蠹孔中.其孔多而細,卽遍塗其枝幹,蟲卽盡死.又法:用鐵線作鉤取之.又:用硫黃雄黃作烟

---

1 파부초〔百部〕_ 파부초(婆婦草)의 뿌리를 백부(百部)라 하며 구충, 살충에 쓰인다.

2 다섯 가지 과일〔五果〕_ 자두, 살구, 대추, 복숭아, 밤 다섯 가지 과일이다.

다. 또 한 가지 방법은 유황(硫黃)과 웅황(雄黃)으로[3] 연기를 만들어 구멍에 채우면 바로 죽는다. 혹은 오동나무 기름종이를 태워 구멍에 밀어 넣으면 또한 효과를 볼 수 있다. 만약 송충이가 생겼다면 물고기 비린 물을 뿌리에 뿌리거나, 나무 밑의 땅에 누에나방을 묻어둔다. 『농전전서』

塞之,卽死.或用桐油紙油燃塞之,亦驗.如生毛蟲,以魚腥水潑根,或埋蠶蛾于(地)[1]下.農政全書

새가 날아와 과일을 먹을 경우, 그물을 쳐서 나무를 덮으면 나뭇가지를 많이 손상시키게 되고, 혹은 막대기를 가지고 목탁처럼 두드리면 힘이 너무 든다. 그러므로 쇠뇌를 한두 개 가져다가 장대 끝에 매달아 장대를 나무에 기대놓으면 새들이 전혀 오지 않는다. 『농전전서』

凡鳥來食果,或張網罩樹,多損樹枝;或持竿皷柝,甚費力.須用弩射取一二,置竿首,倚竿于樹.其鳥悉不來.同上

참깨 섶을 나무에 걸어놓으면 도롱이벌레〔簑衣蟲〕가[4] 없어진다. 『물류상감지』

芝蔴柴掛樹上,無蓑衣蟲.物類相感志

청명날 삼경에 볏짚을 나무에 묶어놓으면 송충이〔戴毛蟲〕가[5] 생겨서 나무를 손상시키지 않는다. 『군방보』

淸明日三更,以稻草縛樹上,不生戴毛蟲傷樹.羣芳譜

쌓여 있는 잎사귀와 썩은 가지는 벌레가 굴을 만드는 곳이니 벌레가 나오기 전에 마땅히 모두 제거해야 한다. 『군방보』

當蟲未出時,凡聚葉腐枝,皆蟲所窟穴,宜盡去之.同上

과일나무에 송충이가 생기면 감초가루를 나무뿌리 아래에 발라야 한다. 『종수서』

凡果樹生戴毛蟲,以甘草末,擦於根下.種樹書

---

3 웅황(雄黃)_ 석웅황(石雄黃)이라고도 하며 살균작용을 한다.

4 도롱이벌레〔簑衣蟲〕_ 도롱이나방 또는 주머니나방이라고도 한다. 수컷은 날개를 편 길이가 약 20mm이다. 몸빛깔은 흑갈색의 털로 덮여 있고 무늬는 없다. 더듬이는 빗살 모양이다. 암컷은 날개와 다리가 없고 몸길이는 15-18mm로, 몸의 털은 성충이 되면 곧 빠진다. 연 1회 4-7월에 나타난다. 유충은 가늘고 긴 통꼴인데, 나무껍질의 작은 조각을 붙인 도롱이를 만들고 그 속에 숨는다. 나무껍질 · 잎 · 이끼 등을 먹는다.

5 송충이〔戴毛蟲〕_ 송충이처럼 털이 많은 벌레이다.

[1] 地_『농정전서』에 근거하여 地를 보충함.

과일나무에 덮인 거미줄을 제거하는 법: 해진 솜에 유황분말가루를 발라 대나무 끝에 묶어서 불로 태운다. 혹은 석웅황(石雄黃)을 사용한다. 『종수서』

治果樹蟲絲羃法:以敗絮和硫黃末,縛竹竿頭,用火薰之.或用石雄黃.同上

【5. 의양법】 【醫穰法】

나무에는 모두 암수가 있는데 숫나무는 대체로 열매를 맺지 않는데 나무에 1치 정도 구멍을 뚫어서 암컷을 가져다 끼워 넣으면 열매를 맺는다.『박문록』

凡木,皆有雌雄,雄者多不結實.可鑿木作方寸穴,取雌木塡之,乃實.博聞錄

사일(社日)에[1] 공이로 과일나무 아래를 다져놓으면 맺는 과일이 단단하여 떨어지지 않는다. 과일이 맺지 않는 나무는 이 방법을 써야 한다.『박문록』

社日,以杵舂百果樹下,則結實牢.不實者,亦宜用此法.同上

숫나무는 소용이 없으나 많은 암나무들 사이에 한 두 그루의 숫나무가 있는 것이 더욱 좋다. 속담에 많은 암나무 사이에 숫나무 하나가 있으면 과일이 풍성하게 맺는다고 하였다.『농정전서』

雄木無用,而衆雌之中間有一二雄者,更玅.諺云:群雌間一雄,結實飽蓬蓬.農政全書

과실나무를 치료할 때는 약간의 종유분(鍾乳粉)을[2] 집어넣으면 과실이 많이 달리고 맛이 좋다. 또 다른 방법은 나무가 늙었으면 종유분을 진흙에 섞어서 뿌리 위의 껍질을 벗겨 발라주면 다시 무성해진다.『종수서』

醫果樹,納少鍾乳粉,則子多且美.又:樹老,以鍾乳末和泥,於根上揭皮,抹之,復茂.種樹書

과실나무가 오랫동안 열매가 맺지 않는 것은 토지신에게 제사지내고 남은 술을 뿌려주면 보통보다 두 배가 무성해진다.『둔재한람』

凡果木,久不實者,以祭社餘酒洒之,則繁茂倍常.遯齋閑覽

열매를 맺지 않는 과실나무가 있다면 섣달 그믐날 밤에 한 사람은 나무 위에 올라가고 한 사람은 나무 아래에서 "너는 열매를 맺을 것인가? 열매를 맺지 않는다면 지금 당장 베어버릴 것이다." 라고 꾸짖고, 나무 위

果樹不結實者,除夜,一人在樹上,一人在其下,詬曰:汝宜結子乎?否今當斫棄也.樹上人答曰:諾.自今以後,宜結子也.果

---

1 사일(社日)_ 입춘, 입추가 지난 뒤 다섯 번째의 무일. 입춘의 것을 춘사(春社), 입추의 것을 추사(秋社)라고 하는데, 춘사에는 곡식(穀食)의 발육(發育)을 빌고, 추사에는 그 수확(收穫)을 감사(感謝)한다.

2 종유분(鍾乳粉)_ 종유석(鐘乳石)을 갈아서 만든 약제이다.

에 있는 사람은 "좋다. 오늘 이후로는 열매를 맺을 것이다."라고 대답을 하면 이듬해에 과일이 많이 맺는다.『화한삼재도회』

翌年多結子.和漢三才圖會

【6. 금기】

【宜忌】

열매를 맺을 때는 흰 옷을 입은 사람이 그 나무 밑을 지나가는 것을 가장 꺼리는데 흰 옷 입은 사람이 그 밑을 지나가면 열매가 다 떨어진다. 『둔재한람』

結實時,最忌白衣人過其下,則其實盡落.遯齋閑覽

꽃피는 과실나무를 만약 효자와 임신한 부인이 손으로 꺾으면 여러 해 동안 꽃이 피지 않거나 혹은 그다지 열매를 맺지 않는다. 『종수서』

花果樹,如曾經孝子及孕婦手折,則數年不着花,或不甚結子.種樹書

다른 사람이 열매를 하나라도 훔쳐 먹으면 날짐승들이 곧 와서 쪼아 먹는다. 『종수서』

果子先被人盜喫一枚,飛禽便來喫.同上

계수나무로 정자(丁字) 모양를 만들어서 나무 아래에다 못질을 하면 말라버리고, 나무 위에 단단히 박으면 무성하다. 『종수서』

以桂爲丁,在下釘,則枯;在上磕則茂.同上

초목은 양이 뜯어 먹으면 자라지 않는다. 『종수서』

草木羊食者,不長.同上

꽃이 사향의 향기를 쐬면 열매가 맺지 않는다. 『종수서』

花見麝香薰,則不結子.同上

오이는 향기를 쐬는 것을 싫어하는데 사향노루의 냄새는 더욱 꺼린다. 『유양잡조』

瓜惡香中,尤忌麝.酉陽雜俎

【7. 바람 막는 법】

과수원을 만들 때, 서쪽과 북쪽에 대나무를 심어 바람을 막는다면 추위를 타는 과일나무들이 얼어서 손실되는 일은 생기지 않는다. 만약 과수원에 땅을 헤아려 연못을 만들어 고기를 기르고 과수나무에 물을 대주려 한다면, 연못을 만들 때 파낸 흙을 서쪽과 북쪽에 가져다 언덕을 만들고 그 위에 대나무를 심으면 더욱 좋다. 그렇게 하여 서쪽과 북쪽에 대나무 울타리가 있어서 바람을 막을 수 있다. 그러나 대나무가 높이 자라 위에는 잎이 무성하더라도 그 밑으로는 바람이 통하여 들어오기 때문에 늙은 원예사는 볏짚으로 거적을 만들어 대나무에 묶어 바람을 막는다. 만약 자죽(慈竹)을 심는다면 위아래로 모두 온전하게 가려져 바람을 막을 수 있다.【按볏짚으로 엮은 거적은 큰비를 맞으면 썩어서 오래갈 수 없기 때문에 흙으로 언덕을 만들어 위에 대나무 숲을 조성하고 안에는 따로 소나무, 삼나무, 두충나무 종류를 심어 서로 얽히게 하여 병풍을 만드는 것보다 못하다. 그렇게 하면 바람도 막을 수 있고 또 볼거리도 풍부해지며 해마다 많은 비용도 절감할 수 있다.】○『농정전서』

【禦風法】

凡作園,於西北兩便[1]種竹以禦風,則果木畏寒者,不至凍損.若於園中度地開池,以便養魚灌園,則所起之土,挑向西北二邊,築成土阜,種竹其上尤善.西北既有竹園禦風,但竹葉生高,下半仍透風,老圃家作稻草苫縛竹上遮隔之.若種慈竹,則上下皆穩蔽矣.【按稻草苫遇潦腐敗,不能耐久,不如就土阜上竹林,內另栽松杉杜冲之類,仍綰縛爲屏,既可禦風,且侈觀翫,又可除每年煩費.】○農政全書

새해 첫날에 해가 뜨지 않았을 때, 붉은 깃발에 해와 달, 북두칠성【일설에는 오성(五星)이라고 한다】을 그려서 바람이 불 때마다 과수원 안의 동쪽 담장아래에 꽂아 놓으면 큰 바람에 집이 날려가고 나무가 뿌리째 뽑혀도 과원의 과일나무는 손실을 입지 않는다. 『전이기』

元朝日未出時,用朱旛畫日月七星,【一作五星.】每遇風起,竪園內東墻下,卽大風發屋··拔木,園內花果無損.傳異記

---

[1] 便_邊의 誤字인 듯하다.

【8. 서리 물리치는 법】

【拒霜法】

오과(五果)는 꽃이 만발할 때에 서리를 맞으면 열매가 맺지 않는다. 그러므로 항상 미리 과수원에 잡초로 만든 거름을 쌓아둔다. 비가 온 뒤 맑게 개이고 북풍이 몹시 차가우면 그날 밤에는 반드시 서리가 내린다. 이때에는 거름에 불을 놓아 따뜻하게 하고 연기를 좀 피우면 서리를 피할 수 있다. 『사민월령』

五果,花盛時遭霜,則無子.常預於園中,往往貯惡草糞.天雨新晴,北風寒切,是夜必霜,此時放火作熅,少得烟氣,則免於霜矣.四民月令

가시는 서리를 물리칠 수 있으므로 과실나무를 가시로 둘러치면 무성하게 자란다. 『종수서』

棘能辟霜,花果以棘圍中,卽茂.種樹書

옛날에 '살구나무는 집 근처에 심어야 한다'고 했는데 살구나무뿐 아니라 모든 과일나무가 그러하다. 그러므로 지금의 속담에 '과일나무는 사람의 기운을 좋아한다'고 하니 이것은 사람의 기운을 좋아하는 것이 아니고 연기 기운을 좋아하는 것이다. 초봄에 모진 추위가 많을 것 같을 때, 과일나무에 연기를 피워 뒤덮어주면 서리와 추위를 피할 수 있다. 이런 까닭으로 도성에는 인가가 가장 많으므로 모든 과일이 가장 먼저 익는다. 그 다음은 큰 도읍, 이름난 마을과 번성한 촌락 순으로 과일이 익는다. 그러나 인가 가까이에 심는다는 것은 바로 좁은 곳에 심는 것을 가리킬 뿐이다. 만일 넓은 곳에 심어서 고산(孤山)의 삼백 그루 매화와 여산(廬山)의 십만 그루의 살구나무와 같다고 한다면 어떻게 일일이 인가와 가까이 심을 수 있겠는가? 그러므로 과수원 곳곳에 땅을 파서 구덩이를 만들어야 한다. 정월과 2월 사이에 저녁마다 떨어진 잎사귀와 끊어진 지푸라기, 왕겨를 모아 태워 연기가 밤새도록 피어오르게 하면 나무를 서리로부터 보호할 수 있고 지력을

古謂:種杏宜近人家.匪獨杏也,凡果皆然.故今之俚語云:果喜人氣.非喜人氣也,喜燃氣也.初春,類多頑寒,花果得烟氣冪罩,則能距霜辟寒也.是以京轂人烟最稠盛,百果最先熟;其次,通都大邑;其次,名村盛塢然.凡云栽近人家者,卽指狹種者耳.苟其廣種,如孤山之三百梅,廬山之十萬杏,何得一一近人家種之.宜於果園中,處處掘地作坑.正二月之間,每夕聚敗葉·斷藁·礱糠而爇,令烟氣終夜冪流,則可以護霜,可以發地力,可以辟虫蟻,一舉而三得者也.杏蒲志

돋울 수 있으며 벌레와 개미까지 물리칠 수 있어서 일거삼득의 효과를 거둘 수 있다. 『행포지』

【9. 울타리 만드는 법】

울타리를 만드는 방법은 울타리를 세울 곳을 네모반듯하게 깊이 간다. 땅을 갈 때, 밭두둑 사이의 간격을 2자로 하여 세 개의 두둑을 만든다. 가을에 멧대추〔酸棗〕가 익으면 수확하여 그 씨를 두둑에 빽빽하게 심는다. 이듬해 가을이 되어 심은 멧대추나무가 3자 정도 자랐을 때, 중간 중간에 잘 자라지 못한 열등한 것들을 잘라내고 한 자 간격으로 한 그루씩 남기되 반드시 밀도가 균일하고 행렬이 바르게 맞도록 한다. 이듬해 봄이 되면 곁가지를 쳐내고, 곁가지를 쳐낼 때는 반드시 며느리발톱을 남겨놓아야 한다.【注 만약 며느리발톱을 남겨놓지 않으면 쳐낼 때 잘린 자국이 커져서 추워지면 말라죽는다. 이것이 나무를 베는 올바른 방법이다.】 가지 쳐내기가 끝나면 엮어서 울타리를 세우는데 단단히 묶으면서도 애써 느슨하게 하도록 해야 한다.【注 꽉 조여 묶으면 더 이상 자랄 수 없기 때문이다.】 이듬해 봄이 되면 또 그 가지 끝을 잘라내고 다시 엮는데 높이는 7자 정도면 충분하다.【注 더 높게 만들고 싶다면 마음대로 해도 된다.】 이 정도로 하면 울타리 앞에서 과일을 훔치려던 간악한 사람은 부끄러워 웃으며 돌아갈 것이고, 여우와 이리도 탄식하며 바라보다 돌아갈 것이다. 버드나무를 심어 울타리를 만들 경우에는 한 자 간격으로 한 그루씩 심는다. 처음에 비스듬히 꼽아 심고 심을 때에 엮어준다.

【作園籬法】

于墻基之所,方整耕深.凡耕,作三壟,中間相去各二尺.秋上酸棗熟時,收于壟中概種之.至明年秋,生高三尺許,間劚去惡者,相去一尺留一根,必須稀概均調,行伍條直相當.至明年春,剶【注 勑傳反.】去橫枝,剶必留距.【注 若不留距,侵皮痕大,逢寒卽死.此剶樹常法也.】剶訖,卽編爲巴籬,隨宜夾縛,務使舒緩.【注 急則不復得長故也.】又至明年春,更剶其末,又復編之,高七尺便足.【注 欲高作者,亦任人意.】匪直姦人慙笑而返,狐狼亦息望而廻.其種柳作之者,一尺一樹,初卽斜揷,揷時卽編.

유협(楡莢)을 심을 때는 멧대추나무를 심는 방법과 같이 한다. 만약 느릅나무를 심는다면 버드나무와 섞어 비스듬히 심고 사람 키 높이만큼 자란 뒤에 엮어준

其種楡莢者,一同酸棗.如其栽楡,與柳斜植,高共人等,然後編之.數年長成,共相蹙迫,交

다. 몇 년을 자라서 가지와 잎이 창살처럼 뒤엉키면 용과 뱀의 모양이 만들어지고 새와 짐승의 모양이 그려져서 형세에 따라 기이한 모양이 우뚝하여 천태만상이다. 만약 재주 좋은 사람을 만나서 편리대로 나무를 선택하여 쓴다면 여러 가지 형태가 이루어지지 않음이 없을 것이니 더욱 멋있는 울타리가 만들어질 것이다. 『제민요술』

柯錯葉,特似房櫳.既圖龍蛇之形,復寫鳥獸之狀,緣勢嵌崎,其貌非一.若植[1]巧人,其[2]便採用,則無事不成,尤宜作杌.齊民要術

태사공(太史公)이 '안읍(安邑)에는 대추나무가 천 그루가 있고, 연(燕)과 진(秦)의 사이에는 밤나무 천 그루가 있어서 천호(千戶)를 다스리는 제후(諸侯)와 같다.'라고 하였는데,[1] 지금 살펴보면 대체로 실상이 없는 말이다. 한(漢)나라 때는 한 호당 해마다 2백 전의 조세를 내었으니 천 가구의 조세를 합치면 이십만 전이다. 이를 우리나라 돈으로 계산하면 이천 냥과 맞먹는다. 오늘날 양주(楊州), 양근(楊根)의 밤과 보은(報恩), 청산(靑山)의 대추는 10리마다 큰 과수원이 있고 5리마다 작은 과수원이 있어 많은 곳은 무려 수천 그루가 있다. 그러나 천 그루에서 한 해에 수확하는 것은 고작 수십 되에 불과하니 그 까닭은 무엇인가? 그 재배법이 잘못되어서가 아니다. 나무를 천 그루, 만 그루 심다보니 재배면적이 광활하여 주위에 담을 둘러칠 수도 없고 또 멀리까지 바라보며 지킬 수도 없어서 절반 이상을 잃게 되어 10에 2~3개도 거두지 못한다. 도시 근처라면 더욱 도둑을 막기 어려운데 이런 경우에

太史公云:'安邑千樹棗,燕秦之間千樹栗,與千戶侯等.'由今觀之,殆虛言也.漢之租稅,一戶歲出二百,則千戶之稅二十萬.以我東錢法計之,恰爲二千緡矣.今楊州楊根之栗,報恩靑山之棗,十里一大園,五里一小園,多者無慮累千株,而一歲千株之收率,不過數十斛.此其故何哉?蓋非栽培之失其方也.種樹千萬,占地廣闊,既不得圍築城垣,又無以瞭望守察,所以過半抛失,十不收二三也.居近城市,尤難防盜,此當倣賈氏圍籬之法,繞園之廣袤,種枳棘槿柳之屬,夾縛爲籬,以禦暴竊.苟能衛果有術,

1 이 내용은 사마천(司馬遷)의 『史記』 권129 「貨殖列傳」의 구절을 인용한 것이다. 태사공(太史公)은 사마천이다.

[1] 植_『제민요술』에 근거하여 值으로 교정함.

[2] 其_『제민요술』에 근거하여 隨로 교정함.

는 마땅히 가씨(賈氏)의 울타리 만드는 방법을[2] 모방하여 과수원 전체를 빙 둘려 탱자나무, 무궁화나무, 버드나무 종류를 심어 묶어서 울타리를 만들어 도둑을 막아야 한다. 만약 과실을 지키는 방법이 있어 버리는 일이 없다면 한 그루에서 이백 개 정도는 넉넉히 수확할 수 있을 것이니 태사공이 말한 천호와 대등하다는 말은 지나친 말이 아닐 것이다. 산을 등지고 있는 과수원은 물론이거니와 산중턱과 산등성이에 있는 과수원들도 모두 지세에 따라 심을 수 있으니 다만 높고 건조한 것을 두려워하지 않는 과실나무만 선택하여 심는다면 성공하지 않는 경우는 없을 것이다. 또 조사해보니, 우씨(尤氏)의[3] 『만류계변구화(萬柳溪邊舊話)』에 이르기를 '허사산(許舍山)은[4] 산이 깊고 호랑이가 많아서 어린 아이들이 낮에도 감히 집밖으로 나오지 못하였다. 그리하여 멀구슬나무씨를 수십 말 주워 그 씨를 넣고 큰 새끼줄을 꼬아 산의 사방에 묻어 두었더니 4~5년이 못되어 멀구슬나무가 자라 나와서 성벽을 쌓은 것처럼 되었는데 토착민들은 멀구슬나무성〔楝城〕이라고 불렀다. 그들은 사방에 문을 만들고 낮에는 문을 열어놓고 밤에는 문을 닫았다. 이때부터 호랑이가 감히 성을 넘어서 들어오지 못하였다.'고 한다. 진실로 이 방법을 사용한다면 도둑을 막을 수 있을 뿐만 아니라 호랑이나 표범의 피해도 멀리 할 수 있으니 이것이 산에서 사는 제일의 경제법인 것이다. 『행포지』

無所抛費,則一樹二百綽有餘裕,太史公所謂與千戶等者,非過語矣.其負山之園毋論,山腰山脊,皆可隨地種植,但擇不畏高燥者,種之蔑不成也.又按,尤氏萬柳溪邊舊話云:許舍山深多虎,童男女晝不敢出戶,乃拾楝子數十斛,用藁作大繩,置楝子于繩股中,埋於山之四圍,不四五年,楝樹長大,如城圍,土人號曰楝城.造門四方,晝啓夜閉,自是虎不敢踰城而入.誠用此法,不寧禦盜,亦可遠虎豹之害,此乃山居第一經濟也.杏蒲志

2 울타리 만드는 방법_ 가사협(賈思勰)의 『제민요술』에 소개된 울타리 만드는 방법을 말한다.

3 우씨(尤氏)_ 원대(元代) 사람 우기(尤玘)를 가리킨다.

4 허사산(許舍山)_ 지금의 강소(江蘇) 무석(無錫) 서남쪽 태호(太湖)가에 있는 산이다.

【10. 울타리로 쓰이는 나무들을 덧붙임】 附:【作籬諸品】

사철나무[1]【줄기를 취하여 울타리 뼈를 만들고 씨는 취하여 약을 만들 수 있다. 잎은 겨울과 여름에도 시들지 않는다. 병통은 20년 뒤에 썩는다는 것이다. 어떤 사람이 말하기를, 돼지똥거름으로 북돋아주면 오래간다고 하였다. 2~3월, 8~9월에 옮겨 심는다.】

冬青【取其幹可作骨,取子作藥,取其葉冬夏不凋,病在二十年後卽爛壞.或云以猪糞壅之則久.二三八九月移.】

산앵두나무[2]【가지와 잎을 취하여 쇄록포(刷綠布)를 만들고 줄기는 취하여 울타리뼈를 만들 수 있으며 햇수가 오래되어 뿌리가 서린 것은 취하여 안석과 책상 등을 만들 수 있다. 정월과 이월에 옮겨 심는다.】

爵梅【取其條葉作刷綠布,取其幹可作骨,取其遠年者根株盤結,可作几机等器.正二月移.】

오가피나무[3]【줄기를 취하여 울타리뼈를 만들고 가시를 취하여 간악한 사람을 물리칠 수 있으며 잎을 취하여 먹을 수 있고, 뿌리와 껍질은 약을 만들고 술을 만들 수 있다. 정월에 꺾꽂이를 한다.】

五加皮【取其幹可作骨,取其刺可却姦,取其芽可食,取其根皮作藥·作酒.正月揷.】

금앵자나무[4]【가시를 취하여 간악한 사람을 물리칠 수 있고 꽃과 향기는 감상할 수 있고 씨를 취하여 약을 만들 수 있다. 정월에 꺾꽂이를 한다.】

金櫻子【取其刺可却姦,取其花香味可翫,取其子可作药.正月插.】

매실나무[5]【꽃과 향기를 취하여 감상할 수 있고, 줄기를 취하여 울타리뼈를 만들 수 있으니 그 줄기에 가는 가시가 있기 때문이다. 옮겨 심는 것은 때에 구속받지 않는다.】

梅【取其花香味可翫,取其幹可作骨,取其干上微有刺.移种不拘时.】

구기자나무[6]【싹을 취하여 먹고 씨를 취하여 약을 만

枸杞【取其芽可食,取其子

---

1 사철나무[冬青]_ 노박덩굴과에 속하는 상록관목. 학명은 Euonymus japonica THUNB.이다.

2 산앵두나무[爵梅]_ 장미과에 속하는 낙엽 관목. 학명은 Prunus japonica Thunb.이다.

3 오가피나무[五加皮]_ 두릅나무과에 속하는 낙엽관목. 학명은 Acanthopanax Senticosus.이다.

4 금앵자나무[金櫻子]_ 장미과에 속하는 상록 반원(攀援) 관목. 학명은 Rosa laevigata Michx.이다.

5 매실나무[梅]_ 장미과에 속하는 낙엽교목. 학명은 Prunus mume.이다.

들 수 있으며 뿌리를 취하여 약을 만들고 줄기를 취하여 울타리뼈를 만들 수 있다. 정월과 8~9월에 꺾꽂이를 한다.】

作藥,取其根作藥,取其幹作骨.正八九月揷.】

비래자[7]【꽃을 취하여 먹을 수 있다. 심는 것은 때에 구속받지 않는다.】

飛來子【取其花可食,種不拘時.】

산초나무[8]【가시를 취하여 간악한 사람을 물리칠 수 있고 줄기를 취하여 울타리뼈를 만들 수 있으며, 열매를 취하여 먹을 수 있고 약을 만들 수도 있다. 그 잎을 취하여 조미료를 만들 수 있고 씨로는 기름을 짤 수도 있다. 4월에 심는다.】

椒【取其刺可却姦,取其幹可作骨,取其實可食·可作藥.取其葉可作味,核可油.四月種.】

산수유나무[9]【줄기를 취하여 울타리뼈를 만들고 열매를 취하여 먹을 수 있고 약을 만들 수 도 있다.】

茱萸【取其幹可作骨,取其實可食,可作藥.】

치자나무[10]【줄기를 취하여 울타리뼈를 만들고 꽃향기를 취하며, 홑꽃인 것은 그 씨를 취하여 약을 만들고 염색할 수 있으며 잎은 시들지 않는 것을 취한다.】

梔子【取其幹可作骨,取其花香,單臺者取其子作藥·作染色,取其葉不凋.】

묘잉자나무[11]【줄기로 뼈대를 만들 수 있고 가시를 취하여 간악한 사람을 물리칠 수 있으며 그 잎은 겨울과 여름에 시들지 않는 것을 취하며 꽃향기를 취한다. 연한 잎을 취하여 먹을 수 있는데 신선차라고 한다. 이 나무는 옮겨 심는다.】

猫仍子【取其幹可作骨,取其刺可却姦,取其葉冬夏不凋,取其花香,取其嫩葉可食,名神仙茶,此移種者.】

영춘화나무[12]【그 꽃이 일찍 피는 것을 취한다. 울타리

迎春花【取其花早,種于籬內.】

---

6 구기자나무〔枸杞〕_ 가지과에 속하는 낙엽관목. 학명은 Lycium chinense Mill.이다.

7 비래자(飛來子)_ 어떤 나무인지 자세하지 않다.

8 산초나무〔椒〕_ 운향과에 속하는 낙엽관목. 학명은 Zanthoxylum schinifolium S. et Z.이다.

9 산수유나무〔茱萸〕_ 층층나무과에 속하는 낙엽성 소교목. 학명은 Cornus officinalis S. et Z.이다.

10 치자나무〔梔子〕_ 꼭두서니과에 속하는 상록활엽관목. 학명은 Gardenia jasminoides for. grandiflora MAKINO.이다.

11 묘잉자나무〔猫仍子〕_ 어떤 나무인지 자세하지 않다.

안에다 심는다.】

멧대추나무[13]【줄기를 취하여 울타리뼈를 만들고 그 가시를 취하여 간악한 사람을 물리칠 수 있으며 그 씨를 취하여 먹을 수 있고 그 씨핵을 취하여 약을 만들 수 있다. 옮겨 심으며 때에 구속받지 않는다.】

酸棗【取其幹可作骨, 取其刺可却姦, 取其子可食, 取其仁, 可作藥. 移種不拘時.】

목련나무[14]【줄기를 취하여 울타리뼈를 만들 수 있고 그 꽃의 아름다움을 취한다. 포기를 나누어 울타리 안쪽에 옮겨 심는다.】

木筆【取其幹可作骨, 取其花美. 分移於籬內.】

뽕나무[15]【줄기를 취하여 울타리뼈를 만들고 그 잎을 취하여 누에를 먹일 수 있으며 오디를 취하여 먹을 수 있고 약을 만들 수도 있다. 휘묻이하여 심는다.】

桑【取其幹可作骨, 取其葉可飼蠶, 取其椹可食, 可作藥. 壓條.】

탱자나무[16]【줄기를 취하여 울타리뼈를 만들고 그 가시를 취하여 간악한 사람을 물리칠 수 있으며 가지를 취하여 담장을 덮을 수도 있고 팔수도 있다. 그 씨를 취하여 번식시키고 접붙일 수 있다. 옮겨 심는다.】

枳【取其幹可作骨, 取其刺可却姦, 取其枝可盖墻, 可賣. 取其子可傳生接博. 移種.】

무궁화나무[17]【줄기를 취하여 울타리뼈를 만들고 그 꽃을 취한다. 때에 구속받지 않고 꺾꽂이를 한다.】

槿【取其幹可作骨, 取其花. 不拘時揷.】

찔레나무[18]【가시를 취하여 간악한 사람을 물리칠 수 있고 그 꽃을 취하여 증로(蒸露)를[19] 만들 수 있다. 꺾꽂이 할 수도 있고 옮겨 심을 수도 있다.】

野薔薇【取其刺可却姦, 取其花可蒸露. 可揷可移.】

---

12 영춘화나무(迎春花)_ 쌍떡잎식물 합판화군 용담목 물푸레나무과의 낙엽관목. 학명은Jasminum nudiflorum이다.

13 멧대추나무(酸棗)_ 갈매나뭇과의 낙엽 활엽 교목. 학명은 Zizyphus jujuba MILL. 이다.

14 목련나무(木筆)_ 목련과에 속하는 낙엽교목. 학명은 Magnolia kobus A. P. DC. 이다.

15 뽕나무(桑)_ 뽕나무과에 속하는 낙엽교목. 학명은 Morus alba L. 이다.

16 탱자나무(枳)_ 운향과에 속하는 낙엽활엽관목. 학명은 Poncirus trifoliata RAFIN. 이다.

17 무궁화나무(槿)_ 아욱과에 속하는 낙엽관목. 학명은 Hibiscus syriacus L. 이다.

18 찔레나무(野薔薇)_ 장미과에 속하는 낙엽관목. 학명은 Rosa multiflora THUNB. 이다.

19 증로(蒸露)_ 증류법(蒸溜法)으로 약로(藥露)를 만드는 것을 말한다.

닥나무[20]【그 줄기를 취하여 울타리뼈를 만들고 그 수액을 취하여 아교를 만들어 금서〔金字〕를[21] 쓸 수 있으며 씨를 취하여 약재로 쓸 수 있고 껍질을 취하여 종이를 만들 수 있고 그 나무를 취하여 버섯을 심을 수 있다.】

穀樹【取其幹可作骨,取其汁可作膠書金字,取其子中藥材,取其皮可造紙,取其木可種蕈.】

멀구슬나무[22]【그 줄기를 취하여 울타리뼈를 만들 수 있으며 쉽게 성장한다.】

楝【取其幹可作骨,且速成.】

느릅나무[23]【줄기를 취하여 울타리뼈를 만들 수 있고 빨리 자란다. 꼬투리는 먹을 수 있다.】

楡【取其幹可作骨,且速成,莢可食.】

백양나무[24]【줄기를 취하여 울타리뼈를 만들 수 있으며 쉽게 성장한다. 다듬고 나온 가지는 땔나무로 쓸 수 있고 빨리 자란다. 또 버드나무처럼 많이 좀 먹지는 않는다. 꺾꽂이하기 적당하다.】

白楊【取其幹可作骨,速成,修取爲薪,且不若楊柳之多蛀也.宜揷.】

땃두릅나무[25]【줄기를 취하여 울타리뼈를 만들 수 있고 가시는 간악한 사람을 물리칠 수 있다.】

刺杉【取其幹可作骨,刺可却姦.】

주엽나무[26]【줄기는 울타리뼈를 만들 수 있으며 빨리 자란다. 싹은 먹을 수 있고 가시가 있어 간악한 사람을 물리칠 수 있다.】

皀莢【幹可作骨,且速成.芽可食,有刺,可却姦.】

검은재나무[27]【사계절 시들지 않고 꽃이 향기로우며 쉽게 자란다. 씨를 심는 것이 좋다.】

山礬【不凋,花香,易成.宜種.】

---

20 닥나무〔穀樹〕_뽕나무과에 속하는 낙엽관목. 학명은 Broussonetia kazinoki SIEB.이다.

21 금서〔金字〕_금니(金泥)로 글씨를 쓰는 것을 말한다.

22 멀구슬나무〔楝〕_멀구슬나무과에 속하는 낙엽교목. 학명은 VMelia azedarah var. japonica이다.

23 느릅나무〔楡〕_느릅나무과에 속하는 낙엽 활엽교목. 학명은 Ulmus davidiana var. japonica이다.

24 백양나무〔白楊〕_버드나무과의 낙엽활엽 교목. 학명은 Populus davidiana이다.

25 땃두릅나무〔刺杉〕_두릅나무과에 속하는 낙엽관목. 학명은 Echinopanax horridum (NON DECNE.) KOM.이다.

26 주엽나무〔皀莢〕_실거리나무과에 속하는 낙엽교목. 학명은 Gleditsia japonica var. koraiensis이다.

27 검은재나무〔山礬〕_노린재나무과에 속하는 상록활엽교목. 학명은 Symplocos prunifolia S. et Z.이다.

인동초[28]【꽃이 향기롭고 약재로 쓰이며 꺾꽂이가 적당하다.】

金銀花【花香,中藥.宜揷.】

참죽나무[29]【쉽게 성장하고 싹을 먹을 수 있다. 옮겨 심어야 한다.】

椿樹【易成,芽可食.宜移.】

비파나무[30]【쉽게 성장하고 겨울에 꽃이 핀다. 꽃은 약재로 쓰이고 줄기와 잎은 모두 푸르다. 옮겨 심어야 한다.】

枇杷【易成,冬月開花.花中藥材,幹葉俱青.宜移.】

소엽수[31]【쉽게 성장하고 싹을 먹을 수 있다. 꺾꽂이를 한다.】

小葉樹【易成,芽可食.宜揷.】

머루[32]【쉽게 성장하고 잎은 독창에 붙인다. 시들지 않는다.】 ○『농정전서』

木龍【易成,葉貼毒瘡.不凋.】 ○農政全書

28 인동초(金銀花)_ 인동과의 덩굴성 반상록활엽관목. 학명은 Lonicera japonica이다.

29 참죽나무(椿樹)_ 멀구슬나무과에 속하는 낙엽교목. 학명은 Cedrela sinensis이다.

30 비파나무(枇杷)_ 장미과에 속하는 상록소교목. 학명은 Eriobotrya japonica LINDL. 이다.

31 소엽수(小葉樹)_ 어떤 나무인지 자세하지 않다.

32 머루(木龍)_ 포도과에 속하는 낙엽 덩굴식물. 학명은 Vitis coignetiae이다.

수확하기
收採

【1. 적과법】	【摘果法】
겨울이라야 얼음을 자를 수 있고 여름이라야 나무가 열매를 맺을 수 있으니 때는 얻기가 어렵고 잃기가 쉽다. 나무가 바야흐로 무성할 때에는 비록 날마다 열매를 따더라도 다시 생기지만 가을바람이 불고 서리가 내리면 하룻밤 사이에 떨어져버린다. 그러므로 열매를 따는 것은 신중하지 않을 수 없다.『문자』	冬氷可折,夏木可結,時難得而易失.木方盛,雖日採之而復生,秋風下霜,一夕而零,故採摘不可不愼也.文子
과일은 완전하게 익지 않았을 때 따야지 만약 완전히 익어버리면 지나치게 근맥을 뽑아 먹어 이듬해에 반드시 무성하지 못하다.『종수서』	凡果未全熟時摘,若熟了,卽抽過筋脈,來歲不必盛.種樹書
과일은 처음 익었을 때 두 손으로 따면 해마다 과일이 달린다.『종수서』	凡果實初熟,雙手摘,則年年生果.同上
열매가 익었을 때 반드시 한 번에 그 좋은 것을 따야 한다. 오래 남겨 두고 익기를 기다려도 잘 익지 않는다.『편민도찬』	果子熟時,須一頓摘其美者;遲留之,雖待熟亦不美.便民圖纂

【2. 벌목법】

벌목은 사월과 칠월에 하면 벌레가 생기지 않고 단단하고 질기다. 느릅나무 꼬투리가 떨어지고 뽕나무에 오디가 떨어질 무렵도 벌목할 때이다. 그러므로 열매가 달려 있는 나무는 그 열매가 익었을 때가 벌목하기에 적합한 시기이다.【注벌목할 시기가 적합하지 않은 경우에 하면 벌레가 생기고 또 나무질이 물러진다.】적합하지 않은 시기에 벌목한 나무는 1개월 정도 물에 담가 두거나 불에 쬐어 말리면【注煏은 皮와 逼의 반절이다】벌레가 생기지 않는다.【注물에 담갔던 나무는 더욱 더 부드럽고 강인해진다.】『주관(周官)』에 이르기를 '11월〔仲冬〕에는 양목(陽木)을[1] 베어내고 5월〔仲夏〕에는 음목(陰木)을[2] 베어낸다.'고 하였다.【注정사농(鄭司農)이[3] 이르기를 '양목은 봄과 여름에 자라는 나무이고, 음목은 가을과 겨울에 자라는 나무인데 소나무와 측백나무와 같은 것들이다.'라고 하였다. 정현(鄭玄)이 이르기를 '양목은 산의 남쪽에서 자라는 것들이고 음목은 산의 북쪽에서 자라는 것들이다. 겨울에 양목을 베고 여름에 음목을 베면 단단하고 부드러운 것을 조화시킬 수 있다."고 하였다. 조사해보니, 측백나무의 특성은 좀벌레가 생기지 않기 때문에 사계절 모두 베어도 되므로 벌목할 시기를 선

【伐木法】

凡伐木,四月·七月,則不蟲而堅韌.楡莢下,桑椹落,亦其時也.然則凡木有子實者,候其子實將熟,皆其時也.【注非其時者,蟲而且脆也.】凡非時之木,水漚一月,或火煏【注皮逼反】取乾,蟲則不生.【注水浸之木,更益柔韌.】周官曰:仲冬斬陽木,仲夏斬陰木.【注鄭司農云:陽木,春夏生者;陰木,秋冬生者,松拍之屬.鄭玄曰:陽木,生山南者;陰木,生山北者.冬則斬陽,夏則斬陰,調堅輭也.案北栢之性,不生蟲蠹;四時皆得,無所選焉.山中雜木,自非七月·四月兩時殺者,率多生蟲,無山南山北之異.鄭君之說,又無取則.周官伐木,蓋以順天道·調陰陽·未必爲堅韌之與蟲蠹者也.】

---

1 양목(陽木)_ 봄과 여름에 잘 자라는 나무를 가리킨다.

2 음목(陰木)_ 겨울에 잎이 떨어지지 않는 나무를 가리킨다.

3 정사농(鄭司農)_ 후한의 경학가였던 정중(鄭衆)을 말한다. 그가 대사농(大司农) 벼슬을 하였으므로 이와 같이 지칭하였다.

택할 필요가 없다. 그러나 산 속의 잡목은 7월과 4월 두 시기에 벤 것이 아니면 대부분 벌레가 생기며 산의 남쪽과 북쪽 어느 곳에서 자라든 차이가 없다. 그러므로 정현의 설은 취할 것이 없다. 『주관(周官)』에 기록한 벌목법은 모두 천도(天道)를 따르고 음양을 조절한 것이지 반드시 나무의 질을 강인하게 하는 것, 좀벌레가 나지 않게 하는 것과 상관관계가 있는 것은 아니다.】

『예기』「월령」에 '정월〔孟春〕에는 벌목을 금지한다.【[注]정현의 주에 정월에는 나무의 기운〔德〕이 왕성하기 때문이라고 하였다.】 4월〔孟夏〕에는 나무를 벌목하지 않는다.【[注] 때의 기운을 거스르기 때문이다.】 6월〔季夏〕에 나무가 무성해지므로 우인(虞人)에게 명하여 산에 들어가 나무를 살펴보고 벌목을 하지 못하게 한다.【[注]나무가 아직 단단하고 질기지 않기 때문이다.】 9월〔季秋〕에 초목이 누렇게 변해 시들면 나무를 베어다 숯을 만든다. 11월〔仲冬〕에 동지 이후 해가 짧아지면 벌목을 하고 대나무로 화살을 만든다.【[注]이 때가 나무가 가장 단단해지는 시기이다.】 『회남자(淮南子)』에 이르기를 '초목이 아직 낙엽이 떨어지지 않았을 때 도끼를 들고 산에 들어가지 않는다.'라고 하였다.【[注]9월에는 초목이 영락(零落)하기 때문이다.】 최식(崔寔)이 이르기를 '정월부터 6월〔季夏〕까지는 벌목해서는 안된다. 벌목하면 반드시 좀벌레가 생긴다.'라고 하였다. 어떤 사람이 이르기를 '그 달 상순에 벌목을 하면 비록 봄과 여름이라 할지라도 좀벌레는

禮記·月令:孟春之月,禁止伐木.【[注]鄭玄注云爲盛德所在也.】孟夏之月,無伐木樹.【[注]逆時氣也.】季夏之月,樹木方盛;乃命虞人,入山行木,無爲斬伐.【[注]爲其未堅韌也.】季秋之月,草木黃落,乃伐薪爲炭.仲冬之月,日短至,則伐木取竹箭.【[注]此其堅成之極時也.】淮南子曰:草木未落時,斧斤不入山林.【[注]九月,草木解也.】崔寔曰:自正月以終季夏,不可伐木,必生蠹蟲.或曰:以上旬伐之,雖春夏不蠹,猶有剖析開[1]解之害,又犯時令,非急不伐.十一月,伐竹木.十二月,斬竹伐木不蛀.斫松:在下弦後,上弦前,永無白蟻.他樹亦

---

[1] 開_『제민요술』에 근거하여 間으로 교정함.

생기지 않지만, 오히려 갈라지고 틈이 벌어지는 해가 있다. 또 시령(時令)를 범하는 것이니 급할 경우가 아니라면 벌목을 하지 않는 것이 좋다. 11월에 대나무를 벤다. 12월에 대나무와 나무를 베면 좀이 생기지 않는다. 소나무는 하현 이후와 상현 이전에 베면 영원히 흰개미가 생기지 않는다. 다른 나무도 마찬가지다. 『제민요술』

同.齊民要術

【3. 저장법】

【藏果法】

모든 신선한 과일은 수확하면 12월의 물에 박하 한 줌과 명반(明礬)을 조금 넣고 진액이 묻지 않는 그릇 속에 넣어 과일을 담그면 색과 맛이 모두 좋다. 일설에는 물 기운을 가까이 하기만 하고 물에 집어넣지 않는 것이 묘법이라고 한다. 모두 기름과 술 냄새, 그리고 기름과 술을 담은 그릇을 가까이 하는 것을 꺼린다. 『군방보』

凡收一切鮮果,用臈水,同薄荷一握·明礬少許,入不津器浸之,色味俱美.一云,只近水氣,不入水爲妙.皆忌近油酒氣及盛油酒之器.羣芳譜

감귤, 복숭아와 오얏 같은 것은 7~8할 정도 익었을 때 가지 채 따서 무나 큰 토란에 꽂아 그대로 종이 혹은 마른 짚으로 싼 뒤, 새 항아리에 저장하고 바람이 통하지 않게 하면 이듬해에 꺼내 먹어도 새로 딴 것 같다. 『군방보』

柑橘·桃·李之類,七八分熟時,帶枝挿,蘿蔔或大芋中,仍用紙或乾穰草包護,藏新甕內,勿令通風,來年取食如新.同上

능금, 비파와 양매 등의 과일은 납설수〔臘水〕[1] 박하 한 줌, 명반 조금을 넣어 항아리에 담고 그 속에 과일을 집어넣으면 색깔이 변하지 않고 맛은 더욱 시원하고 좋다. 『편민도찬』

林禽·枇杷·楊梅等果,用臘水,同薄荷一握·明礬少許,入甕內,投果於中,顏色不變,味更凉爽.便民圖纂

여러 가지 청과 저장법: 깨끗한 단지에다 12월에 납설수를 붓고 구릿가루를 조금 집어넣어서 밀봉하면 오래 두어도 푸른색이 변하지 않는다. 청매실, 비파, 능금, 포도, 대추, 감람, 마름, 가시연, 귤, 오이, 오얏, 사과 같은 과일은 모두 이와 같은 방법으로 저장한다. 또 큰대나무 생것을 잘라【按땅에 심은 큰 대나무를 가리킨다.】 구멍 하나를 뚫어서 껍질을 상하지 않게

諸般青果收貯法:淨罈中,十二月下臘水,入些小銅青末密封,久留青色不變.凡有青梅·枇杷·林禽·葡萄·小棗·橄欖·菱·芡·橙·瓜·李·柰之類,皆收如此.又用生大竹【按卽指地種大竹也.】鑿一孔,以

---

1 납설수〔臘水〕_ 원문에 납수(臘水)라고 하였는데 납설수(臘雪水)를 가리키는 듯하다. 납설수(臘雪水)는 동지 뒤 3일 이내에 내린 눈이 녹은 물로 살충·해독 작용이 있다.

신선한 과일을 집어넣는다. 나무로 구멍을 막고 진흙으로 봉하면 오래 두어도 썩지 않는다. 복숭아, 오얏과 살구도 모두 이렇게 저장한다. 『고금의통』

鮮果投入, 不可傷皮, 以木塞孔, 泥封之, 久留不壞. 桃·李·杏皆然. 古今醫統

연경(燕京)의 과일 저장법이 가장 좋다. 작년 여름 과일과 금년의 새 과일을 섞어 파는데 풀명자 열매, 배, 포도 등속은 색깔이 나무에서 새로 딴 것과 같았다. 이 방법을 터득하면 충분히 일시에 이익을 취할 수 있을 것이다. 작은 물리 상식에 따르면 배와 포도를 동시에 거두어 저장하면 썩지 않는다. 혹은 무에 배나 포도꼭지를 꽂아두어도 썩지 않는다. 또 다른 방법에 따르면, 땅에 심은 큰 대나무를 잘라서 그 대통 안에 감을 저장하고 진흙 덩어리로 입구를 봉해두었다 여름이 지나 꺼내 먹는다. 『북학의』

燕京藏果之法最佳. 去年夏果與今年新果雜賣, 如樝·梨·葡萄之屬, 色若新摘于樹者. 得此一方, 亦足以取一時之利. 按物理小識, 梨與蘿葍同收則不壞, 或挿蒂於蘿葍. 又按他方, 截地種大竹, 貯柹於筒, 仍以泥丸封裹其口, 經夏出之. 北學議

만학지 권제1 끝

晚學志卷第一

晩學志 卷第二

과일류
菓類

한강 가에 사는 서유구 준평 편찬 아들 우보 교정
洌上 徐有榘 準平 纂 男 宇輔 校

자두나무

李

【1. 명칭과 품종】

일명 가경자(嘉慶子)이다.

【『본초강목』: 『황제소문(黃帝素問)』에 이르기를 '오얏의 맛은 시고, 오장(五臟)으로는 간장(肝臟)에 속하고, 오행(五行)으로는 동방의 과일이다. 오얏은 오과(五果) 중에서 목(木)에 속하는 과일이다. 그러므로 글자가 목부(木部)를 따르고 있다. 그 종류는 백 종류에 가까운데 열매가 큰 것은 술잔이나 계란만 하고 작은 것은 탄알이나 앵두만 하다. 그 맛은 달고, 시고, 쓰고, 떫은 몇 종류가 있으며 그 색깔은 청색, 녹색, 자색, 붉은색, 황색, 적색, 옥색, 무늬색, 연지색, 푸른색, 붉은 회색 등이 있다. 그리고 모양에 따라 우심리(牛心李), 마간리(馬肝李), 내리(奈李), 행리(杏李), 수리(水李), 이핵리(離核李), 합핵리(合核李), 무핵리(無核李), 편봉리(匾縫李) 등이 있다. 일찍 익는 것으로는 맥리(麥李), 어리(御李)가 4월에 익고, 늦게 익는 것으로는 만리(晩李), 동리(冬李)가 10월, 11월에 익는다.' 라고 하였다.

按우리나라에서 생산되는 것은 황리(黃李), 자리(紫李) 등 몇 종류뿐인데 자리(紫李)는 속칭(俗稱)이 자도(紫桃)라고 한다. 또 맛이 떫어서 먹을 수 없는 것이 한 종류가 있으니 그것은 야생자두[野李]이다.】

【名品】

一名嘉慶子.

【本草綱目:素問言:李味酸,屬肝,東方之果也.盖李於五果屬木,故字從木.其種近百,其子大者如杯·如卵;小者如彈·如櫻,其味有甘·酸·苦·澁數種.其色有青·綠·紫·朱·黃·赤·縹·綺·胭脂·青皮·紫灰之殊,其形有牛心·馬肝·奈李·杏李·水李·離核·合核·無核·匾縫之異.早則麥李·御李·四月熟,遲則晩李·冬李,十月·十一月熟.

按我東之產,只有黃李·紫李數種,紫李俗呼紫桃.又有一種味澁而不堪食者,野李也.】

* 자두나무[李]_ 장미과에 속하는 교목성의 낙엽과수. 학명은 Prunus salicina LINDL.이다..

【2. 적합한 토양】

비옥한 땅은 적합하지 않다. 땅이 비옥하면 열매가 맺지 않는다.【按관중(管仲)이 이르기를 '비옥한 상등의 땅에는 매실나무를 심으면 적합하다. 자두나무는 이와 반대이다.'라고 하였다.】○『편민도찬』

【土宜】

不宜肥地,肥則無實.【按管子云:五沃之土,其木宜梅.李與此相反.】○便民圖纂

【3. 심고 가꾸기】

【種藝】

자두나무와 복숭아나무 밑은 모두 호미질하여 잡초를 매어 주어야 하지만 밭을 갈아줄 필요는 없다.【注 땅을 갈면 비옥해져서 열매가 열지 않고, 나무 아래를 쟁기로 갈면 나무가 죽는다.】 복숭아 나무와 자두나무는 대략 사방 2걸음에 1그루를 심는다.【注 나무를 너무 배게 심어서 그늘이 맞닿게 되면 열매가 작아지고 맛도 좋지 않다.】 ○『제민요술』

李樹桃樹(下),[1]竝欲鋤去草穢,而不用耕墾.【注 耕則肥而無實,樹下犁撥亦死.】桃李大率方兩步一根.【注 大槩連陰,則子細而味亦不佳】○齊民要術

복숭아나무, 자두나무, 은행나무는 열매가 위를 향해 달린 것을 옮겨 심을 경우에는 모두 살고 아래를 향해 달린 것을 심을 경우에는 사는 것이 적다.『종수서』

桃·李·銀杏,栽帶子向上者,個個生,向下者少.種樹書

뿌리 위로 작은 가지가 자란 것을 다른 땅에 옮겨 심는다. 자라기를 기다렸다가 다시 줄지어 옮겨 심는데 반드시 드물게 심어야 하고 12월에 옮겨 심어야 한다.『편민도찬』

取根上發起小條,移栽別地.待長,又移栽成行.栽宜稀,臘月移栽.便民圖纂

봄에 뿌리 가까이에 난 작은 가지를 취하여 심는다. 큰 나무에서 멀리 떨어진 것은 쓰지 않는다. 자라기를 기다렸다가 다른 땅에 옮겨 심는다. 나무 특성이 널찍하게 트인 것을 좋아하기 때문에 드물게 심어야 하니 남북으로 줄지어 대략 두 걸음에 한 그루씩 심어야 한다. 너무 배게 심어서 그늘이 맞닿게 되면 열매가 작고 맛도 좋지 않다.『군방보』

春月,取近根小條栽之.離大樹遠者,不用待長,移之別地.性喜開爽,宜稀栽,南北成行,率兩步一株,太密聯陰,則子小而味不佳.羣芳譜

---

[1] 下_『제민요술』에 근거하여 下를 보충함.

【4. 접붙이기】

【接換】

복숭아나무에 자두나무를 접붙이면 열매가 붉고 달다. 『종수서』

桃樹接李枝, 則紅而甘. 種樹書

자두나무에 복숭아나무와 매실나무를 접붙이면 쉽게 살고 또한 오래도록 살고 거름에도 강하다. 『농정전서』

李接桃梅, 易活, 且耐久, 亦耐糞. 農政全書

【5. 시집보내는 법】

자두나무를 시집보내는 방법: 정월 초하루 혹은 보름에 벽돌이나 돌을 자두나무의 갈라진 가지 사이에 끼워두어 과실이 많이 열리게 한다.【注또 한 가지 방법은 12월 중에 몽둥이로 나무의 갈라진 가지 사이를 약간씩 두들겨 주고 정월 그믐날에 다시 그곳을 두들겨 주어도 열매가 많이 달린다. 또 한 가지 방법은 한식 예락(醴酪)을[1] 끓였던 부지깽이를 나뭇가지 사이에 매달아도 좋다.】『제민요술』

【嫁法】

嫁李法：正月一日，或十五日，以磚石著李樹岐中，令實繁.【注又：臘月中，以杖微打岐間，正月晦日，復打之，亦足子也. 又：以煑寒食醴酪火㮁，著樹枝間，亦良.】○齊民要術

1 예락(醴酪)_ 맥아당으로 조제하여 만든 행인맥죽(杏仁麦粥)이다. 이 음식은 수당대(隋唐代)때까지 한식에 먹는 주요음식이었다.

【6. 치료법】

복숭아나무와 자두나무가 좀먹은 것은 돼지 머리를 삶은 즙을 차갑게 하여 뿌려주면 좀이 먹지 않는다. 『종수서』

【醫治】

桃李蛀者,以煮猪頭汁,冷澆之,卽不蛀.種樹書

살구나무

杏

【1. 명칭과 품종】

일명 첨매(甛梅)이다.

【『본초강목』: 행(杏)자의 전서체는 열매가 나뭇가지 사이에 끼어있는 것을 형상화한 것이다. 『강남록』에 이르기를 '양행밀(楊行密)이 살구 이름을 첨매(甜梅)라고 바꾸었다.'라고 하였다.

按『본초강목』에 금행(金杏), 매행(梅杏), 내행(柰杏), 백행(白杏), 목행(木杏), 사행(沙杏)이라는 이름이 있다. 우리 조선에서 생산되는 것은 금행과 백행을 최고로 친다. 금행의 속명은 당행(唐杏)이고, 백행의 속명은 옥황(玉黃) 혹은 유황(流黃)이다. 또 작고 맛이 단 종류를 밀행(蜜杏)이라고 하는데 모두 접붙여서 만든 것이다. 시어서 먹을 수 없는 것은 개살구[山杏]의 종류이다.】

【名品】

一名甛梅.

【本草綱目:杏篆文象子在木枝之形.江南錄云,楊行密改杏名甜梅.

按本草有金杏·梅杏·柰杏·白杏·木杏·沙杏之名.我東之産,以金杏·白杏爲最.金杏,俗名唐杏;白杏,俗名玉黃,或稱流黃.又一種小而味甘者曰蜜杏,皆接成者也.其酢而不堪食者,卽山杏之類也.】

* 살구나무[杏]_ 장미과에 속하는 낙엽소교목. 학명은 Prunus armeniaca L.이다.

【2. 심고 가꾸기】 【種藝】

심는 방법은 복숭아나무, 자두나무와 같다. 『제민요술』

栽種,與桃李同.齊民要術

익은 살구를 과육과 함께 거름흙 속에 묻어두고 4자 정도 크기로 자라기를 기다렸다가 옮겨 심는다. 옮겨 심지 않으면 열매가 작고 쓰다.【척박한 땅에서는 나지 않고 나더라도 또한 무성해지지 않는다. 봄이 되어 나면 다른 땅에 옮겨 심어야 한다. 옮겨 심지 않으면 열매가 작고 맛이 쓰다. 나무 아래는 일 년 동안 갈아서는 안된다. 갈면 땅이 비옥해져 열매가 맺지 않는다.】○『편민도찬』

熟杏和肉,埋核於糞土中.待長四尺許大,則移栽.不移,則實小而苦.【凡薄地不生,生亦不茂,至春生後,卽換地移栽,不移,則實小而味苦.樹下,一年不可耕,耕則肥而不實.】○便民圖纂

익은 살구를 과육과 함께 거름흙 속에 묻어둔다. 봄이 되어 싹이 나면 3월에 심을 땅에 옮겨 심는다. 이미 옮겨 심었다면 다시 기름진 땅에 옮겨 심어서는 안된다. 기름진 땅은 반드시 열매가 작고 맛이 쓰기 때문이다. 옮겨 심을 때는 반드시 뿌리에 흙이 붙어 있도록 하고 세 걸음에 한 그루씩 심으며 심은 뒤에 바로 짚을 깔아준다. 그렇게 심으면 맛이 달다. 복식(服食)하는[1] 집에서는 살구나무를 더욱 많이 심어야 한다.【나무가 크면 꽃이 대부분 열매를 맺는다. 뿌리가 가장 얕은 곳을 큰 돌로 뿌리를 눌러놓으면 꽃이 무성하고 열매도 단단해진다.】○『사시류요』

熟杏和肉,埋糞土中.至春既生,三月移栽實地.既移,不得更移糞地.必致少實而味苦.移須含土,三步一樹,穊卽味甘.服食之家,尤宜種之.【樹大,花多實.根最淺,以長石壓根,則花盛子牢.】○四時類要

살구나무는 마땅히 집 가까이 심어야 한다.【나무가 크면 옮겨 심는 것을 삼가해야 하니 옮겨 심으면 무성해지지 않는다. 정월에는 괭이로 나무 아래 땅을 파서

種杏宜近人家.【樹大,戒移栽,移則不茂.正月钁樹下地,通陽氣;二月除樹下草;三月離樹下

1 복식(服食)_도가에서 장생불사의 약을 복용하는 일.

양기를 통하게 해주고, 2월에는 나무 아래 잡초를 제거하고, 3월에는 나무 아래에서 다섯 걸음 떨어진 곳에 고랑을 만들어 물을 통하게 해준다. 가물면 물을 뿌려주고 서리와 눈이 내리면 나무 아래에 연기를 피워 꽃봉오리를 보호해준다.】○『사시류요』

五步作畦, 以通水. 旱則澆灌, 遇有霜雪, 則燒烟樹下, 以護花苞.】○同上

【3. 접붙이기】

복숭아나무에 살구나무를 접붙이면 열매가 붉고 또 크며 오래가고 썩지 않는다.『사시류요』

【接換】

桃樹接杏,結果紅,而且大,又耐久不枯.四時類要

매실나무

梅

【1. 명칭과 품종】

【名品】

【『본초강목』: '매(梅)'라는 것은 '매개한다〔媒〕'는 뜻이다. 여러 가지 맛을 매개하여 합하였기 때문에 '매(梅)'라고 이름하였다.

범씨(范氏) 『매보(梅譜)』: 강매(江梅)는 야생 품종으로 접붙이기를 하지 않아서 꽃이 작고 향기로우며 열매는 작고 단단하다. 소매(消梅)는 열매가 둥글고 부드럽고 아삭하며 즙액이 많고 찌꺼기가 없어 날것으로만 먹을 수 있고 졸여서 만드는 데는 넣지 못한다. 녹악매(綠萼梅)는 가지와 꽃받침이 모두 녹색이다. 중엽매(重葉梅)는 꽃잎이 중첩되고 한 꼭지에 열매가 두 개씩 맺는 것이 많다. 홍매(紅梅)는 꽃 색깔이 살구꽃과 같다. 행매(杏梅)는 옅은 붉은색이고 열매는 납작하면서 반점이 있으며 맛은 완전히 살구와 비슷하다. 원앙매(鴛鴦梅)는 바로 잎사귀가 많은 홍매이다. 한 꼭지에 열매가 두 개씩 맺는다.】

【本草綱目:梅者,媒也.媒合衆味,故名.

范氏梅譜:江梅,野生者不經栽接,花少而香,子小而硬.消梅,實圓·鬆脆,多液·無澤[1],惟可生噉,不入煎造;綠萼梅,枝跗皆綠;重葉梅,花葉重疊,結實多雙;紅梅,花色如杏;杏梅,色淡紅,實扁而斑,味全似杏;鴛鴦梅,即多葉紅梅也,一蒂雙實.】

---

* 매실나무〔梅〕_ 장미과에 속하는 낙엽교목. 학명은 Prunus mume S. et Z. 이다.

[1] 澤_『매보』에 근거하여 滓로 교정함.

【2. 적합한 토양】

【土宜】

매실나무는 대부분 연못가, 시냇가의 길, 밭머리, 담장 모퉁이, 물웅덩이가 있는 곳에 심어야 열매가 많이 열린다.『고금의통』

梅宜多栽池邊·溪逕·壠頭·墻角·有水坑處,則多實.古今醫統

【3. 심고 가꾸기】

【種藝】

심는 방법은 복숭아나무, 자두나무와 같다. 『제민요술』

栽種與桃李同.齊民要術

봄에 씨를 취하여 거름 땅에 묻어둔다. 2~3자 자라기를 기다렸다가 옮겨 심는다. 『편민도찬』

春間,取核埋糞地.待長三二尺許,移栽.便民圖纂

큰 매실나무를 옮겨 심을 때에는 가지와 휘추리를 제거하고 뿌리 덩어리를 크게 파서 도랑 흙으로 비옥하게 해주면 살지 않는 나무가 없다. 『종수서』

移大梅樹,去其枝梢,大其根盤,沃以溝泥,無不活者.種樹書

매실이 익어 물러질 때, 과육을 붙여서 비옥한 땅에 묻어둔다. 싹이 나기를 기다렸다가 물을 준다. 10월이 되면 7~8치 정도로 자랄 수 있다. 이듬 해 10월에 이르러 2~3자 정도로 자라면 옮겨 심을 수 있다. 구덩이를 깊이 파고 심어서 흔들리지 않게 한다. 메마르고 척박한 땅을 꺼리지 않지만 물이 없어서는 안된다. 『구선신은서』

梅子爛熟時,帶肉埋於肥土中,候出芽灌澆,至十月可長七八寸.至第二年十月,俟長二三尺,方可移栽.掘坑深植,勿使搖動,不避磽瘠之地,却不可失水.臞仙神隱書

【4. 접붙이기】 【接換】

복숭아나무에 접붙이면 매실이 아삭하다. 『편민도찬』	接桃則實脆.便民圖纂
춘분 이후에 복숭아나무와 살구나무를 사용하여 접을 붙이면 더욱 오래간다. 『편민도찬』	春分後,用桃杏體,更耐久.同上
복숭아나무에 접을 붙이면 열매가 가장 크고, 자두나무에 접을 붙이면 열매가 붉고 달다. 『거가필용』	接桃最大,接李紅甘.居家必用
매실나무를 살구나무에 접붙이면 나무가 오래 살고, 복숭아나무에 접붙이면 일찍 죽는다. 뽕나무에 접을 붙이면 열매가 시지 않다. 『증보산림경제』	凡接梅,接於杏則壽;接於桃則夭;桑則實不酸.增補山林經濟.

【5. 물주고 북돋우기】

못의 물을 뿌려주면 무성해진다. 거름 물 주는 것을 가장 싫어한다. 『증보산림경제』

【澆壅】

澆以塘水則茂,最忌肥.增補山林經濟

【6. 제조】

【製造】

매실이 반쯤 노랗게 익은 것을 따서 연기에 그을리면서 말려 오매(烏梅)를 만든다. 익지 않은 푸른 매실은 소금물에 담갔다가 햇볕에 말려서 백매(白梅)를 만든다. 또 꿀로 졸이거나 술지개미에 저장하여 과일로 충당한다. 완전히 익은 것은 즙을 짜서 햇볕에 말렸다가 거두어서 매실잼을 만든다. 『본초강목』

梅實, 采半黃者, 以烟薰之, 爲烏梅; 靑者, 塩潦曝乾, 爲白梅. 亦可蜜煎·糟藏, 以充果飣. 熟者, 榨汁晒收爲梅醬. 本草綱目

촉 지방에서는 아주 큰 매실을 따서 껍질을 벗기고 음지에 말리는데 바람을 타지 않게 하고 이틀 밤이 지난 뒤 소금기를 제거하고 꿀에 넣어둔다. 한 달 남짓 지나서 다시 꿀을 바꿔 넣으면 일 년이 지나도 매우 신선하다. 『식경』

蜀中取梅極大者, 剝皮陰乾, 勿令得風. 經二宿, 去塩汁, 內密中. 月許更易密, 經年如新. 食經

오매(烏梅)의 좀벌레 퇴치법: 볏짚을 많이 태워서 그 재에 뜨거운 물을 부어 잿물을 취한다. 매실을 그 속에 넣어 충분히 적신 뒤 쪄낸다. 『왕씨농서』

作烏梅合[1]不蠹法: 濃燒穰, 以湯沃之, 取汁, 以梅投中, 使澤. 乃出蒸之. 王氏農書

[1] 合_『왕씨농서』에 근거하여 令으로 교정함.

【7. 쇄언】

매실은 열매를 가장 늦게 맺는다. 속담에 이르기를 '복숭아나무는 심은 지 3년이면 열매를 맺고, 자두나무는 4년이면 열매를 맺으며 매실은 12년만에 열매를 맺는다.'고 하였으니 매실은 반드시 12년이 되어야 비로소 열매를 맺는다는 것이다. 『거가필용』

【瑣言】

梅結實最遲.諺曰:桃三,李四,梅十二.梅必十二年方結實.居家必用

복숭아나무

桃

【1. 명칭과 품종】

【『본초강목』: 복숭아나무는 특성이 꽃이 일찍 피고 심기가 쉬우며 열매도 많이 열린다. 그러므로 '도(桃)'자는 '조(兆)'를 따랐다.

『해동농서』: 복숭아의 품종은 매우 많다. 모도(毛桃)는 바로 『이아(爾雅)』에서 말한 치도(褫桃)이고, 승도(僧桃)는 털이 없는 복숭아이며, 유월도(六月桃)는 일찍 익는 품종이고, 울릉도(鬱陵桃)는 울릉도에 있는 큰 복숭아 종류이다. 감인도(甘仁桃)는 바로 신라도(新羅桃)이다. 또 편도(匾桃)가 있는데 페르시아〔波斯國〕의 복숭아이다. 이밖에도 홍도(紅桃), 벽도(碧桃), 삼색도(三色桃) 등의 종류가 있는데 모두 꽃을 가지고 이름을 지은 것이다.】

【名品】

【本草綱目:桃性早花,易植而子繁,故字從兆.

海東農書:桃品甚多.曰毛桃,卽爾雅取稱褫桃也;曰僧桃,無毛者也;曰六月桃,早熟者也;曰鬱陵桃,鬱陵島中大桃種也;曰甘仁桃,卽新羅桃也.亦有匾桃,卽波斯國桃也.此外紅桃·碧桃·三色桃等種,皆以花取名者也.】

---

* 복숭아나무〔桃〕_ 장미과에 속하는 교목성 낙엽과수. 학명은 Prunus persica (L.) BATSCH이다.

【2. 종자 선택하기】

복숭아 열매는 머리 부분이 조금 뾰족하면서 구부러진 것이 과육과 씨가 분리되지 않고 맛이 달고 좋으며 나무에도 오랫동안 달려 있다. 머리가 뾰족하지 않은 것은 과육이 씨와 분리되고 신맛이 나서 맛이 좋지 못하고 나무에도 오래 달려 있지 못하다.『화한삼재도회』

【擇種】

凡桃實頭微尖曲者,肉核不離而味甘美,在樹亦耐久;頭不尖者,能離核而味帶酸·不美,在樹亦不久.和漢三才圖會

【3. 심고 가꾸기】

【種藝】

파종법: 복숭아가 잘 익었을 때 과육 채로 거름 땅 속에 묻어둔다.【注보통 땅에 묻으면 싹이 나지 않고 싹이 나더라도 무성하게 자라지 않는다. 복숭아의 특성이 과실을 일찍 맺어서 3년이면 열매를 맺기 때문에 분주하거나 휘묻이하여 심을 필요는 없다.】 봄이 되어 싹이 나오면 본 밭에 옮겨 심는다.【注만약 옮겨 심지 않고 계속하여 거름 땅에 두면 열매가 작고 맛이 쓰다.】 옮겨 심는 법: 가래〔鍬〕로 흙을 붙여 파내어 옮겨 심는다.【注복숭아의 특성은 파종하여 심기는 쉬워도 옮겨심기는 어렵다. 만약 원래 자라던 땅을 떠나면 대부분이 죽기 때문에 반드시 흙을 붙여 파내어 옮겨 심어야 한다.】 ○『제민요술』

種法:熟時,合肉全埋糞地中,【注直置凡地則不生,生亦不茂.桃性早實,三歲便結子,故不求栽也.】至春既生,移栽實地.【注若仍處糞中,則實小味苦.】栽法:以鍬合土掘移之.【注桃性易種難栽,若離本土,率多死,故須然矣.】○齊民要術

또 다른 파종법: 복숭아가 익을 때, 햇볕이 잘 드는 양지쪽 담장 귀퉁이에 깊고 넓은 구덩이를 판다. 좋은 복숭아 수십 알을 골라 따서 손으로 씨를 빼낸 다음 뾰족한 끝을 위쪽으로 향하게 하고 즉시 쇠똥거름 속에 심는다. 그리고 잘 썩힌 거름을 흙과 섞어 한 자 정도로 두텁게 덮는다. 봄이 되어 복숭아 싹이 움트려 할 즈음에 천천히 거름흙을 걷어내면 전부 싹이 돋아난다. 마땅히 씨를 빼내어 심어야 하니 그렇게 하면 만에 하나도 실패가 없게 된다. 그 뒤에 잘 썩힌 거름을 더해주면 복숭아 맛이 더욱 좋아진다.『제민요술』

又種法:桃熟時,於牆南陽中暖處,深寬為坑.選取好桃數十枚擘取核,卽納牛糞中,頭向上.取好爛糞和土厚覆之,令厚尺餘.至春,桃始動時,徐徐撥去糞土,皆應生芽.合取核種之,萬不失一.其餘以熟糞糞之,則益桃味.同上

복숭아나무의 특성은 껍질이 잘 오그라들기 때문에 4년 이상 지나면 반드시 칼로 그 껍질을 수직으로 갈라주어야 한다.【注갈라주지 않으면 껍질이 오그라들어 죽는다.】 7~8년이 지나면 나무가 노쇠하고【注나

桃性皮急,四年以上,宜以刀豎劚其皮.【注不者,皮急則死.】七八年便老,【注老則子細.】十年則死.【注是以宜歲歲常種

무가 노쇠하면 과실이 잘아진다.】 10년이 지나면 나무가 죽는다.【注이 때문에 복숭아나무는 해마다 나무를 심어야한다. 또 한 가지 방법은 열매가 잘아지기를 기다렸다가 나무를 지면 가까이에서 베어낸다. 베어낸 그루터기에서 움터 나온 새싹이 곧 어린 복숭아나무가 된다. 이처럼 복숭아나무를 끝없이 키울 수 있다. 얼(枿)은 얼(蘖)과 같다.】○『제민요술』

之.又法:候其子細,便附土斫去,枿上生者,便爲少桃,如此亦無窮也.枿蘖同】○同上

복숭아씨를 심을 때, 얕게 심으면 싹이 나오고 깊게 심으면 싹이 나지 않는다. 그러므로 그 뿌리가 얕아서 가뭄을 잘 견디지 못하고 쉽게 말라 죽는다. 최근에 늙은 원예사에게 전하여 들었는데 이르기를 '처음 열매를 맺은 다음해에 그 나무를 잘라낸다. 다시 자라면 또 잘라내고 다시 자라게 한다. 다만 나무에 벌레〔虱〕 같은 것이 발견되면 바로 잘라내고 다시 자라게 한다. 그러면 그 뿌리가 땅속으로 깊이 들어가 단단히 얽혀서 백 년이 되어도 여전히 옛날처럼 열매를 맺는다.' 고 하였다.『농정전서』

凡種桃,淺則出,深則不生.故其根淺,不耐旱而易枯.近得老圃所傳云:於初結實次年,斫去其樹,復生又斫,又生.但覺生虱,卽斫令復長,則其根,入地深而盤結固,百年猶結實如故.農政全書

따뜻한 곳에 구덩이를 판다. 봄에 씨를 땅에 묻되 꼭지가 위를 향하게 하고 뾰족한 머리는 아래로 향하게 한다. 2~3치 정도 자라면 뿌리에 흙을 붙여 옮겨 심는다.『편민도찬』

於煖處爲坑.春間,以核埋之,蒂子向上,尖頭向下.長二三寸許,和土移種.便民圖纂

속담에 이르기를 '머리가 흰 사람도 복숭아나무를 심는다.'고 하였고 또 '복숭아나무는 3년 만에 열매를 맺고 자두나무는 4년 만에 열매를 맺으며 매실은 12년 만에 열매를 맺는다.'고 하였는데 이 말은 복숭아나무는 싹이 터서 나온 지 3년 만에 꽃이 피고 열매를 맺기 때문에 머리가 이미 하얗게 세었다 하더라도 그 꽃과 열매의 이익을 기대할 수 있음을 말한 것이다.『군방보』

諺云:白頭種桃.又曰:桃三李四,梅子十二.言桃生三歲,便放花果,故首雖已白,其花子之利可待也.羣芳譜

심을 때 복숭아씨를 깨끗이 씻어서 아름답게 단장한 여인네로 하여금 심게 하면 훗날에 꽃이 예쁘고 열매는 씨가 잘 빠진다. 『군방보』

種時將桃核刷淨,令女子艷粧種之,他日花艶而子離核.同上

【4. 접붙이기】

【接換】

살구나무에 접붙이면 열매가 가장 크고, 자두나무에 접붙이면 열매가 붉고 달다.『편민도찬』

接杏最大,接李紅甘.便民圖纂

감나무에 복숭아나무를 접붙이면 금도(金桃)가 되고 자두나무에 복숭아나무를 접붙이면 이도(李桃)가 되고 매실나무에 복숭아나무를 접붙이면 취도(脆桃)가 된다.『종수서』

柿接桃則爲金桃,李接桃則爲李桃,梅接桃則爲脆桃.種樹書

매실나무에 복숭아나무를 접붙이면 열매가 아삭아삭하다.『고금의통』

梅樹接桃則脆.古今醫統

【5. 치료법】

【醫治】

복숭아나무는 봄이 지나면 칼로 나무를 성글게 쪼개주면 흰 분가루〔穰〕가 나와서【按양(穰)은 껍질 사이의 분가루이다】좀이 생기지 않는다.『종수서』

桃樹, 過春, 以刀踈斫之, 則穰【按穰, 皮間粉屑】出而不蛀. 種樹書

복숭아는 열매가 너무 많이 열리면 많이 떨어진다. 그럴 경우에는 칼로 줄기를 가로로 몇 번 베어주면 떨어지지 않는다. 사일(社日)에 사람을 시켜 나무 밑 흙을 다져주면 열매가 단단히 맺혀 쉽게 떨어지지 않는다.『종수서』

桃實太繁則多墜, 以刀橫斫其幹數下, 乃止. 社日, 令人椿樹下, 結實牢. 同上

복숭아는 열매가 너무 많이 열면 대부분 떨어진다. 그럴 경우에는 돌을 가져다 나뭇가지를 눌러놓으면 복숭아가 떨어지지 않는다.『농정전서』

桃實大繁則多墜, 持石壓樹枝則不墜. 農政全書

복숭아나무는 3년이면 열매를 맺고 5년이면 왕성하고 7년이면 늙고 10년이면 죽는다. 6년째 되는 해에 칼로 나무껍질을 그어주어 아교 같은 진액이 나오게 하면 5년 정도 더 산다.『거가필용』

桃三年結實, 五年盛, 七年老, 十年死. 至第六年, 以刀刮開皮, 令膠出, 多有五年活. 居家必用

복숭아나무에 작은 벌레가 생기면 온 가지에 개미가 붙은 것처럼 새까맣게 되는데 세속에서는 진딧물〔蚜蟲〕이라고 한다. 이 진딧물은 오동나무 기름을 뿌리더라도 다 없앨 수는 없다. 이럴 경우에는 벽 사이에 걸어두었던 여러 해 된 대나무 등잔걸이를 나무 끝에 매달면 벌레가 우수수 떨어진다.『계신잡지』

桃樹生小蟲, 滿枝黑如蟻, 俗名蚜蟲. 雖桐油灑之, 不能盡除. 用多年竹燈檠, 掛壁間者, 懸樹梢間, 則紛紛然墜下. 癸辛雜志

【6. 저장하기】

【收藏】

복숭아를 저장하는 방법: 밀기울 가루에 소금을 조금 넣고 죽을 끓여서 식기를 기다렸다가 새 항아리에 부어 넣는다. 익지 않은 복숭아를 그 속에 담아서 항아리 입구를 봉해둔다. 이런 방법으로 저장하면 겨울이 되어도 새로 딴 것과 같다. 『고금의통』

收貯桃法:用麪連麩煑粥,入塩少許,候冷,傾入新缸,以桃未熟者內中,密封缸口.至冬如新.古今醫統

밤나무

栗

【1. 명칭과 품종】

【名品】

【『본초강목』: '율(栗)'자를 『설문(說文)』에서는 '㮚'로 쓰고 있다. '㮚'을 따르고 음이 '조(條)'이며 꽃과 열매가 아래로 드리워진 모양을 형상한 것이다. 『범서(梵書)』에서는 '독가(篤迦)'라고 이름하였다. 알맹이가 큰 것이 판율(板栗)이고 한 송이에 세 알이 들어 있을 때, 가운데에 납작한 알맹이를 율설(栗楔)이라고 한다. 밤송이가 작은 것이 야생밤〔山栗〕이다. 야생밤 중에서 둥글면서 끝이 뾰족한 것이 추율(錐栗)이고 도토리처럼 둥글고 작은 것이 신율(莘栗)이며 손가락 끝 굵기만큼 작은 것이 모율(茅栗)인데 바로 『이아(爾雅)』에서 말한 이율(檷栗)이다.

【本草綱目:栗,說文作㮚,從𠧪,音條,象花實下垂之狀也.梵書名篤迦.大者爲板栗,中心扁子爲栗楔.梢小者爲山栗.山栗之圓而末尖者爲錐栗.圓小如橡子者,爲莘栗;小如指頂者,爲茅栗,卽爾雅所謂檷栗也.

按우리나라의 함종(咸從),[1] 밀양(密陽)에 도토리만큼 작은 밤이 있는데 햇볕에 말리면 껍질이 저절로 벗겨지고 맛이 달다. 세속에서는 이 밤을 피적율(皮荻栗)이라고 부르는데 추율(錐栗), 신율(莘栗), 모율(茅栗)의 종류인 듯하다.】

按我國咸從密陽有一種栗,小如橡子,曝乾則皮自脫,味甛,俗號皮荻栗,疑卽錐栗·莘栗·茅栗之類也.】

---

* 밤나무〔栗〕_ 참나무과에 속하는 교목성 낙엽과수. 학명은 Castanea crenata S.et Z.이다.

1 함종(咸從)_ 평안남도 강서군(江西郡) 함종면(咸從面)이다.

【2. 적합한 토양】

밤나무는 동남쪽의 넓게 트인 곳이 적합하며 모래처럼 희고 단단한 흙을 좋아한다. 검고 비옥하고 부드러운 땅에서 난 것은 맛이 매우 좋지 않다. 『행포지』

【土宜】

栗,宜東南展拓之地,又喜沙白剛土.其生於黑墳脆壤者,味殊劣也.杏蒲志

【3. 점후】

밤은 오과 중에서 수(水)에 속한다. 비가 많이 내린 해에는 밤이 여물지 않는다.『본초강목』

【占候】

栗,於五果屬水,水潦之年,則栗不熟.本草綱目

【4. 종자 선택하기】

밤나무를 심을 때는 반드시 한 송이에 세 개 있는 것을 선택하여 가운데 것을 심는다. 만약 양 옆에 있는 것이나 한 송이에 한 알만 들어있는 것을 심으면 맺는 밤들도 모두 한 송이에 하나씩 들어 있다. 『산림경제보』

【擇種】

種栗, 必擇一房三箇, 居中心者, 種之. 若種居兩邊者及一房一箇者, 則所結皆一房一箇. 山林經濟補

【5. 심고 가꾸기】

【種藝】

밤나무는 열매를 심어 가꾸고 옮겨 심지 않는다.【注 옮겨 심은 것은 비록 살더라도 얼마 못가 죽어버린다.】 밤이 처음 익을 때 밤톨을 꺼낸 뒤에 바로 집안의 습한 흙 속에 묻어둔다.【注 묻을 때는 반드시 깊이 묻어서 얼어 터지지 않게 해야 한다. 만약 먼 길을 옮겨야 할 경우라면 가죽주머니〔革囊〕에 담아 옮긴다. 3일 이상을 방치한다거나 바람이나 햇볕을 쐬게 되면 다시 싹이 나지 않는다.】 봄 2월에 싹이 모두 자라면 꺼내서 심는데 싹을 위로 하여 심어야 뿌리가 난다. 살아나면 몇 년 동안은 손을 댈 필요가 없다.【注 새로 옮겨 심은 나무는 모두 손을 댈 필요가 없다. 밤나무의 특성은 더욱 그러하다.】 3년 동안은 매년 10월에 항상 풀로 싸주었다가 2월에 풀어주어야 한다.【注 싸주지 않으면 얼어 죽는다.】 그리고 울타리를 둘러 보호해준다. 그 열매가 네모지고 납작한 것은 훗날 풍성하게 열매를 맺는다. 『제민요술』

栗,種而不栽.【注栽者雖生,尋死.】栗初熟出殼,卽於屋裏埋著濕土中.【注埋必須深,勿令凍徹.若路遠者,以革囊盛之.停三日已上,及見風日,則不復生矣.】至春二月,悉芽生,出而種之.芽向上,乃生根.旣生,數年不用掌近.【注凡新栽之樹,皆不用掌近,栗性尤甚.】三年內,每到十月,常須草裹,至二月乃解.【注不裹則凍死.】仍用籬圍之,其實方而匾者,他日結子豊滿.齊民要術

밤은 12월 혹은 초봄에 습한 땅속에서 묻어 심는다. 6자 남짓 자라면 옮겨 심는다. 『편민도찬』

栗,臘月或春初,將(種埋)[1]濕土中.高長(六)[2]尺餘移栽.便民圖纂

옛날에 밤나무는 씨를 심어 가꾸고 옮겨 심지 않는다고 하였으나 지금은 그렇지 않아 씨로 심을 수도 있고 옮겨 심을 수도 있다. 그 심는 방법은 8~9월에 저절로 떨어진 밤 중에서 한 송이에 여러 알 들어있는 밤의

古稱'栗種而不栽',今則不然,可種可栽.其種法:每於八九月,擇自零栗楔,深埋向陽地,令不凍,待春發之,則箇箇生

[1] 種埋_『편민도찬』에 근거하여 種埋를 보충함.

[2] 六_『편민도찬』에 근거하여 六을 보충함

가운데 끼어있는 납작한 밤알〔栗楔〕을 골라서 양지쪽에 깊이 묻어 얼지 않게 한다. 봄이 되어 파내면 밤톨마다 싹이 나 있다. 나무못으로 깊이 1자, 지름 8~9치 정도의 구멍을 파고 거름흙을 구멍에 채운 뒤 구멍마다 싹이 난 밤을 하나씩 심는데 싹을 아래로 향하게 하여 뿌리가 되도록 하고 흙을 위에 덮는다. 흙을 덮다가 위쪽은 1치 정도 남겨서 기와조각으로 덮어주어 빗물이 침투되어 들어가지 않게 한다. 나무가 구멍 위로 자라 나오면 다시 흙을 채우고 북돋아준다. 옮겨 심는 법은 습한 땅을 선택하여 큰 구덩이를 파고 밑에는 기와조각을 4~5치 정도 깔고 싹이 난 밤을 심는다. 나무가 8~10자〔尋丈〕 정도 자라면, 흙을 붙여 옮겨 심는데 속세에서는 이것을 밤묘목〔栗秧〕이라 한다. 밤묘목을 옮겨 심을 때는 본 뿌리가 깊이 자라서 캐내기 어렵고 쉽게 상하는 것을 가장 꺼린다. 그러므로 아래에 기와조각이나 자갈을 깔아 뿌리가 깊이 들어가지 않도록 하여 옮겨 심는데 편리하게 한다. 대체적으로 옮겨 심는 것이 씨를 심는 것보다 낫다. 『행포지』

芽,木釘釘地作穴,令深一尺,圍徑八九寸.實糞土于穴,每一穴下栗一箇,令芽向下作根,取土掩之.不盡穴一寸許,上用瓦片掩之,勿令雨水滲溜.待樹長出穴,復取土塡培.其栽法:擇下濕地,掘大坑,下布瓦礫四五寸,取生芽栗,槪種之.待樹長尋丈,帶土移栽,俗謂栗秧.凡移栗秧,最患命根深入,難掘易傷,下布瓦礫,則根不深入,便於移栽也.大抵栽勝於種云.杏蒲志

【6. 접붙이기】

4~5자 정도 자라면 씨로 심어서 난 가지를 취하여 접붙인다. 『제민요술』

【接換】

樹高四五尺, 取生子樹枝接之.齊民要術

【7. 물주고 북돋우기】

【澆壅】

사람의 오줌을 뿌려주면 무성해진다. 『행포지』

澆以人尿, 則茂. 杏蒲志

【8. 금기】

밤을 심어 싹이 돋아난 후에 쥐가 그 씨밤을 훔쳐가거나 사람이 파먹으면 그 밤나무는 영원히 열매를 맺지 않는다. 『산림경제보』

【宜忌】

種栗被鼠竊,被人掘食,則永不結實.山林經濟補

【9. 수확하기】

【收採】

밤을 딸 때는 남은 것까지 모조리 따야만이 이듬해에 가지와 잎이 전부 무성하다.『종수서』

栗, 採時要得披殘, 明年其枝葉益茂. 種樹書

서리가 내려야 비로소 익는다. 밤송이가 저절로 벌어져서 밤톨이 떨어지면 오래도록 저장할 수 있다. 밤송이가 벌어지지 않은 것은 쉽게 썩는다.『본초강목』

霜降乃熟. 其苞自裂, 而子墜, 乃可久藏. 苞未裂者, 易腐也. 本草綱目

밤송이가 비록 벌어지지 않았더라도 누런색을 조금 띠고 있는 것은 털어서 흙구덩이에 묻어두어 10일 정도 지나면 밤송이가 벌어지고 밤톨이 붉게 된다.『증보산림경제』

苞雖未坼, 而稍帶黃色者, 剝下埋土坎中, 過十餘日, 苞坼顆赤. 增補山林經濟

【10. 저장하기】 【收藏】

밤을 좀이 먹지 않게 저장하려면 창포 태운 잿물에다 밤을 이틀 밤 담갔다가 건져내어 마르기를 기다려서 동이 속에 넣고 모래로 덮어주면 된다.『물류상감지』

收栗不蛀,以栗蒲燒灰淋汁澆二宿,出之,候乾,置盆中.用沙覆之.物類相感志

마른 밤을 저장하는 방법: 짚 태운 재로 잿물을 만들어 밤을 그 속에 담갔다가 건져내어 속살이 바짝 마르도록 햇볕에 말린다. 그렇게 하면 후년 봄, 여름까지 저장할 수 있다. 생밤을 저장하는 방법: 그릇 속에 밤을 넣고 햇볕에 말린 가는 모래를 함께 넣어 건조하게 하고 뚜껑을 덮어 둔다. 이런 방법으로 저장하면 이듬해 2월에 이르러 싹이 나고 벌레가 먹지 않는다.『식경』

藏乾栗法:取穰灰,淋汁漬栗.取出日晒,令栗肉焦燥,可至後年春夏.藏生栗法:著器中,曬細沙令燥,以盆覆之.至後年二月,皆生芽而不生蟲.食經

고려(高麗)의 밤은 복숭아만큼 크면서 달고 맛있어서 좋아할만 하다. 여름에도 그런 밤이 있어서 그 저장 방법을 물으니 질그릇에 담아서 흙 속에 묻어두기 때문에 1년이 지나도 상하지 않는다고 하였다.『고려도경』

高麗栗大如桃,甘美可愛,夏月亦有之.問其法,乃盛以陶器,埋土中,故經歲不壞.高麗圖經

생밤 저장법: 서리가 내린 뒤에 생밤을 물속에 넣어 뜨는 것은 버리고 나머지를 건져내어 베로 닦은 뒤 햇볕에 잠깐 말리는데 물기가 없을 정도까지 말린다. 먼저 모래를 볶아 식히고 기름기나 술기운이 없는 새 항아리에 밤 한 층, 모래 한 층 씩 넣어 8~9할 정도 채워 넣고 나서 대나무 잎을 채워 넣는다. 땅을 깨끗이 쓸고 항아리를 그 위에 거꾸로 엎어놓는다. 황토로 항아리 입구를 봉하고 술그릇을 가까이 하지 않으면 이듬해 봄까지도 상하지 않는다. 또 한 가지 방법은 먼저 밤 1섬에 소금 2근 비율로 소금물을 만들어 하루 이틀 담갔다가 건져내어 햇볕에 말린다. 그 밤을 참깨 2섬과 골고루 섞어서 싸리나무로 엮은 그릇에 넣어두면 영원히

藏生栗法:霜後,取生栗投水中,去浮者,餘漉出,布拭乾,晒少時,令無水脉爲度.先將沙炒乾放冷,取無油酒氣新罈罐,裝入一層栗,一層沙,約八九分滿,用箬葉扎嚴.掃一淨地,將器倒覆其上,略以黃土封之,勿近酒器,可至來春不壞.又法:栗子一石,塩二斤,水泡開,浸栗一二宿,漉出晒乾.同芝麻二石拌匀,盛荊囤中,永遠不壞,食之軟美.羣芳譜

상하지 않고 먹으면 부드럽고 맛있다. 『군방보』

마른 밤 저장법: 서리가 내린 뒤에 밤을 물에 담그는데, 밤 1말에 소금 1근 비율로 소금물을 만들어 밤을 담그고 하룻밤 지나 건져내어 햇볕에 말린다. 대나무 소쿠리나 거친 베자루에 담아 해가 들지 않고 바람이 적게 통하는 곳에 걸어 두고 날마다 한두 차례 흔들어 주면 이듬해 봄까지 상하지 않고 좀도 나지 않고 썩지도 않는다. 『군방보』

藏乾栗法:霜後,取沈水,栗一斗用塩一斤調水,浸栗令沒,經宿漉起,晾乾.用竹籃或粗麻布袋,掛背日少通風處,日搖動一二次.至來春,不損不蛀不壞.同上

【11. 제조】

마른 밤을 만드는 방법: 미리 구덩이를 만들어 위에 땔나무를 덮고 진흙으로 발라서 높이 두드러지게 한다. 옆에 작은 구멍을 뚫어 놓아 저절로 떨어지는 밤을 주워 구멍 안에 던져 넣는다. 그때그때 주으면 던져 넣어 구덩이가 다 차면 비로소 꺼내어 햇볕에 말린다. 그렇게 하면 껍질도 쉽게 벗겨지고 달고 맛있다. 『행포지』

양주(楊州) 남쪽 일원(一原) 사람들이 마른 밤 만드는 법: 방구들에 불을 때어 매우 뜨겁게 만들고 밤을 방구들 위에 펴놓는다. 긴 자루가 달린 고무래로 뒤집고 쉴 새 없이 뒤집어 주어 두루 타지 않게 한다. 이와 같이 하루 이틀을 하면 상등의 마른 밤이 만들어진다. 『행포지』

【製造】

作乾栗法:預作坑,上覆柴薪,塗泥令高突,傍穿小穴,每拾自零栗投之,旋拾旋投,滿坑,始取出晒乾,則膜易脫,味甜美.杏蒲志

楊州南一原人作乾栗法:烘房堗,令極熱,鋪栗于房堗,以長柄木朳,不住手翻轉,令不徧焦,如是一兩日,卽成上品乾栗.同上

대추나무

棗

【1. 명칭과 품종】

【『비아』: 큰 것을 조(棗)라 하고 작은 것을 극(棘)이라 한다. 극(棘)은 멧대추이다.

『행포지』: 중국에서는 북주군(北州郡) 가까이에서 생산되는 것이 좋다. 이 때문에 청주(青州) 대추를 가장 귀하게 여겼다. 왕정(王禎)의 농서에서도 남조(南棗)는 단단하게 메말라서 북조(北棗)의 살찌고 맛있는 것만 못하다고 하였다. 우리나라에서는 그렇지 않다. 호서(湖西)의 보은과 청산 등지에서 생산된 대추가 전국에서 제일 좋은데 열매가 많이 열리고 벌레가 적게 생겨 다른 지방에서 생산되는 것은 이 지방의 대추에 미칠 수 없다. 그것은 그들에게 재배하는 기술이 있기 때문이다.】

【名品】

【埤雅:大曰棗,小曰棘.棘,酸棗也.

杏蒲志:中國,以近北州郡之産爲佳,故最重青州棗.王禎農書亦云:南棗堅燥,不如北棗肥美.我國則不然.湖西報恩·青山等地産者,爲國中第一,實繁蟺稀,他産終不能及.亦由栽培有方也.】

* 대추나무〔棗〕_ 갈매나무과에 속하는 낙엽교목. 학명은 Zizyphus jujuba MILL. 이다.

【2. 적합한 토양】

집 근처에 수재나 한재를 입는 땅으로 곡식을 심을 수 없는 땅이 있다면 대추를 듬성듬성 심어두면 잘 자란다.【注대추의 특성은 마른 것을 수확하기 때문에 한재와 수재를 입는 땅에 심어도 된다.】○『제민요술』

【土宜】

人家凡有旱澇之地,不任耕稼者,歷落種棗則任矣.【注棗性燥收故,任旱澇之地.】○齊民要術

【3. 종자 선택하기】

종자를 선택할 때는 반드시 타원형으로 살찐 것을 취한다. 작고 둥글며 머리가 뾰족한 것은 반드시 맛이 좋지 않다.『행포지』

【擇種】

擇種,須取橢圓而肥胖者,其短圓銳頭者,味須劣也.杏蒲志

【4. 심고 가꾸기】

【種藝】

항상 맛이 좋은 대추가 열리는 나무를 선택하여 남겨두었다가 심는다. 대추나무 잎이 나오기 시작할 때를 기다렸다가 옮겨 심는다.【注대추나무는 성질이 단단하므로 잎이 늦게 나온다. 일찍 옮겨 심은 것은 땅이 단단히 마르기 때문에 늦게 살아난다.】세 걸음 간격으로 한 그루씩 심고 줄을 맞춰 심는다.【注심을 때, 땅은 갈지 않는다. 만약 심은 해에 싹이 나오지 않더라도 급히 베어내지 말아야 한다. 속담에 이르기를 '대추나무는 삼 년이 지나도 죽었다고 할 수 없으니 오래 되어서도 다시 살아나는 것이 있다'고 하였다.】소나 말로 하여금 땅을 밟게 하여 그 주위를 깨끗이 해준다.【注대추나무는 특성이 굳세고 강하므로 그 밑에 곡식을 심을 수 없다. 또 잡초가 무성하여 거칠고 더러우면 벌레가 생긴다. 그러므로 땅을 깨끗이 해주어야 한다. 땅이 단단하게 굳으면 열매가 많이 열리므로 가축에게 밟도록 하는 것이다.】○『제민요술』

常選好味者,留栽之.候棗葉始生而移之.【注棗性硬,故生晚.栽早者,堅垎生遲也.】三步一樹,行欲相當.【注地不耕也.如本年芽未出,勿遽刪除.諺云:三年不算死,亦有久而復生者.】欲令牛馬足踐履令淨.【注棗性堅强,不宜苗稼,是以不耕;荒穢則蟲生,所以須淨;地堅饒實,故宜踐也.】○齊民要術

대추나무를 옮겨 심을 때는 반드시 깊이 심어야 한다. 가령 본 땅에서 뿌리가 2자 깊이로 들어갔다면 옮겨 심을 때는 4자 이상 들어가게 심어야 좋다.『행포지』

移棗,須深植.假令本入土二尺者,移植深四尺以上,亦可.杏蒲志

【5. 접붙이기】

상수리나무를 밑나무로 하여 대추나무를 접붙이면 열매가 크면서도 맛이 좋다. 『행포지』

【接換】

櫟砧接棗,實大味佳.杏蒲志

【6. 시집 보내는 법】

정월 초하루, 해 뜰 무렵에 도끼 등으로 대추나무를 여기저기 얼룩지게 두드리는 것을 대추나무를 시집 보낸다고 한다.【注도끼 등으로 두드려주지 않으면 꽃은 피지만 열매가 맺지 않는다. 그러나 두드려서 나무가 찢어지면 열매가 시들어 떨어진다. 『농정전서』: 북방의 대추나무는 매년 시집을 보낸다. 그러므로 열매가 많이 맺지만 나무가 내상을 입어 재목으로 쓸 수 없다.】○『제민요술』

【嫁法】

正月一日日出時,反斧班駁椎之,名曰嫁棗.【注不椎則花而無實;斫則子萎而落也.農政全書:北方棗木,歲歲嫁之.結實繁盛,而木俱內傷,不堪作材.】○齊民要術

【7. 즙치】

익은 누에〔大蠶〕를 섶에 올릴 무렵까지 기다렸다가 대추나무 가지 사이를 쳐주어 지나치게 많이 핀 꽃을 떨어뜨려야 한다.【注지나치게 많이 핀 꽃을 쳐서 떨어뜨리지 않으면 꽃은 무성하지만 열매가 맺지 않는다.】○『제민요술』

【葺治】

候大蠶入簇,以杖擊其枝間,振去狂花.【注不打,花繁,則實不成.】○齊民要術

【8. 보호하고 기르기】

【護養】

산동지방의 대추농원에서는 백로일이 되면 뿌리 밑에 풀을 쌓아놓고 태우는데 이것은 불기운으로 이슬 기운을 피하기 위해서이다. 그렇게 하지 않으면 대추가 대부분 말라 떨어진다. 『난매유필』

山東棗園,至白露日,根下遍堆草焚之,蓋以火氣辟露氣也.不爾,則多乾落.暖昧由筆

익은 대추에 안개가 끼면 대부분 손상된다. 어저귀〔檾麻〕 혹은 짚을 묶어서 나무에 사방으로 흩어 걸어놓으면 안개를 피할 수 있다. 『군방보』

棗熟着霧,則多損.用檾麻或稭穰四散絓樹上,可避霧.羣芳譜

【9. 수확하기】

대추가 온통 붉게 익으면 수확한다.【注반쯤 붉어졌는데 수확한 것은 과육이 꽉 차지 않고, 말리면 색깔이 누렇게 변하며 주름이 진다. 붉어지려 하는 것도 맛이 좋지 않다. 전부 붉어졌는데도 오랫동안 수확하지 않으면 껍질이 터지고 또 까마귀나 새가 쪼아 먹는다.】 수확하는 방법: 날마다 나무를 흔들어 떨어뜨리는 것이 가장 좋다. 『제민요술』

【收採】

全赤卽收.【注半赤而收者,肉未充滿,乾則色黃而皮皺;將赤味亦不佳;全赤不收久,則皮破,復有烏鳥啄之.】收法:日日撼而落之爲上.齊民要術

【10. 저장하기】

수확한 것이 좀이 먹었으면 짚 한 층, 대추 한 층씩 엇갈아 놓아 둘 사이에 좀을 안정시킨다. 『물류상감지』

조금 익은 대추를 이른 아침에 작은 가지 채 상하지 않게 끊어 따서 바람이 통하는 곳에 널어 이슬 기운을 제거한다. 기름과 술기운이 없는 새항아리를 골라 맑은 물로 깨끗이 씻고 불에 쬐어 말려서 잘 식힌 다음 깨끗한 짚을 가져다 햇볕에 말린다. 차가워지기를 기다렸다가 짚과 대추를 한 층씩 엇갈아 항아리 속에 넣고 잘 밀봉한다. 이와 같은 방법으로 보관하면 이듬해가 되어도 여전히 신선하다. 『군방보』

【收藏】

收棗子蛀, 以一層粟草, 一層棗, 相間安之. 物類相感志

將纔熟棗, 乘青晨連小枝葉摘下, 勿損傷, 通風處晾, 去露氣. 揀新缸, 無油酒氣者, 清水刷淨, 火烘乾晾冷, 取淨稈草晒乾, 候冷, 一層草, 一層棗, 入缸中, 封嚴密. 可至來歲猶鮮. 羣芳譜

【11. 제조】

생대추를 햇볕에 말릴 때에는 반드시 시루에 넣어 조금 찐다. 그것은 벌레가 대추 속에 있어 시루에 찌면 죽기 때문이다. 그리고 나서 또 햇볕에 말려서 새항아리에 저장하면 오래도록 저장할 수 있다. 『고금의통』

대추 말리는 법: 우선 땅을 깨끗하게 청소한다.【注풀이나 쑥이 있으면 대추에 냄새가 밴다.】 서까래를 깐 바닥에 발을 놓고 그 위에 대추를 올린다. 고무래【注朳은 兵과 發의 반절이다. 이가 없는 써레와 비슷하다.】로 모으고 흩기를 반복하되 하루에 20회 정도를 하면 좋다. 밤에는 모아서 쌓아두지 않는다.【注서리나 이슬 기운이 닿으면 빨리 건조가 된다. 만약 비가 내리면 모아 놓고 거적으로 덮어준다.】 5~6일 뒤에 붉고 연한 대추를 골라내어 높은 건조대에 올려 바람을 쐬며 말린다.【注건조대에 올린 것은 잘 마르며, 비록 1자 정도 두껍게 쌓더라도 썩지 않는다.】 팽팽해진 것【注胮은 專과 江의 반절이다.】 중에서 문드러진 것은 골라 버리고【注팽팽하다고 하는 것은 물기가 마르지 않은 것인데 남겨두면 다른 대추를 오염시킬 뿐이다.】 마르지 않은 것은 햇볕에 쬐어 말리는 방법대로 말린다. 『제민요술』

대추 말리는 법: 햇줄풀을 채취하여 뜰에 깔고, 그 위에 대추를 3치 두께로 널고, 다시 그 위를 햇줄풀로 덮는다. 대체로 3일 낮과 밤 동안에 밤에는 덮은 것을 거

【製造】

凡生乾棗晒乾，須於甑中略炊，盖棗蟲在內，炊之則死．然後又晒乾，貯新罈，久留．古今醫統

曬棗法：先治地令淨．【注有艸萊，令棗臭．】布椽於箔下，置棗於箔上，以扒[1]【注兵拔反，無齒杷．】聚而復散之，日中二十度乃佳．夜不聚．【注得霜露氣，連[2]成．如有雨，則聚而苫之．】五六日，擇取紅軟者，上高廚暴之．【注廚上者已乾，雖厚一尺亦不壞．】胮【注專江切】去爛者．【注胮者，水不乾，留之徒汚棗．】其未乾者，晒曝如法．齊民要術

作乾棗法：新菰蔣，露於庭，以棗著上，厚三寸，以新蔣覆之．凡三日三夜，撤覆露之，畢

---

[1] 扒_『제민요술』에 근거하여 朳로 교정함.

[2] 連_『제민요술』에 근거하여 速으로 교정함.

두어 이슬을 맞히고 낮에는 햇볕에 말린 뒤 마른 것을 거두어 실내에 둔다. 말린 대추 1섬에 술 1되 비율로 술을 대추에 뿌려 가며 용기에 넣고 진흙으로 밀봉해 두면 여러 해가 지나도록 상하지 않는다. 『식경』

日曝,取乾,納屋中,率一石,以酒一升,潄著器中,密泥之,經數年不敗.食經

배나무

梨

【1. 명칭과 품종】

일명 쾌과(快果), 일명 과종(果宗)이다.

【『본초유보』: 배의 뜻은 이롭다[利]는 뜻이다. 그 성질은 아래로 잘 흘러내려가게 한다.

按배의 종류는 매우 많다. 우리나라에서 생산되는 것으로는 청수(青水), 홍수(紅水), 추향(秋香) 등의 품종이 있다. 작으면서 일찍 익는 것이 백난(爛梨)이다. 배는 모두 해서(海西)에서[1] 생산되는데 황주(黃州), 봉산(鳳山) 등 여러 주에서 생산되는 것을 최고로 친다. 관동(關東)의[2] 정선(旌善)에도 다른 한 종류의 배가 있는데 껍질이 얇고 씨가 적어 향기와 맛으로 대적할 배가 드물다. 토착민들은 이를 무심리(無心梨)라고 부르는데 배 중의 상등품이다.】

【名品】

一名快果, 一名果宗.

【本草遺補:梨者, 利也. 其性下行流利也.

按梨之類甚多. 我國之產有青水·紅水·秋香等品. 其小而早熟者曰爛梨, 俱以產於海西, 黃州·鳳山諸州者, 爲最. 關東旌善又有一種梨, 皮薄子稀, 甘香尠倫, 土人謂之無心梨, 梨中上乘也.】

---

* 배나무[梨]_ 장미과에 속하는 교목성 낙엽과수. 학명은 Pyrus serotina var. culta (REHDER NAKAI)이다.

1 해서(海西)_ 지금의 황해도이다.

2 관동(關東)_ 철령은 조선의 동쪽 요해지로서, 이른바 '한 사나이가 관문을 지키면 만 명이 공격해도 문을 열 수 없다.'고 하는 곳이다. 그리하여 철령 동쪽에 있는 강릉(江陵) 등 여러 고을을 관동(關東)이라고 칭한다.

【2. 적합한 토양】

배는 서풍을 꺼리기 때문에 배나무를 심을 때는 마땅히 서북쪽이 막힌 땅에 심어야 한다. 『행포지』

【土宜】

梨惡西風, 種梨宜西北障塞之地. 杏蒲志

【3. 점후】

상사일에 바람이 불지 않으면 반드시 열매를 잘 맺는다. 그러므로 옛말에 이르기를 '상사일에 바람이 불면 배나무에 좀이 생기고, 중추절에 달이 뜨지 않으면 조개가 번식을 못한다.'라고 하였다. 『본초강목』

【占候】

上巳無風, 則結實必佳. 故古語云: 上巳有風梨有蠹; 中秋無月蚌無胎. 本草綱目

【4. 심고 가꾸기】

【種藝】

배씨를 파종할 때에는 배가 완전히 익었을 때 배를 통째로 파묻는다. 해를 넘기고 봄이 되어 얼음이 풀릴 때 쯤에 그루를 나누어 옮겨 심는다. 잘 썩은 거름과 물을 충분히 준다. 겨울이 되어 잎이 떨어지면 그루터기를 땅 가까이에서 베어내고 숯불로 벤 자국을 지져 준다. 이렇게 하여 두 해가 지나면 열매가 맺힌다.【注 만약 돌배로 난 것과 씨를 심어서 나온 것을 옮겨 심지 않는다면 과실이 늦게 달린다. 배 하나에는 10여 개의 씨가 들어 있는데 두 개만 싹이 트고 나머지는 자라나더라도 모두 팥배나무가 된다.】○『제민요술』

種者,梨熟時,全埋之.經年,至春地釋,分栽之,多著熟糞及水.至冬葉落,附地刈殺之,以炭火燒頭.二年卽結子.【注若穭生及種而不栽者,則著子遲.每梨有十許子,惟二子生梨,餘皆生杜.】○齊民要術

배는 봄 사이에 파종을 하여 3자 남짓 자라기를 기다렸다가 옮겨 심는다. 혹은 뿌리 위에 나온 작은 포기를 옮겨 심어도 된다.『편민도찬』

梨,春間下種,待長三尺許,移栽.或將根上撥[1]起小科栽之,亦可.便民圖纂

배나무 옮겨 심기: 춘분일에【按『편민도찬』에는 춘분 10일전이라고 하였다.】지팡이 모양의 왕성한 배나무 순을 가져다 양쪽 머리를 잘라내고 불로 쇠붙이를 빨갛게 달구어 수액이 빠지지 않게 지진 다음 땅에 2자 깊이로 눕혀 심는다. 춘분일 하루 전후에는 옮겨 심어서는 안 되고 춘분일에만 옮겨 심을 수 있다.『거가필용』

栽梨:春分日【按便民圖纂作春分前十日.】取旺梨笋作楞樣[2],斫下兩頭,用火燒紅鐵器,蛒[3]定津脉,臥栽之,入地二尺許.春分前後一日,皆不可,只春分日可用.居家必用

[1] 撥_『편민도찬』에 근거하여 發로 교정함.

[2] 作楞樣_『거가필용』에 근거하여 如拐樣으로 교정함.

[3] 蛒_『거가필용』에 근거하여 烙로 교정함.

【5. 접붙이기】

【接換】

접붙여 심는 배나무는 더욱 빨리 자란다. 배나무 삽접법: 개아그배나무와 팥배나무를 밑나무로 쓴다.【注 개아그배나무에 접붙이면 배가 크고 과육의 결이 곱다. 팥배나무에 접붙인 배는 그 다음으로 좋으며, 뽕나무에 접붙인 배는 매우 나쁘다. 대추나무나 석류나무에 접붙인 배가 가장 좋다. 접붙인 배나무는 살기가 어려워서 열 그루 중에 한두 그루 정도만 산다.】 팥배나무가 팔뚝만큼 자라면 모두 그 위에 접을 붙일 수 있다.【注 팥배나무를 먼저 심어놓았다가 이듬해에 접붙여도 되고 밑나무와 접수를 함께 심어도 된다. 그러나 함께 심은 것 중에서 밑나무인 팥배나무가 죽으면 배나무도 살지 못한다.】 팥배나무가 크게 자란 것에는 다섯 가지를 접붙이고 작은 것은 두 가지나 세 가지를 접붙인다.

揷者彌疾.揷法:用棠杜.【注棠梨大而細理;杜,次之;桑梨大惡.棗石榴上揷者,爲上梨,雖活十枚,得一二也.】杜如臂已上,皆任揷.【注當先種杜,經年復揷之.主客俱下亦得;然俱下者,杜死則不生也.】杜樹大者,揷五枝;小者,或三或二.

배나무 잎이 막 움터날 때가 접붙이기 가장 좋은 시기이고【『농정전서』에 모든 접붙이는 방법은 잎사귀가 막 움터나려고 할 때 하면 살지 않는 것이 없다고 하였다.】 싹튼 잎이 막 피려고 할 때가 가장 좋지 못한 시기이다. 우선 삼끈을 만들어 팥배나무를 십여 차례 동여맨다. 지면에서 5~6센티미터 정도 되는 곳을 톱으로 자른다. 대나무로 비스듬히 깎아 꼬챙이를 만들어 팥배나무의 껍질과 목질 사이에 깊이 1치 정도로 찔러 넣는다. 접수는 양지바른 곳의 좋은 배나무 가지를【注 음지에서 자란 가지는 열매가 적게 열린다.】 5~6치 정도로 잘라서 역시 가지 반쯤을 지나도록 비스듬히 뾰족하게 깎아준다. 크기나 길이는 대나무꼬챙이

梨葉微動爲上時,【農政全書:凡貼法,皆於葉微動時,無不活也.】將欲開莩爲下時.先作麻紉纏十許匝,以鋸截杜,令去地五六寸.斜攕竹爲籤,刺皮木之際,令深一寸許.折取其美梨枝陽中者,【注陰中枝,則實少.】長五六寸,亦斜攕之,令過心,大小長短與籤等;以刀微劙梨枝斜攕之際,剝去黑皮.【注勿令傷靑皮,靑皮傷則死.】

와 같게 한다. 칼로 배나무 가지를 비스듬히 깎을 때에 검은 껍질은 살짝 벗겨낸다.【注푸른 속껍질은 상하지 않도록 한다. 푸른 속껍질이 상하면 죽는다.】

대나무꼬챙이를 빼내고 바로 배나무를 칼로 깎아준 곳까지 꽂아 넣어 밑나무의 목질부는 접붙이는 나무의 목질부를 향해 맞붙게 하고 껍질도 껍질과 맞붙도록 한다. 접붙이기를 마치면 헝겊으로 팥배나무 그루터기의 위쪽을 돌려 감고 잘 이긴 진흙으로 그 위를 발라준 다음 배나무 가지가 겨우 윗부분만 나오도록 흙으로 북돋아 덮어주며 나무 둘레는 두둑을 쌓아준다. 배나무에 물을 대주고 물이 충분히 흡수되면 흙을 덮는데 덮은 흙이 딱딱해지지 않도록 한다. 이 방법을 쓰면 만에 하나라도 실패하지 않는다.【注배나무가지는 매우 약해서 흙을 북돋아 줄 때 조심해야 한다. 손으로 잡고 흔들지 말아야 한다. 흔들면 꺾어진다.】 팥배나무를 십자(十字)로 잘라서 접수를 꽂는 경우에는 열에 하나도 살지 못한다.【注그렇게 되는 까닭은 목질부가 찢어지고 껍질이 벌어지면서 틈이 생겨 말라버리기 때문이다.】 배나무가 자라 팥배나무 곁에서 잎이 나오면 그때마다 따내버린다.【注잎을 따내지 않으면 기세가 분산되어 배나무가 반드시 늦게 자란다. 『농정전서』에 모든 나무는 똑같다고 하였다.】

拔去竹籤,卽插梨,令至劀處.木還向木,皮還近皮.插訖,以綿莫【注冪同.】杜頭,封熟泥於上,以土培覆,令梨枝僅得出頭,以土壅四畔.當梨上沃水,水盡以土覆之,勿令堅固,百不失一.【注梨枝甚脆,培土時宜愼之,勿使掌撥,掌撥則折.】其十字破杜者,十不收一.【注所以然者,木裂皮開,虛燥故也.】梨旣生,杜傍有葉出,輒去之.【注不去勢分,梨長必遲.農政全書:凡樹皆然.】

대개 배나무를 접붙일 때, 과수원일 경우에는 곁가지를 쓰고 정원수일 경우에는 중심 가지를 쓴다.【注곁가지를 쓰면 나무 아래서 배를 따기 쉽고, 중심 가지는 위로 웃자라 가옥에 장애가 되지 않기 때문이다.】 나무 밑둥에서 자란 작은 가지를 접수로 쓰면 나무 모양은 보기 좋지만 5년이 지나서야 비로소 열매를 맺

凡插梨,園中者,用旁枝;庭前者,中心.【注旁枝,樹下易收;中心,上聳不妨.】用根蒂小枝,樹形可喜,五年方結子;鳩脚老枝,三年卽結子,而樹醜.凡遠道取梨枝者,下根卽燒三四

는다. 비둘기 발 모양의 늙은 가지를 접수로 쓰면 3년이면 열매를 맺지만 나무의 모양은 볼품없다. 대개 먼 곳에서 배나무 가지를 구해오는 경우에는 아래 뿌리를 3~4치 정도 불에 태워야 수백 리를 옮겨 가더라도 여전히 살 수 있다. 『제민요술』

寸,可行數百里猶生.齊民要術

뽕나무에 접붙이면 배가 부드러우면서 달고 맛있다. 『종수서』

桑上接梨,則脆而甜美.種樹書

줄기가 술병 굵기만큼 자라기를 기다렸다가 이듬해 봄에 싹이 틀 때, 손가락만한 굵기의 다른 배나무의 연한 가지를 잘라 꽂아 넣어 접붙인다. 배나무가 움터 나오면 조릿대 잎으로 싸주는데 상비충(象鼻蟲)이[1] 나무를 손상시킬까 염려해서이다. 『편민도찬』

俟幹如酒鍾大,於來春發芽時,取別樹生梨嫩條,如指大者,揷貼.梨生,用箬葉包裹,恐象鼻蟲傷損.① 便民圖纂

배는 돌배나무【산중에 자생하는 배나무로 맛이 떫다.】에 접을 붙이거나 혹은 버드나무를 밑나무로 접을 붙여도 산다. 『증보산림경제』

梨宜接石梨,【山中自生,梨味澁者.】或接柳砧,亦活.增補山林經濟

1 상비충(象鼻蟲)_ 바구밋과의 벌레를 통틀어 이르는 말.

① 이 내용은 『편민도찬』의 "俟幹如酒鍾大,於來春發芽時,取別樹生梨嫩條,如指大者,截作七八寸長(名曰梨貼),將原幹削開,兩邊插入梨貼,以稻草緊縛,不可動.月餘,自發芽長大,就生梨.梨生,用箬包裹,恐象鼻蟲傷損."을 축약하여 기록한 것이다.

【6. 물주고 북돋우기】

배나무에 오줌을 뿌려주면 나무가 무성해지고 열매도 달고 시원하다.『행포지』

【澆壅】

梨宜澆尿，旣滋茂，實亦甘爽.杏蒲志

【7. 치료법】

배나무가 늙어서 열매를 맺지 않을 경우, 두꺼운 겁질을 벗겨내면 즉시 무성해지고 열매를 많이 맺는다. 『사시찬요』

배나무는 겨울에 가지들을 휘어 묶어두고 풀지 않으면 열매를 잘 맺는다. 『화한삼재도회』

또 한 가지 방법은 나무의 중심까지 뚫어주면 열매가 많이 맺는다. 그러나 반드시 싹이 나기 전에 해야 한다. 『산림경제보』

【醫治】

梨樹老不結實,剝去厚皮,卽盛,多結.四時纂要

凡梨,冬月每枝曲撓縛之,常不解,則能結實.和漢三才圖會

一法,鑿木中心,則多實.須趁其未生芽葉之前.山林經濟補

【8. 금기】

배는 처음 맺은 열매를 쪄 먹는 것을 꺼린다. 그 나무에 열린 배들이 익을 때마다 검게 썩어서 먹을 수가 없다. 『지봉유설』

【宜忌】

梨忌蒸食初結之子. 令本樹了, 每熟輒腐黑, 不堪食. 芝峯類說

【9. 저장하기】

배 저장하는 법: 첫서리가 내리면 바로 배를 수확한다.【注서리를 많이 맞히면 여름을 날 수 없다.】 지붕 아래를 파서 깊은 움을 만들고 밑바닥에 습기가 차지 않게 한다. 수확한 배를 움 속에 넣어두고 덮지 않아도 여름을 날 수 있다.【注배를 딸 때에는 반드시 잘 다루어서 손상되지 않도록 해야 한다.】 ○『제민요술』

배를 저장할 때 무를 사이사이에 끼워 넣어 서로 닿지 않게 하면 한 해가 지나도 썩지 않는다. 혹은 배 꼭지를 무에 꽂아주어도 문드러지지 않는다.『물류상감지』

오늘날 북쪽 사람들이 나무에 달린 배를 봉지로 싸주어 겨울을 난 뒤에 비로소 따는데 이 또한 묘법이다.『본초강목』

【收藏】

藏梨法:初霜後卽收.【注霜多,則不得經夏也.】於屋下掘作深窨坑,底無令潤濕.收梨置中,不須覆盖,便得經夏.【注摘時,必令好接,勿令損傷.】○齊民要術

藏梨,用蘿蔔間之,勿令相着,經年不壞.或以梨蒂挿蘿蔔上,亦不爛.物類相感志

今北人每於樹上包裹,過冬,乃摘亦玅.本草綱目

【10. 제조】

맛이 신 배는 물을 갈아주면서 잘 삶아 익혀야 달고 맛있으며 사람에게 해가 없다.『제민요술』

【製造】

凡醋梨, 易水熟煑, 則甜美而不損人.齊民要術

【11. 용도】

『신농경(神農經)』을 참고해보니, 배는 병을 치료하는 효능이 적지 않았다. 그리고 평안도〔西路〕에서[1] 생산되는 배는 칼로 껍질을 깎아 내고 꽃잎 모양으로 썰어서 불에 쬐어 말리는데 이화(梨花)라고 부른다. 일찍이 공물로 충당하였으니, 위로는 세공(歲貢)으로 바칠 수 있고 아래로는 진귀한 반찬으로 올릴 수 있었다. 그러니 장부(張敷)가 과일 중의 으뜸〔百果之宗〕이라 한 것을 어찌 믿지 않을 수 있겠는가? 『왕씨농서』

【功用】

參之神農經中, 療病之功, 不少. 且西路產梨, 用刀去皮, 切作瓣子, 以火焙乾, 謂之梨花. 嘗充供獻, 上可供於歲貢, 下可奉於盤珍. 張敷稱爲百果之宗, 豈不信乎? 王氏農書

1 평안도〔西路〕_ 서로(西路)는 서도(西道)와 같다. 오늘날 평안도를 가리킨다.

팥배나무

棠梨

【1. 명칭과 품종】

【『본초강목』: 『이아(爾雅)』에 '두(杜)는 감당(甘棠)이다. 붉은 것이 두(杜)이고 흰 것이 당(棠)이다. 어떤 사람은 '암나무가 두(杜)이고 숫나무가 당(棠)이라고 하고, 어떤 사람은 열매가 떫은 맛 나는 것이 두(杜)이고 단 맛 나는 것이 당(棠)이라고 하였다. 두(杜) 열매는 맛이 떫고 당(棠) 열매는 맛이 달다.

『농정전서』: 오늘날 팥배나무〔棠〕의 잎은 진홍색〔絳色〕을 염색하기 알맞고 토자색(土紫色)을 물들이기 적당한 것이 있다. 팥배나무〔杜〕의 잎은 모두 쓰지 못한다. 그러니 실제 3종류이다.】

【名品】

【本草綱目:爾雅:'杜,甘棠也.赤者,杜;白者,棠;或云,牝曰杜,牧曰棠;或云,澁者杜,甘者棠.杜者,澁也,棠者,糖也.

農政全書:今棠葉有中染絳者,有惟中染土紫者,杜則全不用.其實三種也.】

---

* 팥배나무〔棠梨〕_ 장미과에 속하는 낙엽교목. 학명은 Sorbus alnifolia이다.

【2. 심고 가꾸기】

팥배가 익을 때에 거두어들여 심어야 한다. 그렇지 않으면 봄에 옮겨 심는다. 『제민요술』

【種藝】

當熟時, 收種之, 否則春月移栽. 齊民要術

【3. 접붙이기】

팥배나무에 배나무를 접붙이면 매우 좋다.『본초강목』

【接換】

其樹接梨,甚佳.本草綱目

【4. 용도】

【功用】

8월 초에 날씨가 맑을 때 잎을 따서 얇게 펴 햇볕에 말리면 진홍색 염색을 할 수 있다.【注반드시 날씨가 맑을 때를 기다렸다가 잎을 조금 따서 말리고 다시 조금씩 더 따서 한꺼번에 수확하지 않도록 조심해야 한다. 만약 흐리거나 비가 와서 말리던 잎이 젖으면 젖은 것으로는 진홍색 염색을 할 수 없다.】 나무가 다 자라면 해마다 비단 백 필 상당의 수입을 올릴 수 있다.【注많이 심을 수 있다면 수입이 뽕나무보다 낫다.】 ○『제민요술』

八月初,天晴時,摘葉薄布,曬令乾,可以染絳.【注必候天晴時,少摘葉,乾之;復更摘,愼勿頓收.若遇陰雨則浥,浥不堪染絳也.成樹之後,歲收絹一百疋.【注可多種,利乃勝桑也.】○齊民要術

팥배나무는 달고 시고, 붉고 흰 두 종류가 있다. 붉은 것은 나무결도 붉으며 활 재료로 쓸 수 있다. 『본초강목』

有甘酢·赤白二種.赤者木理亦赤,可作弓材.本草綱目

능금나무

柰

【1. 명칭과 품종】

【『본초강목』: 전문(篆文)의 '내(柰)'자는 열매가 나무에 달려 있는 것을 형상하였다. 범언(梵言)으로는 빈파수(頻婆樹)라고 한다. 열매는 모두 능금〔林禽〕과 비슷하면서 크고 흰색, 적색, 청색 세 가지 색깔이 있다. 흰색은 소내(素柰)이고 적색은 단내(丹柰)이며 청색은 녹내(綠柰)이다.】

【名品】

【本草綱目:篆文柰字,象子綴[1]于木之形.梵言謂之頻婆樹.實皆似林禽而大,有白赤青三色.白者爲素柰;赤者爲丹柰;青者爲綠柰.】

---

* 능금나무〔柰〕_ 장미과(薔薇科 Roscaoeae)에 속하는 낙엽교목. 학명은 Malus asiatica NAKAI이다.

[1] 綴_『본초강목』에 근거하여 綴로 교정함.

【2. 심고 가꾸기】

【種藝】

능금은 씨를 심지 않고 꺾꽂이하여 심는다.【注씨를 심으면 비록 싹이 나더라도 맛이 좋지 못하다.】 뽕나무를 휘묻이하는 방법대로 옮겨 심는다.【注이 과일 나무는 뿌리가 지면 가까이에 있는 곁뿌리에서 분얼하지 않으므로 옮겨 심을 것을 구하기 어렵다. 그러므로 휘묻이해야 한다.】 또 다른 방법: 복숭아나 배를 옮겨 심는 방법과 같다. 또 다른 방법: 나무에서 몇 자 정도 떨어진 곳에 구덩이를 파고 뿌리 끝을 노출하여 심으면 쉽게 산다. 무릇 옮겨 심는 나무는 모두 그러하다. 『제민요술』

不種,但栽之.【注種之雖生,而味不佳.】取栽如壓桑法.【注此果根不浮薉,栽故難求,是以須壓也.】又法:栽如桃李法.又法:於樹旁數尺許掘坑,洩其根頭,則栽易生矣.凡樹栽者,皆然.齊民要術

꽃이 필 때 뿌리 위에서 나온 작은 가지를 12월에 옮겨 심는다. 『편민도찬』

花時,將根上發起小條,臘月移栽.便民圖纂

【3. 접붙이기】

【接換】

능금나무를 접붙이는 것은 배나무를 접붙이는 것과 같다.『편민도찬』

其接與梨同.便民圖纂

【4. 치료법】

열매를 딴 뒤에 벌레 먹은 곳이 있으면 귤나무를 치료하는 법과 같다.『편민도찬』

이 나무는 벌레가 거미줄을 친 것이 가지를 덮는 경우가 많은데 이럴 경우는 대개 말라 죽는다. 이때에는 부인의 생리혈을 뿌리에 뿌려주면 그친다.『산림경제보』

【醫治】

摘實後, 有蛀處, 與修治橘樹同.便民圖纂

此樹, 例多蟲絲冪枝, 率多枯死. 以婦人月經水灌根, 則止.山林經濟補

사과나무

蘋果

【1. 명칭과 품종】 【名品】

【『군방보』: 북방에서 생산되는데 연(燕)·조(趙)에서 생산되는 것이 더욱 좋다. 나무는 곧게 위로 자라며 잎이 푸른데 능금과 비슷하면서 크다. 과일은 배와 비슷하면서 둥글고 매끄럽다. 익기 전엔 푸른색을 띠다가 익으면 절반은 붉은색 절반은 흰색을 띠거나 혹은 전체가 붉은색을 띠며 반질반질 윤기가 흘러 사랑스럽다. 향기는 몇 발자국 밖에서도 맡을 수 있다. 맛은 달고 부드럽다. 익지 않은 것은 먹으면 솜같이 푸석푸석하고 너무 익으면 문드러져서 먹을 수 없다. 8~9할 익은 것이 가장 맛있다.

【羣芳譜:出北地,燕趙者尤佳.樹身聳直,葉靑,似林禽而大,果如梨而圓滑,生靑,熟則半紅半白,或全紅,光潔可愛.香聞數步.味甘鬆,未熟者食如棉絮,過熟又沙爛不堪食,惟八九分熟者最美.

『광군방보』: 『본초강목』에 사과나무〔蘋果〕를 기록하지 않고 능금나무〔柰〕를 일명 빈파(頻婆)라 한다고 설명하였다. 『채란잡지』, 『학포여소』에 근거하면 빈파(頻婆)는 마땅히 이 과일 이름에 속해야 한다고 하였는데 아마도 능금〔柰〕과 같은 유(類)이면서 다른 종(種)인 것 같다.】

廣羣芳譜:本艸不載蘋果,而釋柰云一名頻婆.據採蘭雜志·學圃餘疏,頻婆又當屬此果名,盖與柰一類異種也.】

【『본사』: 풀명자열매〔樝果〕를 세속에서는 사과(沙果)라고 부르는데 아마도 사(樝)와 사(沙)가 음이 같아서 잘못 불려진 듯하다. 『이아』에서 '사리(樝梨)는 벌레구멍을 파본다'라고 하였는데 이에 대해 정현(鄭玄)은 '이것은 천자를 위하여 과일을 깎는 예이다. 사리(樝梨)중의 좋지 못한 것이 지금의 풀명자열매〔樝子〕이다.'라고 하였다. 도홍경(陶弘景)은 정현이 풀명자나무〔樝〕를 알지 못한다고 나무라면서 이것은 원래

【本史:樝果俗稱沙果,盖因樝·沙音同而訛也.爾雅曰,樝梨曰鑽之.鄭玄云,此爲天子削瓜果之禮.樝梨之不臧者,今之樝子是也.恐其有蟲,故一一鑽看其蟲孔也.陶弘景譏鄭玄不識樝,是本桃而誤以爲梨之不臧也.陳藏器·蘇頌從陶舍鄭,

* 사과나무〔蘋果〕_ 장미과에 속하는 교목성 낙엽과수. 학명은 Malus pumila var. dulcissima KOIDZ. 이다.

복숭아인데 배 중의 좋지 못한 것으로 잘못 알고 있은 것이라 하였다. 진장기(陳藏器)와 소송(蘇頌)은 도홍경의 설을 따르고 정현의 설을 버려서 사과(樝果)라는 이름이 마침내 『본초』에 전해지지 못하게 되었다. 그러나 옛사람들은 모두 풀명자나무〔樝〕를 진품으로 여겼다. 장자(莊子)는 '사리(樝梨)와 귤은 그 맛이 상반되나 모두 맛있다.' 하였고 회남자는 '사리(樝梨)와 귤나무를 심어서 과일을 먹었더니 맛있었고 냄새를 맡으니 향기로웠다.'라고 하였다. 모두 사(樝)를 배보다 먼저 말하였는데 그것은 사(樝)를 귀하게 여겨서인 듯하다. 이시진(李時珍)은 사과(蘋果)는 능금〔柰〕의 일명인 빈파(頻婆)와 비슷하다고 하면서 사과(蘋果)는 오내(五奈)의 일종인 것 같다고 하였는데 잘못이다. 『학포여소』에 '북방에는 사과(蘋果)가 있으니 바로 꽃이 붉은 한 종류의 변종이다.'라고 하였다. 그런데 이미 변종이라 하였으면서 '사(樝)'와 '내(柰)'가 어찌 한 종류라고 하는 것인가. 按『학포여소』에 꽃이 붉은 것이라 한 것은 바로 고임금(古林擒)이다.】

而樝果之名,遂不傳於本草,然古人皆以樝爲珍品.莊子云:樝梨·橘柚其味相反,而皆可于口.淮南子云:樹樝梨·橘柚食之,則美,嗅之則香,皆以樝先於梨,盖貴之也.李時珍以蘋果與柰之一名頻婆相類,而疑蘋果爲五奈中之一種,誤矣.學圃餘疏云,北地有蘋果,卽花紅一種之變.旣曰變則樝與柰豈一種云乎.按學圃餘疏花紅,卽古林擒.】

【2. 접붙이기】

사과나무를 접붙일 때는 임금(林禽)나무를 밑나무로 쓴다.『군방보』

사과나무는 씨로 심을 수 없고 접붙여서만 심을 수 있다.『본사』

【接換】

接用林檎體.羣芳譜

蘋果不可以子種,只可栽接.本史

【3. 치료하기】

항상 벌레가 거미줄을 친 것이 나뭇가지를 뒤덮어 가지가 마르고 시들게 할 염려가 있다. 부인의 생리혈을 자주 뿌리에 뿌려주면 이런 염려가 없다. 『본사』

【醫治】

常患蟲絲羃之, 使枝條枯萎, 以婦人經水, 頻澆其根, 則無此患. 本史

【4. 저장하기】

살짝 익은 것을 수확하여 서늘한 움집에 저장하면 여름이 되어 더욱 달고 맛있다. 가을에 조각으로 잘라 햇볕에 말렸다가 해가 지나서 먹으면 좋다. 『군방보』

연경(燕京)에서 사과를 저장하는 방법: 먼저 본 나무의 잎으로 사과를 싼 다음 다시 종이로 싼다. 가는 모래를 항아리에 넣고 종이로 싼 사과를 모래 속에 깊이 묻어 둔다. 이렇게 저장하면 이듬해 여름이나 가을이 되어도 빛깔과 맛이 새로 딴 과일과 똑같아서 새 과일과 함께 팔 수 있다. 임금(林禽), 배, 살구도 모두 이와 같은 방법으로 저장한다. 『행포지』

【收藏】

收略熟者,收氷窖中,至夏月味尤甘美.秋月,切片曬乾,過歲食佳.羣芳譜

燕京藏蘋果法:先以本樹葉裹之,次以紙裹,仍貯細沙于甕,取紙裹蘋果,深埋沙中.至翌年夏秋,色味如新,可與新果同賣.林檎梨杏,皆同此法.杏蒲志

임금나무

林禽

【 1. 명칭과 품종 】

일명 내금(來禽), 일명 문림랑과(文林郎果)이다.【『본초강목』: 이 과일 맛이 달아서 많은 날짐승들을 숲으로 불러올 수 있기 때문에 임금(林禽), 내금(來禽)이라는 이름을 얻게 되었다. 당나라 고종(高宗) 때 기왕(紀王) 이근(李謹)이 오색의 임금(林禽)을 얻어서 천자에게 올리니 고종황제가 크게 기뻐하면서 이근에게 문림랑(文林郎)이라는 벼슬을 내려주었다. 때문에 사람들은 임금(林禽)을 문림랑과(文林郎果)라고 부르게 되었는데 대개 능금〔柰〕 중에서 작고 등근 것인 듯하다. 이 밖에 금림금(金林擒), 홍림금(紅林擒), 수림금(水林擒), 밀림금(蜜林擒) 등의 품종이 있다.】

【 名品 】

一名來禽, 一名文林郎果.【本草綱目: 此果味甘, 能來衆禽于林, 故有林禽·來禽之名. 唐高宗時, 紀王李謹得五色林禽以貢, 帝大悅, 賜謹爲文林郎. 人因呼林禽爲文林郎果, 盖柰之小而圓者也. 有金林檎·紅林檎·水林檎·密林檎等品.】

* 임금나무〔林禽〕_ 장미과(薔薇科 Roscaoeae)에 속하는 낙엽교목. 학명은 Malus asiatica NAKAI이다.

【2. 심고 가꾸기】

【種藝】

휘묻이하여 심는 방법은 능금[柰]과 같다. 『제민요술』

栽壓法, 與柰同. 齊民要術

입추 후에 임금(林擒)을 심을 수 있다. 『산림경제보』

立秋後, 可種林檎. 山林經濟補

【3. 접붙이기】

임금(林檎) 씨를 심어 자란 것은 그 꽃이 아름다워 임금과 다름이 없지만 열매가 작아서 팥배〔棠梨〕와 비슷하며 속세에서는 석임금(石林擒)이라 부른다. 반드시 접을 붙여야 좋으며 접붙이기는 입추 후에 해야 한다. 빈파(頻婆)나무와 임금나무를 접붙일 때는 모두 이 나무를 사용한다. 『증보산림경제』

【接換】

種生者,其花姸麗,與林檎無異,而實小如棠梨,俗呼石林檎,須接博,乃佳.接宜立秋後.凡接頻婆林禽皆用此樹.增補山林經濟

【4. 시집 보내는 법】

【嫁法】

정월과 2월 중에 도끼를 뒤집어 도끼머리로 얼룩지게 나무를 치면 열매가 많이 열린다. 『제민요술』

正月二月中,翻斧斑駁椎之,則饒子.齊民要術

【5. 치료법】

【醫治】

임금 뿌리가 좀이 먹어 썩었다면 큰 뿌리에서 2~3자 정도 되는 곳을 탈과법(脫果法)에[1] 따라 흙으로 감싸준다. 1년 후에 감싸준 흙에서 뿌리가 나오면 뿌리에서 가까운 곳 3자 정도를 잘라버리고 땅에 옮겨 심으면 마침내 완전한 나무가 된다.『군방보』

林檎根已蠹朽, 大本二三尺許, 依脫果法包之, 一年後, 土中生根, 乃截去近根處三尺許, 移入土, 遂爲完木. 羣芳譜

열매가 맺지 않는 임금은 대부분이 숫나무인데 옆에 암나무가 있으면 열매가 배로 맺는다. 숫나무는 잎사귀가 길면서 좁고 암나무는 잎사귀가 둥글다.『연경당잡초』

林檎不實者, 多是雄木, 傍有雌木, 倍結子. 雄者葉長而狹, 雌者葉圓. 硏經堂雜抄

임금나무에 송충이가 생기면 나무 밑에 누에나방을 묻어놓거나 물고기 씻은 물을 부어주면 즉시 없어진다.『물류상감지』

林檎樹生毛蟲, 埋蠶蛾于下, 或以洗魚水澆之, 卽止. 物類相感志

임금나무에 좀이 먹으면 좀 구멍을 찾아서 철사로 구멍 안을 찌른 뒤, 백부(百部) 가루나 삼나무로 만든 못으로 막아주면 된다.『종수서』

林檎蛀, 以鐵線尋竅內鑽刺, 用百部(末)[1]杉木釘塞之. 種樹書

벌레가 나무에다 거미줄을 치면 자단나무[紫檀]로 못을 만들어 그 구멍에 박아 넣거나 혹은 부인의 생리혈로 씻어주면 된다.『증보산림경제』

蟲絲冪樹, 則紫檀作釘塞其穴, 或洗婦人月經水. 增補山林經濟

---

1 탈과법(脫果法)_8월에 소똥과 흙을 섞어서 열매가 열린 가지 중에서 큰 술잔 굵기의 학슬(鶴膝) 모양으로 생긴 곳에 바르고 종이로 덮어준 다음 삼껍질로 묶어준다. 그리고 꽃피고 열매가 맺히게 놔둔다. 이듬해 가을에 풀어보아 뿌리가 생겼으면 본 뿌리를 잘라서 다른 곳에 묻어준다.

[1] 末_『종수서』에 근거하여 末을 보충함.

【6. 저장하기】

임금은 백 개 당 이십 개를 취하여 망치로 두드려 깨어 물과 함께 졸여서 식기를 기다렸다가 깨끗이 씻은 항아리에 부은 뒤 나머지 임금을 졸인 물에 잠길 정도로 집어넣고 입구를 봉하면 오래도록 저장할 수 있다. 『가숙사친』

【收藏】

林檎每百顆取二十顆槌碎,入水同煎,候冷,納淨甕中浸之,密封甕口,以浸着爲度,可久留.家塾事親

감나무

柹

【1. 명칭과 품종】 【名品】

【『본초강목』: '자(柹)'는 '자(𠂔)'를 따르며 형성자(形聲字)이다. 속세에서는 시(柿)자로 쓰는데 잘못된 것이다.

『증보산림경제』: 둥글면서 납작하고 과즙이 많은 것을 수시(水柹)라 하고, 붉으면서 검게 얼룩진 것을 월화시(月華柹)라고 하는데 바로 옻나무에 접을 붙여서 만들어진 것이다. 작으면서 서리가 내리기 전에 먼저 익는 것을 조홍(早紅)이라 하며 또 고중(高中), 방혈(方穴), 소원(小圓), 장존(長存) 등의 명칭이 있다. 작으면서 푸른 색깔을 띠며 짓찧어서 즙에 담그면 물건을 염색할 수가 있는 감을 돌감[椑柹]이라고 한다.

『행포지』: 옻나무를 밑나무로 하여 감나무를 접붙이면 열매에 검은 반점이 있게 되는데 세속에서 '흑시(黑柹)'라고 부른다. 그 나무의 재목은 속 재질이 흰무늬에 광택이 나면서 매우 단단하여 침향목(沈香木)과 비슷하다. 『화한삼재도회』에 이르기를 '흑시(黑柹)는 산에서 나는 돌감[椑柹]인데 나무의 속이 검으면서 광택이 나고 나무결이 조밀하고 단단하여 그릇을 만들면 매우 아름다워 오목(烏木) 다음으로 칠 수 있다. 다만 어린 나무는 윤택이 나지 않는다.'라고 하였으니 바로 흑시를 가리키는 것이다. 그러나 돌감[椑柹]의 나무 속이라고 한 것은 잘못된 것이다. 묵시(墨柹)는 옻나무에다 접을 붙인 것으로 또 다른 종류이다.】

【本草綱目:柹從𠂔,諧聲也.俗作柿者非.

增補山林經濟:圓扁多液曰水柹;赤而有漆暈曰月華柹,卽漆樹接成者也;小而未霜先熟曰早紅;又有高中·方穴·小圓·長存等名.其小而綠色,擣碎浸汁,可以漆物者,曰椑柹.

杏蒲志:漆砧接柹,則實有黑搬,俗呼黑柹.其材里質白紋光潤,而堅酷,類沈香.和漢三才圖會云:黑柹卽山中椑柹,木心也黑色廣澤,密埋[1]堅硬,爲器甚美,可亞烏木,但嫩木則色不光潤,盖卽指此,而但謂是椑柹,木心則誤矣.墨柹,卽用漆樹接成者,另是一種也.】

---

* 감나무[柹]_감나무과에 속하는 낙엽성 교목. 학명은 Diospyros kaki THUNB.이다

[1] 埋_理의 誤字인 듯하다.

【 2. 적합한 토양 】

감나무의 성질은 추위를 두려워하므로 바람을 막아 주는 양지쪽에 심는 것이 좋다. 또 바닷바람을 좋아하기 때문에 산을 낀 바다 옆의 땅이 감나무를 심기에 가장 적당하다. 『증보산림경제』

【 土宜 】

性畏寒,宜遮風向陽之地.又喜海風,故依山傍海之地,最宜栽柹.增補山林經濟

【3. 심고 가꾸기】

겨울에 씨를 심어서 크기를 기다렸다가 비옥한 땅에 옮겨 심는다. 『편민도찬』

【種藝】

冬間下種, 待長, 移栽肥地. 便民圖纂

【4. 접붙이기】

【接換】

감나무는 작은 것이 있으면 바로 옮겨 심는다. 없는 경우에는 가지를 가져다가 배나무 접붙이는 방법처럼 고욤나무 뿌리 위에 접붙인다. 그것을 심고 감에 씨가 없을 경우에는 고욤나무 뿌리【注 楔는 而와 死의 반절이다. 고욤〔紅藍棗〕은 익으면 감처럼 붉다.】위에다 접붙인다. 『제민요술』

梼,有小者,栽之;無者,取枝於楔棗根【注楔而死反.紅藍棗,紅似梼.】上插之.齊民要術

세 차례 접을 붙이면 씨가 완전히 없어진다.【『농정전서』에 '나무는 두 번 접붙이는 이치가 없다고 했거늘 하물며 세 차례나 접을 붙이겠는가?'라고 하였다.】○『편민도찬』

接及三次,則全無核.【農政全書:樹無再接之理,況三次乎?】○便民圖纂

3월 사이에 흑조(黑棗)를 심어 감나무를 접붙일 준비를 한다. 비탈진 땅에 빽빽하게 줄을 지어 심는다. 감이 익으면 감떡을 만들어 백성들의 먹을거리에 도움을 준다. 『황정요람』

三月間,秧黑棗,備接梼樹.凡坡陡地內,各密栽成行,梼成,做餅以佐民食.荒政要覽

감나무는 접을 붙여야 좋은 나무가 되고 씨를 심으면 비록 수시(水梼)라 하더라도 좋지 않게 된다. 접붙이기는 고욤나무나 심어서 나온 좋지 못한 감나무, 옻나무에 접을 해야 한다. 『증보산림경제』

梼,待接而佳種,則雖水梼之子,便不佳.接宜楔棗及種生劣梼·漆樹.增補山林經濟

버드나무를 밑나무로 하여 접붙일 수 있는데 이것은 고욤나무에 접붙인 것보다 낫다. 『행포지』

柳砧可接梼,勝似君遷子.杏蒲志

【5. 치료법】

떫은 감은 잿물을 나무뿌리에다 주면 이듬해에 떫은 맛이 없어진다.『화한삼재도회』

【醫治】

柹之澁者,用灰汁灌於根,則翌年無澁味.和漢三才圖會

【6. 저장하기】

【收藏】

잿물로 감을 두세 차례 씻어 말려서 물기를 완전히 없앤 뒤에 그릇 속에 넣어두면 10일이 지나 먹을 수 있다. 『식경』

以灰汁澡柹再三度,乾令汁絶,著器中,經十日可食.食經

【7. 제조】

감 익히는 법: 청녹색의 익지 않은 감을 그릇 속에다 넣어두면 불에 쬔 것처럼 자연적으로 붉게 익는다. 그러면 떫은 맛은 모두 사라지고 꿀처럼 달다. 구양수는 『귀전록』에서 '양등(襄鄧) 사람들은 모과〔榠樝〕 혹은 토모과〔榅桲〕 혹은 귤잎을 감속에 넣어두면 익는다.' 고 하는데 반드시 그런 것은 아니다. 『본초강목』

곶감 만드는 법: 큰 감을 껍질을 제거하고 납작하게 만들어 낮에는 햇빛에 말리고 밤에는 이슬을 맞혀서 다 마른 뒤에 항아리 속에 넣어둔다. 흰 서리 같은 분가루가 나오기를 기다렸다가 꺼내 먹는데 지금 사람은 그것을 시병(柹餠), 또는 백시(白柹)라고 부르고 그 서리 같은 분가루를 시상(柹霜)이라고 부른다. 『본초강목』

감을 우리는 방법: 물 한 동이에다 감을 넣어두면 며칠 지나서 익는다. 그러나 성질이 차다. 또 소금에 저장하는 방법이 있는데 그렇게 하면 독이 있다. 『농정전서』

다른 한 가지 방법: 잿물에 3~4차례 씻어서 물기를 제거하고 그릇 속에 10일 정도 넣어두면 먹을 수 있다. 다만 병을 치료하는 데는 적당하지 않다. 『군방보』

백시(白柹)를 만들려면 떫은 감을 가지 채 따서 햇볕에 말리거나 혹은 실로 꼭지를 묶어서 햇볕에 말린다. 처음에는 메밀대와 볏짚으로 싸서 하룻밤을 지나게 하면 곧 서리 같은 흰 분이 생긴다. 『화한삼재도회』

감을 우리는 방법: 떫은 감을 석회에 담가 두거나 혹은 메밀짚으로 만든 잿물에 2~3일 넣었다가 꺼내 먹으면 맛이 달게 변한다. 『화한삼재도회』

【製造】

烘柹法:青綠之柹,收置器中,自然紅熟,如烘成者,澁味盡去,其甘如蜜.歐陽公歸田錄言:襄鄧人以榠樝,或榅桲,或橘葉置于中,則熟亦未必然.本草綱目

柹乾法:用大柹去皮,捻扁,日晒夜露至乾,內瓮中,待生白霜乃取出,令人謂之柹餠,亦曰白柹,其霜謂之柹霜.同上

醂柹法:水一甕,置柹其中,數日卽熟;但性冷.亦有塩藏者,有毒.農政全書

一法:用灰汁澡三四度,去汁,著器中十餘日,卽可食.但不宜治病.羣芳譜

白柹,用澁柹連枝曝乾,或繫絲晒乾.初用蕎麥·稭稻藁包宿,乃能生霜.和漢三才圖會

醂柹法:用澀柹浸石灰,或蕎麥稭灰汁二三日,取出食,味變甘.同上

【8. 용도】

【功用】

감나무는 일곱 가지의 빼어난 점이 있다. 첫째는 오래 사는 것이 많고, 둘째는 그늘이 많고, 셋째는 새가 집을 짓지 않고, 넷째는 벌레나 개미가 끼지 않고, 다섯째는 서리 맞은 잎은 감상할 수 있고, 여섯째는 손님과 함께 먹을 수가 있고, 일곱 번째는 떨어진 낙엽이 두텁고 커서 글씨를 쓸 수 있다. 『유양잡조』

柹有七絶. 一多壽, 二多陰, 三無鳥巢, 四無蟲蟻, 五霜葉可翫, 六可賓·可啖, 七落葉肥大, 可以臨書. 酉陽雜俎

늙은 감나무 중에서 나무 속이 검은 색깔을 띤 것은 그 재목을 흑시(黑柹)라고 하는데 그릇을 만들 수가 있다. 『화한삼재도회』

柹老樹, 中心帶黑色, 其材名黑柹, 堪用爲器. 和漢三才圖會

고욤나무

君遷子

【1. 명칭과 품종】

일명 이조(梗棗), 일명 우내시(牛奶柹), 일명 정향시(丁香柹)이다.

【『본초강목』: 모양은 대추나무와 비슷하면서도 산밤나무같이 생겼다. 이 때문에 이조라고 부른다. 우내(牛奶) 정향(丁香)은 모두 모양 때문에 지어진 이름이다.】

【名品】

一名梗棗,一名牛奶柹,一名丁香柹.

【本草綱目:形似棗而梗,故謂之梗棗.牛奶·丁香,皆以形得名.】

* 고욤나무〔君遷子〕_ 감나무과(一科 Ebenaceae)에 속하는 낙엽교목. 학명은 Diospyros lotus이다.

【2. 적합한 토양】

음지에 심어야 한다. 양지에 심으면 열매가 적게 열린다.『제민요술』

【土宜】

陰地種之.陽中則少實.齊民要術

【3. 수확하기】

서리를 충분히 맞아서 색깔이 붉어진 뒤에 거둔다. 일찍 거둔 것은 떫어서 먹을 수 없다.『제민요술』

【收採】

足霜,色殷,然後收之.早收者澀,不任食也.齊民要術

【4. 용도】

감이 많이 나는 곳에서는 대부분 고욤나무를 심어서 접을 붙인다. 서리를 맞은 뒤에 잘 익으면 먹을 수 있다. 『해동농서』

【功用】

産柹處,多種此以擬接.霜後爛熟,亦可食也.海東農書

토마토

蕃柹

【1. 명칭과 품종】

【『군방보』: 일명 유월시(六月柹)이다. 줄기는 짚과 같고 높이는 4~5자이며 잎은 쑥, 꽃은 석류와 비슷하다. 가지 하나에 열매가 5개 혹은 3~4개 열리며 한 나무에는 2~30개 열린다. 지지대를 세워주면 가장 볼만한데 화산(火傘), 화주(火珠)로도 비유할 수 없다. 토마토는 티벳〔西蕃〕에서 왔기 때문에 번시(蕃柹)라고 이름하였다.】

【名品】

【羣芳譜:一名六月柹.莖似藁,高四五尺;葉似艾,花似榴.一枝結五實,或三四實,一樹二三十實,縛作架,最堪觀,火傘·火珠未足爲喻也.草木來自西蕃,故名.】

* 토마토〔蕃柹〕_ 가지과에 속하는 일년생 초본식물. 학명은 Lycopersicon esculentum MILL.이다.

【2. 전종】

이수광(李睟光)의 『지봉유설』에 이르기를 '초시(草梆)는 봄에 나서 가을에 열매를 맺는데 그 맛은 감과 비슷하다. 본래는 남쪽 오랑캐〔南蠻〕의 땅에서 생산된다. 근래에 한 사신이 중원〔中州〕에서 종자를 가져왔는데 또 다른 과일이었다.'라고 하였다. 살펴보건대 여기서 초시(草梆)는 토마토를 가리키는 것 같다. 본래 남쪽 오랑캐 땅에서 생산된다고 말한 것은 혹시 잘못 전해들은 것이거나, 혹은 남쪽 오랑캐의 땅에도 이런 토마토 종류가 있거나 할 것이다. 『군방보』에 '일명은 유월시(六月梆)이다.'라고 하였으니 이것은 6월에 과일이 익는다는 것인데 이씨〔李睟光〕는 가을에 열매를 맺는다고 하였으니 아마도 그것은 다른 종류일 것으로 의심이 된다. 그러나 열매를 빨리 맺고 늦게 맺는 것은 또 토양의 비옥함과 척박함, 북돋움의 부지런함과 태만함으로 말미암는 것이니, 일률적으로 논할 수는 없는 것이다. 지금은 종자를 전하여 심은 지가 오래 되어 과일이 작고 맛도 좋지 않으니 만약에 사신을 따라 연(燕) 지방에 가는 자가 종자를 구입해 온다면 또한 정원 중에 하나의 특이한 과일을 갖출 수 있을 것이다. 『행포지』

【傳種】

李睟光芝峰類說云:草梆,春生秋實,其味似梆,本出南蠻.近有一使臣,得種於中州以來,亦異果也.按此似指蕃梆,其云本出南蠻者,或傳聞之誤,或南蠻,亦有其種也.羣芳譜云:一名六月梆,則是六月子熟者,而李氏則云秋實,或疑其二種.然結實遲早,亦由壤地之肥瘠,培壅之勤慢,不可一槪論也.今傳種旣久,顆小味劣,苟從使燕者購種,則亦可備園圃中一奇也.杏蒲志

안석류나무

安石榴

【1. 명칭과 품종】

일명 약류(若榴), 일명 단약(丹若), 일명 금앵(金罌)이다.

【『본초강목』: 『박물지』에 '장건이 서역으로 사신을 가서 페르시아[安石國]의 석류[塗林]를[1] 얻어서 종자를 가지고 돌아왔으므로 안석류라 불렀다. 그 꽃은 붉어서 약목(若木)과[2] 같다. 그리하여 약류(若榴)와 단약(丹若)이라는 이름이 있게 된 것이다. 오월왕(吳越王) 전류(錢鏐)가 금앵(金罌)이라고 이름을 바꾸었다. 그 꽃은 붉은색, 황색, 흰색 세 가지 색깔이 있으며 홑꽃이 피는 나무에 과실이 열리고 겹꽃이 피는 나무에는 과실이 열리지 않는다. 열매에는 단맛, 신맛, 쓴맛의 세 종류가 있는데 쓴맛이 나는 것이 산석류(山石榴)이다. 또 해석류(海石榴)가 있는데 1～2자 자라면 과실이 열린다.】

【名品】

一名若榴, 一名丹若, 一名金櫻罌.

【本草綱目:博物志,'張騫使西域,得塗林安石國榴種以歸,故名安石榴.'其花丹頳,如若木,故有若榴丹若之名.吳越王錢鏐改名金罌.[1]其花有紅黃白三色.單葉者結實;千葉者不結實.實有甜酸苦三種,苦者,卽山石榴也.又有海石榴,高一二尺,便結實.】

---

* 안석류나무[安石榴]_ 석류과에 속하는 낙엽소교목. 학명은 Punica granatum L. 이다.

1 석류[塗林]_ 범어(梵语) 석류의 음역이다.

2 약목(若木)_ 해 뜨는 동쪽 바다에 있다는 상상(想像)의 신목(神木)인데 그 꽃이 광적색(光赤色)으로 땅을 비춘다고 한다.

[1] 瞿_『본초강목』에 근거하여 罌으로 교정함.

【2. 심고 가꾸기】

석류 심는 법: 삼월 초에 가지가 엄지손가락 굵기 만한 것을 골라 길이 1자 반 정도로 자른다. 8~9가지를 한 그루로 심는다. 아랫부분 2치 정도를 불로 지진다.【注불로 지지지 않으면 수액이 새어 나온다.】 깊이 1자 7치, 지름 1자 정도 되게 둥근 구덩이를 판다. 튼실한 가지를 구덩이 가장자리에 세운다.【注둥글게 돌려서 가지를 고르고 적합하게 펴준다.】 마른 뼈다귀나 자갈을 가지 사이에 놓아둔 다음【注뼈다귀나 돌은 나무의 특성상 좋아하는 것이다.】 흙을 넣고 다져준다. 구덩이 위가 평평해질 때까지 흙 한 층, 뼈다귀나 돌 한 층씩 넣어준다.【注그 흙이 가지 끝에서 1치 정도 되는 곳까지만 덮어준다.】 늘 땅에 습기가 있도록 물을 준다. 가지가 살아났을 때 다시 뼈나 돌을 뿌리 아래 놓아두면 그루 둘레가 무성해진다.【注만약 외로이 뿌리가 홀로 선 것은 비록 살아나도 잘 자라지 않는다.】10월 중에 부들 짚으로 감싸고 묶어준다.【注감싸주지 않으면 얼어 죽는다.】 2월 초에 풀어준다. 만약 가지가 많지 않을 경우에는 긴 가지 하나를 베어다가 가지 끝을 불로 지지고 소의 코뚜레〔牛拘〕처럼 둥글게 구부려서 옆으로 묻어도 살아난다. 그러나 위의 방법으로 심는 것처럼 뿌리가 튼튼해지거나 일찍 나무로 자라지는 못한다. 둥글게 구부린 가지의 가운데에 뼈다귀나 돌을 놓아둔다. 그 뿌리를 잘라 심는 경우에도 역시 둥글게 펴놓고 뼈다귀나 돌을 그 가운데 놓아둔다.『제민요술』

【種藝】

栽石榴法:三月初,取枝大如手大指者,斬令長一尺半.八九枝,共爲一科;燒下頭二寸.【注不燒則漏汁.】掘圓坑,深一尺七寸,口徑尺.竪枝於坑畔,【注環口布枝,令匀調也.】置枯骨礓石於枝間,【注骨石此樹性所宜.】下土築之.一重土,一重骨石,平坎止.【注其土令沒枝頭一寸許也.】水澆,常令潤澤.旣生,又以骨石布其根下,則科圓·滋茂可愛.【注若孤根獨立者,雖生亦不佳.】十月中,以蒲藁裹而纏之;【注不裹,則凍死.】二月初乃解放.若不能得多枝者,取一長條,燒頭,圓屈如牛拘而橫埋之,亦得.然不及上法.根彊早成.其拘中,亦安骨石.其劚根栽者,亦圓布之,安骨石于其中也.齊民要術

석류는 3월 사이에 부드러운 가지를 비옥한 땅에 꺾꽂

石榴,三月間,將嫩枝條插肥

이를 하고 물을 자주 뿌려주면 저절로 뿌리가 난다. 뿌리 옆을 돌로 눌러주면 과일이 많이 생긴다. 또한 항상 번성한 가지를 쳐주면 힘이 분산되지 않는다. 열매가 맺지 않는 것은 돌덩어리나 혹은 마른 뼈를 나무줄기가 갈라진 곳에 끼워 넣거나, 혹은 뿌리 밑에다 놓아두면 맺은 열매가 떨어지지 않으니 이른바 '석류가 뼈를 얻어서 잎이 무성해진다.'는 것이다. 『편민도찬』

土中,用水頻澆,則自生根.根邊以石壓之,則多生果.又須時常剪去繁枝,則力不分.不結子者,以石塊或枯骨安樹叉間,或根下,則結子不落.所謂'榴得骸而葉茂'也.便民圖纂

1자 정도 되는 엄지손가락 굵기의 석류가지를 취하여 가지 끝을 2치 정도 땅 위로 나오게 심고 물을 뿌려주면 산다. 무더기로 살고 있는 것 중에서 옆가지를 잡아 휘어 땅에다가 휘묻이하면 내년에 뿌리가 생기니 잘라서 다른 곳에 심는다. 또 가지를 잘라서 끝을 2치 정도 불로 지져서 땅 속에 꽂으면 바로 산다. 『고금의통』

石榴,取其直枝,大如拇指,長尺許,栽土中,出枝頭二寸,水澆之卽生.有叢生者,傍枝攀倒地,以土壓之,來年生根,截分別截.[1]又截枝,用火燒二寸,插入土卽生.古今醫統

석류가 익을 때, 나무에다 몇 개를 남겨 놓고 상하남북 방향을 표시한다. 서리가 내린 후에 따서 성긴 베주머니에 하나씩 담는다. 석류에 표시된 방향에 따라 바람이 잘 통하는 그늘진 곳에 매달아 놓는다. 먼저 6~7월에 포송포송하고 좋은 흙을 취하여 잘게 부순 뒤 체로 쳐서 기와와 돌을 제거한다. 깨끗한 땅 위에 펴서 진한 거름을 뿌려 햇빛에 말린다. 다시 진한 거름을 뿌려 말리기를 5~6차례 한다. 그리고 매우 잘게 부수어 가는 체로 쳐서 항아리에 담고 빗물이 들어가지 않게 한다. 이듬해 2월에 큰 화분을 취하여 만든 흙을 화분에 3치 정도 두께로 펴 넣는다. 몇 치 간격으로 눌러 구멍 하나씩 만들고 석류를 취하여 과육을 제거한 뒤 구멍마다 3~4알씩 심는다. 흙으로 반 치 두

石榴熟時,於樹上留數枚,記定上下南北.霜降後摘下,用稀布逐個袋之,照樹上朝向,懸通風陰處.先於六七月間,取土之鬆而美者,敲細篩去瓦石,攤淨地上,澆潑濃糞晒乾,再潑再曬.如此五六次,仍敲極細篩過,收藏缸內,勿經雨.次年二月,取大盆,以所製土鋪盆內,厚三寸許,數寸按一淺潭,取榴子去肉,每潭種三四粒.用土盖半寸許,灑水,令微置有風露向陽處.每日灑水,勿令乾.候

[1] 截_栽의 誤字인 듯하다.

께로 덮고 물을 뿌려서 바람과 이슬이 통하는 양지쪽에 놓는다. 매일 물을 뿌려주어 마르지 않도록 한다. 한 치 정도 자라기를 기다렸다가 구멍마다 큰 그루 하나씩만 남기고, 날마다 거름 물을 뿌려 준다. 자라기를 기다렸다가 작은 화분에 나누어 심는데 깊이 심으면 안 되며 바람과 이슬이 통하는 양지 바른 곳에 놓아둔다. 매일 거름 물을 3~4차례 뿌려주고 정오에는 물을 가장 신경 써서 주어야 한다. 화분마다 나무 한 그루씩만 기르되 화분 양쪽에 구멍 하나씩 뚫는다. 만약 나무가 커서 가운데가 높고 사면이 낮으면 큰 비를 만났을 경우에 화분 표면이 축축하게 젖어서 거름기가 빠져나가는 것을 면할 수 있다. 7~8월이 되면 모든 나무에 꽃이 핀다. 이듬해에 다시 큰 화분에 옮겨 심고 앞의 방법대로 물을 뿌려주면 그 묘함을 말로 다 표현할 수 없다. 『군방보』

長寸許, 每潭止留一大株, 日澆肥水. 候長, 盆栽小盆內, 不宜深放, 有風露向陽處, 每日用肥水澆三四遍, 日午最要澆. 每一盆做一木, 盖破兩岸中剜一竅. 如樹大, 中高 · 四面低, 遇有潦雨, 盖盆面, 免致淋 · 去肥味. 至七八月, 滿樹皆花. 又明年, 換登大盆, 依前法澆, 妙不可言. 羣芳譜

잎이 나지 않았을 때는 학 다리 모양으로 생긴 곳으로부터 탈과법【注 탈과법은 이미 총서에 보인다.】을 사용하여 뿌리가 나기를 기다렸다가 잘라서 심는다. 꽃이 피어 열매를 맺는 것은 큰 나무와 차이가 없다. 『군방보』

葉未生時, 從鶴膝處, 用脫果法.【注 脫果法, 已見總敍.】候生根, 截下栽之. 開花結實, 與大樹無異. 同上

석류나무를 꺾꽂이할 때에는 반드시 옛날 방법을 따를 필요는 없다. 화분 속에 원땅의 흙을 넣고 물과 잘 섞어 진하게 만든 다음 처음 나온 잎이 붙은 줄기를 잘라서 진흙에 꽂으면 자연스럽게 뿌리가 나온다. 『청천양화록』

凡揷榴, 不必依古方. 只用盆中舊土和水勻濃, 摘取初生莖葉, 揷泥上, 自然生根. 菁川養花錄

【3. 물주고 북돋우기】 【澆壅】

안석류의 성질은 비료를 좋아하는데 진한 인분을 뿌려주더라도 꺼리지 않는다. 정오쯤에 뿌려주면 꽃이 더욱 무성하고 누에똥으로 북돋아주면 더욱 좋다. 『편민도찬』

性喜肥濃, 糞澆之無忌. 當午澆, 花更茂盛. 蠶沙壅之, 亦佳. 便民圖纂

안석류 나무는 마병(麻餅) 거름 물을 뿌려주면 꽃이 많이 핀다. 『물류상감지』

石榴樹, 以麻餅水澆, 則花多. 物類相感志

열매를 맺을 때 물을 뿌려주되 너무 지나치게 하지 말아야 한다. 대개 석류나무의 잎은 장대하고 짙푸른데 잎이 짙푸르면 열매 또한 크다. 『청천양화록』

結子時, 澆水, 勿令大過. 大率榴葉欲長大而深綠, 葉綠則實亦大. 菁川養花錄

안석류는 쌀뜨물을 뿌려주어서는 안 되는데 그 이유는 지렁이를 끌어들일 수 있기 때문이다. 『행포지』

石榴, 勿澆米泔, 恐引蚯蚓. 杏蒲志

【4. 즙치】

【葺治】

석류는 반드시 춘분 전에 번성한 가지와 나무 끝을 잘라주어야만 열매가 크다. 이 나무는 함께 많이 심는 것이 가장 적당하고 또한 통렬하게 나무를 쳐주는 것이 좋다. 『농정전서』

石榴,須于春分前,剪去繁枝及樹梢,則實大.此果最宜多種,又宜痛剃.農政全書

무릇 석류가 열매를 많이 맺으면 반드시 가지가 말라죽으니 허리 정도에서 과일이 맺도록 하여 한두 개만 남기고 다 따내어야 한다. 『청천양화록』

凡榴多結實,則枝必枯,令腰上結子,只留一二顆,餘悉摘去.菁川養花錄

【5. 보호하고 기르기】 【護養】

동이에 심은 석류나무는 뿌리가 많으면 꽃이 피지 않는다. 3~4월에 처음으로 동이에 옮겨 심으면 뿌리가 길게 자라지 않는데 반드시 물을 주고 햇볕을 쐬는 것이 법에 맞아야 한다. 겨울에 이슬이 내리면 거두어서 남쪽 처마에 가져다 놓고 흙이 마르면 물을 뿌려 촉촉하게 해 준다. 봄이 깊어서 기후가 따뜻하면 돌 위에 꺼내 놓을 수 있는데 연한 싹은 잘라내고 크게 자라게 해서는 안 된다. 여름에는 옥상 위에서 햇볕을 쬐게 하여 땅 기운을 가까이하여 뿌리가 길게 자라고 지렁이와 개미가 구멍을 뚫는 것을 면하도록 해야 한다. 『군방보』

盆榴根多,則無花.三,四月,始上盆,則根不長,只須浸曬得法.冬間露下,收回南簷,土乾,略將水潤.至春深氣暖,可放石上.剪去嫩苗,勿令高大.盛夏日中,曬屋上,免近地氣,致令根長,及爲蚯蚓螞蟻所穴.羣芳譜

매일 아침에 쌀뜨물을 사용하여 동이를 담그어 꽃이 핀 나무가 절반은 젖고 절반은 마르게 하고 때때로 꺼내어 햇볕을 쬐게 한다. 만약에 흙이 말랐다고 느껴지면 다시 물속에 넣어 적셔 주는 것이 좋은 방법이다. 『군방보』

每朝,用米泔沈沒花,乾浸均半,時取出日曬.如覺土乾,又復浸,殆良法也.同上

석류열매를 거두어 저장하는 방법은 나무 끝이 땅에 닿지 않게 해야 한다. 또한 너무 따뜻하게 해서도 안 된다. 『청천양화록』

收藏,毋使枝梢襯地,亦勿令太煖.菁川養花錄

『군방보』에 '석류나무는 겨울에 이슬이 내리면 거두어서 남쪽 처마 밑에 두어야 한다.'라고 했는데, 이것은 남방에서 석류나무를 보호하며 기르는 방법일 따름이다. 북쪽 지방은 추운 날이 많으니 마땅히 해마다 움집에 넣어 저장을 해야 한다. 그렇게 하지 않으면 대부분 얼어 죽는다. 『행포지』

羣芳譜云:"石榴,冬間露下,收回南簷."此言南方護養之法耳.北地多寒,宜歲歲窖藏.不爾,率凍死.杏蒲志

【6. 치료하기】

만약에 쭉 뻗어 올라간 가지가 너무 성글면 그 성근 곳을 구부려 주면 반드시 새 가지가 나온다. 대개 기가 곧바로 올라가지 못하고 구부러진 곳에서 맺히기 때문에 가지가 나오는 것이다. 또한 너무 건조하거나 너무 습하면 모두 잎이 나오지 않는다. 반드시 그늘진 곳에 구덩이를 파고 나무에 대소를 따라서 옆으로 눕히고 젖은 이엉을 사용하여 두텁게 덮어 주면 오래 되지 않아서 다시 새로운 잎사귀가 나온다. 『청천양화록』

【醫治】

若抽枝太稀,屈其稀處,必生新枝.盖因氣不直上,結於屈處,故枝生也.且過燥過濕,俱不生葉,須於陰處掘坑,准樹體大小,横臥之,用濕苫厚覆,非久,復生新葉.菁川養花錄

【7. 저장하기】

【收藏】

석류를 저장하는 방법은 모서리가 각진 열매를 취하여 뜨겁게 끓인 물에 살짝 담갔다가 새로운 오지그릇에 넣어두면 오래 두더라도 손상되지 않는다. 둥근 석류 열매는 오래 남겨둘 수가 없는데 오래 남겨두면 썩어 문드러진다. 『왕씨농서』

藏榴之法, 取其實而有稜角者, 用熱湯微泡, 置新甆瓶中, 久而不損. 若圓者, 則不可留, 留亦壞爛. 王氏農書

석류를 저장하는 방법은 가지 채 따서 새 단지에다 잘 안배하여 넣고 종이로 십여 차례 정도 층층이 봉하여 준다. 또 다른 한 가지 방법은 열매가 터지지 않은 것을 취하여 쌀뜨물로 끓여서 몇 개 열매를 살짝 데치고 열매대로 바구니에 배열을 하되, 서로 닿지 않게 하고 바람이 통하는 곳에 걸어 두면 여름을 날 수 있다. 『고금의통』

藏石榴法, 連枝摘下, 用新瓦罐, 安排在內, 用紙十餘, 重密封之. 又法, 取未裂者, 以米泔煑沸, 煠過數枚, 逐枚排藍中, 勿用相挨. 挂當風處, 可經夏. 古今醫統

큰 것을 선택하여 가지 채로 따서 새 항아리에 안치하고 종이로 열 차례 정도 층층이 봉하고 뚜껑을 덮어준다. 『군방보』

選大者, 連枝摘下, 安新瓦缸內, 以紙十餘, 重密封蓋之. 羣芳譜

앵두나무

櫻桃

【1. 명칭과 품종】

일명 설(楔), 일명 형도(荊桃), 일명 영도(英桃), 일명은 함도(含桃), 애밀(崖蜜)이다.

【『본초강목』: 과일이 영주(櫻珠)와 같기 때문에 도(桃)라고 불렀다고 하는데 허신은 앵도(櫻桃)로 썼다. 꾀꼬리가 따먹기 때문에 함도(含桃)라고 하였는데 또한 통한다. 또한 가장 크면서 맛있는 것을 통틀어서 애밀(崖蜜)이라고 한다.

『도경본초』: 그 열매가 익었을 때 짙은 붉은 색이기 때문에 주영(朱櫻)이라고 하였다. 자색 껍질에 가는 황색 점이 있는 것은 자앵(紫櫻)이라고 하는데 맛이 가장 진미하다. 또한 선황색이 있는데 납앵(蠟櫻)이라 하고 작으면서 붉은 것을 앵주(櫻珠)라고 하는데 맛은 큰 것에 미치지 못한다.】

【名品】

一名楔,一名荊桃,一名英桃,一名含桃,一名崖蜜.

【本草綱目:顆如櫻珠,故謂之桃,而許愼作櫻桃云.鸎所含食故,又曰含桃,亦通.其最大而甘者,謂之崖蜜.

圖經本草:其實熟時,深紅色者,謂之朱櫻.紫色皮裹,有細黃點者,謂之紫櫻,味最珍重.又有正黃明者,謂之蠟櫻.小而紅者,謂之櫻珠,味皆不及大者.】

---

* 앵두나무〔櫻桃〕_ 장미과의 낙엽관목. 학명은 Prunus tomentosa이다.

【2. 심고 가꾸기】

【種藝】

앵두는 2월 초에 산중에서 햇볕이 잘 드는 곳에 심어져 있는 것을 취했다면 양지에 심어야 하고 그늘진 곳에 있었던 것이라면 음지에 심어야 한다.【注만약 음지와 양지가 땅이 바뀌면 살기 어렵다. 산다고 하더라도 열매를 맺지 않는다. 이 과일은 성질이 음지에서 자란다. 과수원에 옮겨 심었다고 한다면 양지쪽이기 때문에 대부분 살기가 어렵다. 마땅히 단단하면서 실한 땅이 적당하고 푸석푸석한 땅은 불가하다. 또 한 가지 방법은 2~3월 사이에 뿌리가 있는 가지를 나눠 흙 거름 속에 심고 물을 뿌려주면 산다.】○『제민요술』

櫻桃, 二月初, 山中取栽陽中者, 還種陽地, 陰中者, 環種陰地.【注若陰陽易地, 則難生, 生亦不實. 此果, 性生陰地, 既入園圃, 便是陽中, 故多難得生. 宜堅實之地, 不可用虛糞也. 又法, 二三月間, 分有根枝, 栽土中糞, 澆卽活.】○齊民要術

4월에 장맛비가 내릴 때 손가락 크기만 한 좋은 가지를 선택하여 비옥한 땅 속에 꽂아 주면 가장 쉽게 산다.『구선신은서』

四月梅雨時, 選好枝如指大者, 肥土中揷之, 最易活. 臞仙神隱書

【3. 접붙이기】

살구나무 밑나무에 함도를 접붙이면 열매가 크면서 달고 향기롭다.『행포지』

【接換】

杏砧接含桃,則子大而甘香.杏蒲志

【4. 물주고 북돋우기】

심었을 때 대부분 닭털로 뿌리를 북돋아주면 열매가 비대하면서도 왕성하고 쌀뜨물을 자주 뿌려주면 열매가 크면서 일찍 익는다. 『사시찬요』

【澆壅】

栽時, 多以鷄羽壅根, 則子肥大而盛, 而米泔水頻澆, 則子大早熟. 四時纂要

【5. 보호하고 기르기】

【護養】

익었을 때 반드시 열매를 지키며 보호해야 한다. 그렇게 하지 않으면 새들이 따먹어서 남는 것이 없다. 두 갈래로 쪼개진 대나무를 가지고 서로 부딪쳐서 소리가 나게 하면 새들이 그 소리를 듣고 저절로 날아간다. 간혹 그물을 그 나무 위에 쳐주면 새들이 또한 오지 않는다. 익었을 때 인분을 그 아래 뿌려주면 한 나무가 전부 함께 익는다.『농정전서』

熟時, 須守護, 否則鳥食無遺也. 以二破竹相擊, 鳥聞翔自去. 或以網張其上, 鳥亦不至. 熟時, 以糞置其下, 則一樹齊熟. 農政全書

열매가 맺을 때에는 반드시 그물을 쳐서 새들을 놀라게 하고 갈대로 엮은 발을 둘러쳐서 바람과 비로부터 보호해야 한다.『산가청공』

結實時, 須張網以驚鳥雀, 置葦箔以護風雨. 山家淸供

【6. 치료하기】

【醫治】

이 나무는 가지가 늙으면 왕성하지 않고 옮겨 심으면 왕성하다. 이 때문에 속세에서는 '이사락(移徙樂)'이라고 불렀다. 『산림경제보』

此樹枝老,則不旺,移栽則旺,故俗號移徙樂.山林經濟補

가지가 무성한데 열매가 맺지 않는 것은 반드시 나무를 불까는 방법을 사용해야 한다.【按선수법(騸樹法)은 총서에 보인다.】○『증보산림경제』

枝茂而不結子者,宜用騸樹法.【按騸樹法見總叙.】○增補山林經濟

【7. 쇄언】

앵도나무가 비를 맞으면 벌레가 안으로부터 나오지만 볼 수가 없다. 물을 사용하여 오래도록 침투시키면 벌레가 모두 나와서 잡아먹을 수가 있다. 『산가청공』

【瑣言】

櫻桃經雨,則虫自內出,人莫之見.用水浸良久,則虫皆出,乃可食也.山家淸供

모과나무
木瓜

【1. 명칭과 품종】

【名品】

일명 무(楙), 일명 철갑리(鐵脚梨)이다.

【『본초강목』: 목과는 맛이 시고 나무의 바른 기운을 얻었기 때문에 '목과'라고 이름하였다. 그 열매가 참외와 같고 냄새가 나면서 윤택하고 맛이 텁텁하지 않은 것은 목과가 된다. 목과보다 둥글면서 작고 맛이 텁텁하면서 시고 까칠한 것은 목도가 된다. 목과와 비슷하면서 냄새가 나지 않고 목도보다 크면서 맛이 까칠한 것은 목리(木李)가 되는데 또한 목리(木梨)라고 부르기도 하는데 그 나무는 명자나무〔榠樝〕이다. 냄새는 꽃이 떨어진 곳에서 나고 열매꼭지에서 나는 것은 아니다.

『도경본초』: 명자나무〔榠樝〕의 잎과 꽃과 열매는 목과와 매우 비슷한데 꼭지 사이를 보아 젖 같은 두 겹의 꼭지가 있으면 목과이고 이것이 없으면 명자나무〔榠樝〕이다.】

一名楙, 一名鐵脚梨.

【本草綱目木瓜味酸, 得木之正氣, 故名木果. 其實如小瓜, 而有臭津潤, 味不木者, 爲木瓜. 圓小於木瓜, 味木而酢澁者, 爲木桃. 似木瓜而無臭, 大於木桃而味澁者, 爲木李, 亦曰木梨, 卽榠樝也. 臭乃花脫處, 非臍蒂也.

圖經本草: 榠樝木葉花實, 酷類木瓜, 但看蒂間, 則有重蒂如乳者, 爲木瓜. 無此則榠樝也.】

* 모과나무〔木瓜〕_ 장미과에 속하는 낙엽교목. 학명은 Chaenomeles sinensis KOEHNE. 이다.

【2. 시기】

가을의 사일(社日) 전후에 이식하면 이듬해에 대부분 열매가 맺는데 봄에 이식하는 것보다 훨씬 낫다. 『무본신서』

【時候】

秋社前後,移栽,至次年,率多結子,遠勝春栽.務本新書

【3. 심고 가꾸기】

【種藝】

목과는 씨를 심는 것과 이식하는 것 모두 압지법을 쓰면 산다. 이식하는 법과 심는 법은 복숭아나무와 오얏나무의 방법과 같다. 『제민요술』

木瓜,種子及栽皆得,壓枝亦生.栽種,與桃李同.齊民要術

목과는 씨로 심을 수도 있고 접을 붙일 수도 있는데 모두 압조법을 쓸 수가 있다. 『본초강목』

木瓜,可種可接,可以壓條.本草綱目

명사는 압지법을 쓸 수도 있고 씨를 심을 수도 있다. 『화한삼재도회』

榠樝,可壓可種.和漢三才圖會

2월에 씨를 심어서 자라길 기다렸다가 옮겨 심는다. 『증보산림경제』

二月種核,待長分栽.增補山林經濟

【4. 접붙이기】

가을의 사일(社日) 전후에 열매를 맺는 좋은 가지로 접붙일 수가 있다. 오직 명사가 가장 성장하기가 어렵다. 『증보산림경제』

【接換】

秋社前後, 可接換結子好枝. 惟榠樝, 最難長成. 增補山林經濟

산사나무

山楂

【1. 명칭과 품종】

일명 산과홍(山裹紅)이다.

【『본초강목』: 맛이 풀명자열매〔樝子〕와 비슷하기 때문에 사(樝)라고 이름을 하였다. 속세에서 '사(査)'라고 쓰는 것은 잘못이다. 큰 것과 작은 것 두 종류가 있는데 작은 것은 '당구자(棠朹子), 모사(茅樝), 후사(猴樝)'라고 부르고 큰 것은 '양구자(羊朹子)'라고 부른다.】

【名品】

一名山裹紅.

【本草綱目:味似樝子,故亦名樝.俗作査者,誤也.有大小二種小者呼爲棠朹子·茅樝·猴樝,大者呼爲羊朹子.】

* 산사나무〔山樝〕_ 장미과의 낙엽활엽 소교목. 학명은 Crataegus pinnatifida이다.

【2. 종자 선택하기】

산사나무는 서북쪽에서 생산되는 것이 좋다. 오늘날 사람들은 연(燕) 지방에서 나는 것을 사오는데 모두 커서 동쪽 지방에서 나는 것의 몇 배 정도이다. 한양(漢陽)의 동문 밖의 안암동(安巖洞)에 일종의 산사가 있는데 6월에 익으니 또한 기이한 품종이다. 마땅히 씨를 취하여 널리 심어야 할 것이다. 또 접을 붙여도 된다. 『행포지』

【擇種】

山樝,産於西北者,爲良.今人或賫來燕産,皆大似東産數倍也.漢陽東門外安巖洞,又有一種山樝,能六月熟,亦奇種也.宜取子廣種之,或接換,亦可.杏蒲志

【3. 심고 가꾸기】

이 나무는 산 언덕의 수풀이 우거진 곳에서 난다. 이른 봄에 옮겨 심을 수가 있다. 서리가 내린 뒤에 열매를 거둔다. 『증보산림경제』

【種藝】

此樹, 生於山原林藪之中. 春初, 可移栽, 霜後收實. 增補山林經濟

은행나무

銀杏

【1. 명칭과 품종】

일명은 백과(白果), 일명 압각자(鴨脚子)이다.

【『왕씨농서』: 은행이란 이름을 얻는 것은 그 열매가 희기 때문이고, 일명 압각(鴨脚)이라 하는 것은 그 잎이 오리발과 비슷하기 때문이다.】

【名品】

一名白果, 一名鴨脚子.

【王氏農書:銀杏之得名, 以其實之(白), (一名)鴨脚, 取其葉之似.】[1]

---

* 은행나무[銀杏]_ 은행나무과의 낙엽교목. 학명은 Ginkgo biloba이다.

[1] 銀杏之得名, 以其實之, 鴨脚, 取其葉之似_『왕씨농서』에 근거하여 '銀杏之得名, 以其實之(白), (一名)鴨脚, 取其葉之似.'로 교정함.

【2. 심고 가꾸기】 【種藝】

이른 봄에 비옥한 땅에 심고 작은 나무로 성장하기를 기다리다가 이듬해 봄에 흙과 함께 이식하여 심는다. 『편민도찬』

春初,種於肥地,候長成小樹,來春,和土移栽.便民圖纂

춘분 전후에 이식을 하는데 먼저 깊은 구덩이를 파서 물을 뿌려 짓이겨서 희멀건 진흙으로 만든 연후에 옮겨 심는다. 씨를 뿌려 난 것을 파내어 취할 때는 흙덩어리 채 파서 풀로 만든 포대 혹은 마로 꼰 새끼를 사용하여 신속히 감싸 묶으면 흙덩어리를 깨뜨리지 않게 된다. 『무본신서』

春分前後移栽,先掘深坑,下水攪成稀泥,然後下栽子.掘取時,連土封,用草包或麻繩,纏速則不致碎破土封.務本新書

은행나무에는 암컷과 수컷이 있는데 수컷은 삼각이 져 있고 암컷은 이각이 져 있는데 반드시 함께 심어야 한다. 연못가에 심어서 그림자를 비치게 하면 또한 능히 열매를 맺을 수가 있다. 『박문록』

銀杏樹,有雌雄.雄者有三稜,雌者有二稜,須合種之.臨池而種,照影,亦能結實.博聞錄

반드시 암수를 함께 심어야 하는데 그 나무가 서로 바라보면 열매를 맺는다. 혹은 암나무가 물가에서 그림자를 비추거나 구멍 하나를 뚫어서 숫나무를 집어넣고 흙덩이로 발라주면 또한 열매가 맺는다. 『본초강목』

須雌雄同種,其樹相望,乃結實.或雌樹臨水照影,或鑿一孔,內雄木,一塊泥之,亦結.本草綱目

2월에 '정(丁)'자 모양의 가지를 잘라서 양 끝을 땅 속에 묻으면 산다. 『산림경제보』

二月,截取丁字枝,埋其兩頭可活.山林經濟補

이 나무는 세월이 오래 흘러가면 그 크기는 간혹 한 아름에 이른다. 집 근처에 심어서는 안 되고 반드시 빈 곳을 찾아서 심어야만 된다. 『증보산림경제』

此樹,多歷年歲,其大或至連抱.勿近屋栽之,必就空曠處種之,可也.增補山林經濟

【3. 접붙이기】

씨를 심어 난 나무 가지에 접을 붙이면 열매가 무성하다. 『편민도찬』

【接換】

以生子樹枝,接之則實茂.便民圖纂

【4. 수확하기】

열매가 익었을 때는 대나무 껍질을 사용하여 은행나무 둘레에 테를 둘러 감고 테를 두른 것을 두드리면 열매가 저절로 떨어진다. 열매를 수확한 뒤에는 육질을 썩혀 제거한 뒤 열매만을 취하여 과실로 만든다. 『농정전서』

【收採】

實熟時,以竹篾箍樹本,擊篾則子自落.收子後,爛去肉,取核爲果.農政全書

호두나무

胡桃

【1. 명칭과 품종】

일명 강도(羗桃), 일명 핵도(核桃)이다.
【『본초강목』: 본래는 오랑캐 지방〔羗胡〕에서 나왔다. 그 열매 밖은 푸른 껍질이 감싸고 있어서 모양이 복숭아 같기 때문에 이름 한 것이다. 불서(佛書)에서는 '파사라(播師羅)'라고 하였다.】

【名品】

一名羗桃, 一名核桃.
【本草綱目: 本出羗胡, 其實外有靑皮包之, 形如桃故名. 梵書名播師羅.】

* 호두나무〔胡桃〕_ 가래나무과에 속하는 낙엽교목. 학명은 Juglans regia이다.

【2. 심고 가꾸기】	【種藝】
땅을 3~4치 정도 파고 인분을 한 사발 정도 넣고 기와 조각을 깐 다음에 한 그루씩 심고 흙을 덮고 실하게 밟은 다음에 물을 뿌려준다. 겨울에 껍질이 얼어 터지면 이듬해 봄에 저절로 싹이 나온다. 땅 아래에 기왓장을 넣는 것은 땅 속으로 깊이 뿌리가 들어가지 못하게 하여 옮기는 날에 이식하기 좋게 하기 위해서이다. 『군방보』	掘地三四寸,入糞一碗,鋪片瓦種一枚,覆土踏實,水澆之.冬月凍裂殼,來春自生.下用瓦者,使無入地直根,異日好移栽也.羣芳譜
심을 때에는 말똥을 쓰는 것을 꺼리고 가까이 하면 반드시 죽는다. 나무가 자란 뒤에도 그러하다. 『산림경제보』	種時,忌用馬糞,近之必死,樹長後,亦然.山林經濟補
4~5차례 옮겨 심으면 열매 껍질은 얇어지고 육질은 살찐다. 그렇게 하지 않으면 껍질은 두껍고 육질은 적어진다. 『산림경제보』	移種四五次,則皮薄而肉肥,不移則皮厚肉少.同上

【3. 접붙이기】

오늘날 사람들은 대부분 버들나무〔欅柳〕를 사용하여 호두를 접붙인다. 『본초강목』

【接換】

今人多以欅柳接胡桃.本草綱目

【4. 저장하기】

호두를 저장할 때에는 불을 쬐어서는 안 된다. 불을 쬐면 기름이 다 나와 버린다. 『물류상감지』

거친 베주머니에 담아서 바람이 사방으로 드는 곳에 걸어두면 기름지지 않는다. 소나무 열매를 수확하는 것도 또한 이 방법을 사용한다. 『편민도찬』

【收藏】

藏胡桃,不可焙,焙則油了.物類相感志

以麄布袋,盛掛風面處,則不膩.收松子,亦用此法.便民圖纂

【5. 종자 수확하기】

【收種】

평일에 실하고 좋은 것을 선택하여 나무에 남겨 놓고 따지 않는다. 스스로 떨어져서 푸른 겉껍질이 저절로 터지기를 기다리고 다시 딱딱한 호두껍질이 빛나면서 무늬가 얕고 모양이 실한 것을 선택하여 종자로 삼는다. 『군방보』

選平日實佳者,留樹上勿摘.俟其自落靑皮自裂,又揀穀光紋淺體重者,作種.羣芳譜

저절로 떨어진 것을 취하여 2월에 심는다. 『산림경제보』

取自落者,二月種之.山林經濟補

개암나무

榛

【1. 명칭과 품종】

【『본초강목』: 진나라에서 이 과일이 많이 생산되었기 때문에 진(榛)이라고 이름하였다. 개암나무는 두 가지 종류가 있다. 한 종류는 가지와 잎이 밤과 같으면서 열매는 작고 맛은 밤과 비슷하다. 다른 한 종류는 가지와 잎이 물여뀌〔水蓼子〕와 비슷하고 열매는 호도 맛이 난다.】

【名品】

【本草綱目:秦地多産此果,故名.有兩種,一種枝葉如栗而子小,味亦如栗.一種枝葉如水蓼子,作胡桃味.】

* 개암나무〔榛〕_ 자작나무과에 속하는 낙엽관목. 학명은 Corylus heterophylla var. thunbergii BL. 이다.

【2. 심고 가꾸기】

이식하는 방법과 심는 방법은 밤나무와 같다. 『제민요술』

【種藝】

栽種,與栗同.齊民要術

【3. 용도】

가지 줄기 생것을 태우면 촛불처럼 밝으면서도 연기가 나지 않는다. 원 사농사 『농상집요』

열매는 사람으로 하여금 배고프지 않게 하고 튼튼하게 걸어 다니게 한다. 빈 땅에 널리 심으면 구황작물로 쓸 수가 있다. 『증보산림경제』

【功用】

其枝莖生樵爇,燭明而無烟.元司農司,農桑輯要

其實,令人不飢健行.閒地廣種,可以救荒.增補山林經濟

해송자나무

海松子

【 1. 명칭과 품종 】

일명은 '신라송자(新羅松子)'이다.

【『증보산림경제』: 그 잎사귀는 다섯 개가 나오니 이른바 '오엽송'이다. 그 동그란 열매는 머리는 풍성하고 끝은 삼각의 모서리가 있는데 해동에서 생산된다. 오늘날에는 곳곳에 있는데 관동의 회양에 언제나 무성하다. 속칭 '백자(栢子)'라고 하는 것은 잘못이다.】

【 名品 】

一名新羅松子.

【增補山林經濟:其葉五出所謂五鬣松也其毬本豊末煞子有三稜盖海東産也今處處有之,關東淮陽老盛,俗稱栢子者,誤.】

---

* 해송자나무[海松子]_ 소나무과에 속하는 상록침엽교목. 학명은 Pinus koraiensis Sieb. et Zucc. 이다.

【2. 심고 가꾸기】

【種藝】

2~3월에 씨를 심는데 그 방법은 소나무를 심는 것과 같다. 열매껍질과 함께 심을 때는 반드시 껍질을 문질러 뾰족하게 하여 쉽게 싹이 나도록 해야 한다.『증보산림경제』

二三月下子,其法與種松同.種時,須略磨殼尖,使易萌芽.增補山林經濟

해송자를 심는 방법은 늦가을에 씨가 익었을 때 온전한 상태로 따 내려서 토굴 속에 깊이 묻는다. 해빙이 된 이후에 꺼내 보면 씨마다 싹이 나 있다. 손가락 크기만 한 나무를 사용하여 땅을 찔러서 구멍을 만들고 구멍의 깊이는 옷 만드는 자로 1자 7분을 넘지 않도록 한다. 매 구멍마다 씨 하나를 넣어 가볍게 덮어 채우면 5년 안에 열매를 먹을 수가 있다.『행포지』

種海松子法,秋晩子熟,摘下全房,深埋土窟中.解凍後取見,則粒粒萌芽,用指頭大木,椿釘地作穴,穴深毋過布帛尺七分.一穴下一子,輕輕掩塡,五年內可食實.杏蒲志

상수리나무

橡

【1. 명칭과 품종】

일명 '조두(皂斗)'이고 그 나무는 역(櫟)이라고 한다.

【『본초강목』: 상수리나무에는 두 종류가 있다. 한 종류는 열매를 맺지 않는데 역(棫)이라고 하고, 다른 한 종류로 열매를 맺는데 허(栩)라고 한다. 그 열매가 상수리이다. 상수리는 여지(荔枝) 같으면서 뾰족하고 꼭지에 두포(斗包)가 있다. 그 절반을 잘라보면 씨가 늙은 연밥 열매의 육질과 같다. 나무 크기는 2~3길이고 견실하면서도 무겁고 큰 것은 기둥을 만들 수가 있다. 작은 것은 땔나무로 쓸 수가 있다. 『주례』「직방씨」에 산림에는 상수리나무와 떡갈나무〔柞〕 등속이 적당하다고 하였는데 바로 이것이다. 떡갈나무 열매〔槲實〕가 상수리 열매와 비슷한데 짧으면서 작고 뻣뻣하면서 떫어 맛이 나쁘다. 그 나뭇결은 거칠어서 상수리나무에 미치지 못한다.】

【名品】

一名皀斗.其木曰櫟.

【本草綱目:櫟有二種一種不結實曰棫一種結實者曰栩,其實爲橡.橡實如荔枝而有尖.其蒂有斗包,其半截,其仁如老蓮肉.其木高二三丈,堅實而重大者,可作柱棟;小者可爲新炭.周禮·職方氏,山林宜皀物柞棠[1]之屬,卽此也.槲實似橡子而短小,僵澀味惡,其木理粗,不及橡木.】

---

* 상수리나무〔橡〕_ 참나무과에 속하는 낙엽교목. 학명은 Quercus acutissima CARRUTH.이다.

[1] 棠_『주례』에 근거하여 栗로 교정함.

【2. 적합한 토양】

산언덕의 밭이 적당하다.『제민요술』

【土宜】

宜山阜之田.齊民要術

【3. 심고 가꾸기】

【種藝】

세 번 정도 잘 갈아서 상수리를 흩뿌리고서 바로 다시 써레질 해준다. 싹이 나면 김을 매주어 항상 깨끗하게 해주고 한 곳에 자리 잡으면 옮겨 심지 않는다. 『제민요술』

三偏熟耕,漫散橡子,卽再勞之.生則薅治,常令淨潔,一定不移.齊民要術

가을에 저절로 떨어진 열매를 주워서 움집에 넣고 겨울을 지나 봄에 이르러 싹이 나면 빈 땅에 나누어 심거나 혹은 두둑을 만들어 심는다. 수 년이 지난 뒤에 이식을 한다. 또 한 가지 방법은 가늘고 길게 고랑을 치고 빽빽하고 일정하게 뿌려 심는다. 4~5년이 지나서 도끼 자루로 쓸 정도가 되면 땅에 붙여 잘라내고 다시 순을 키우면 곧게 자라서 재목으로 알맞게 된다. 『증보산림경제』

秋拾自零之實入窖,經冬至春,生芽卽分種空地,或治畦多種,過數年移栽.又法,開細長溝,密排下種,回五年,可中斧柯,便附地剪去,更養其笋,則修直中材.增補山林經濟

【 4. 용도 】

【 功用 】

십 년 자란 것은 서까래용으로 맞고 잡용으로도 쓸 수 있다. 이십 년 자란 것은 집의 도리[1] 감으로 적당하다. 한 그루에 100전의 가지가 있다. 땔감은 별도이다. 빼어내면 좀 있다가 다시 자라 나오기 때문에 잘 관리하면 재생한다. 『제민요술』

十年中椽,可雜用.二十歲中屋槫(一根直百錢),[1]柴在外.斫去尋生,科[2]理還復.齊民要術

그 열매는 구황작물로는 상품이다. 풍년이 든 해에는 돼지를 살찌울 수 있는데 가을이 된 뒤에 힘을 들여 널리 주워 모을 수 있다. 『증보산림경제』

其實爲救荒上品,豊年又可肥猪,秋後可併力廣收.增補山林經濟

1 도리_서까래를 받치기 위하여 기둥 위에 건너지르는 나무.

[1] 一根直百錢_『제민요술』에 근거하여 一根直百錢을 보충함.

[2] 科_『제민요술』에 근거하여 料로 교정함.

산초나무

蜀椒

【1. 명칭과 품종】

일명 천초(川椒)이다.

【『도경본초』: 촉천(蜀川)과 섬락(陜洛, 섬서와 낙양) 사이의 집들에서 이것을 많이 심는다. 나무 모양이 산수유와 비슷하면서 작고 가시가 있다. 4월에 열매를 맺고 꽃이 피지 않는다. 다만 줄기와 잎 사이에서 열매가 생기는데 열매는 작은 콩 만하면서 둥글고 껍질은 자적색(紫赤色)이다.】

【名品】

一名川椒.

【圖經本草:蜀川陜洛間,人家多種之.木似茱萸而小,有刺,四月結子無花,但生于枝葉間,顆如小豆而圓,皮紫赤色.】

* 산초나무[蜀椒]_운향과에 속하는 낙엽관목. 학명은 Zanthoxylum schinifolium S. et Z.이다.

【2. 심고 가꾸기】

【種藝】

익었을 때 검은 씨를 수확한다.【注속명은 초목(椒目)이다. 열매를 딸 때는 사람 손을 사용하지 않는다. 열매를 자주 만지면 싹이 나지 않는다.】 4월 초에 이랑을 쳐서 심는다.【注이랑을 치고 물을 대는 방법은 아욱 심는 법과 같다.】 사방 3치마다 씨 한 알씩 심는다. 흙을 체로 쳐서 1치 정도의 두께로 덮고 잘 숙성된 마른 거름을 체로 쳐서 다시 그 위에 덮는다. 날씨가 가물면 물을 대어서 항상 촉촉하게 해준다. 몇 치 높이로 싹터 자라면 여름 장마철에 옮겨 심는다. 옮겨 심는 요령은 먼저 깊이와 지름이 3치쯤 되는 작은 구덩이를 파고 칼로 산초나무 주위를 둥글게 흙을 붙여 파서 구덩이에 옮겨 심으면 만에 하나도 죽지 않는다.【注만약 뽑아서 옮겨 심으면 대부분 죽는다.】 만약 큰 산초나무를 옮겨 심는다면 2~3월 중에 옮겨 심어야 한다. 먼저 잘 부식된 짚거름과 흙을 섞어 진흙을 만든다. 산초나무를 파내어 즉시 뿌리를 봉하였다가 진흙과 함께 묻어 심는다.【注이런 방법으로 옮신다면 백 여리를 옮겨 가더라도 오히려 살 수 있다.】 ○『제민요술』

熟時,收取黑子.【注俗名椒目,不用人手,數根捉之,則不生也.】四月初,畦種之.【注治畦下水,如種葵法】方三寸一子,篩土覆之,令厚寸許.復篩熟糞,以蓋土上.旱輒澆之,常令潤澤.生高數寸,夏連雨時,可移之.移法,先作小阬,圓深三寸,以刀子圓劚椒,栽合土移之於阬中,萬不失一.【注若拔而移者,率多死.】若移大栽者,二月三月中移之.先作熟穰泥,掘出,卽封根合泥埋之.【注行百餘里,猶得生.】○齊民要術

삼향(三鄕)에 산초를 심을 경우 깊은 가을에 씨가 여물 때에 큰 것을 골라 따다가 그늘에 말린다. 그리고 씨를 잘 싸서 땅을 깊이 파고 묻어둔다. 봄에 날씨가 따뜻해지면 꺼내어 양지쪽에 땅을 파서 두둑을 만들어 파종한다. 2년 뒤 봄에 옮겨 심는다. 이식을 하면 이듬해에 열매를 맺는다. 산초는 쉬지 않고 가지에 열매를 맺으며 해가 갈수록 더 많이 열린다. 『무본신서』

三鄕椒種,秋深熟時,揀粒大摘下,蔭乾.將椒子包裹,掘地深埋.春暖取出,向陽掘畦種之.二年後春月,移栽樹,次年結子.椒不歇條,一年繁勝一年.務本新書

먼저 기름지고 윤택한 땅을 여러 번 갈아서 2월 안에 파종한다. 재거름을 가는 흙과 섞어 덮어주면 쉽게 싹이 난다. 이듬해에 나누어 심는데 포기 사이 간격을 7~8자 정도로 한다. 참깨 찌꺼기와 섞어 만든 재거름을 가는 흙과 섞어서 심는다. 물이 뿌리에 스며드는 것을 꺼리므로 마른 흙과 말린 똥거름으로 북돋아준다. 가뭄이 들면 물을 준다. 3년 후에 연한 가지에 접을 붙여주면 열매가 맺는다. 『군방보』

先將肥潤地,耕熟,二月內取子種之,以灰糞和細土覆盖,則易生.來年分栽,離七八尺.用蔴籸灰糞,和細土栽.忌水浸根,又宜焦土乾糞壅培.遇旱用水澆灌,三年後,換嫩枝,方結子.羣芳譜

【3. 보호하고 기르기】

【護養】

이 나무의 특성은 추위를 잘 견디지 못하므로 양지쪽에서 자란 나무는 겨울에 반드시 풀로 감싸주어야 한다.【注감싸주지 않으면 죽는다.】약간 그늘진 곳에서 자라서 찬 기운을 조금 받은 것은 싸 줄 필요가 없다.【注이른바 습관이 오래되면 천성이 된다는 것이다. 한 나무의 본성이 추위와 더위를 받아들이는 것이 다르니 흰 바탕에 붉은 색과 쪽빛을 물들이는 것처럼 본질을 바꿀 수 없겠는가? 그러므로 이웃을 보면 그 선비를 알고, 사귀는 벗을 보면 사람을 안다는 것이다.】○『제민요술』

此物性不耐寒,陽中之樹,冬須草裹.【注不裹則死.】其生小陰中者,少稟寒氣,則不用裹.【注所謂習與性成.一木之性,寒暑異容;若朱·藍之染,能不易質?故觀隣識士,見友知人也.】○齊民要術

나무의 특성이 추위를 견디지 못하므로 심은 첫겨울에 풀로 두텁게 덮어준다. 나무가 어릴 때에는 겨울에 똥거름으로 뿌리를 덮어준다. 추운 곳에서는 풀로 꼭 묶어준다.『무본신서』

性不耐寒,初種冬月,以草厚覆.樹小時,冬月以糞覆根.地寒處以草縛.務本新書

머리카락으로 나무 뿌리를 묶어주거나 구릿대〔香白芷〕를 심거나 혹은 상추〔生菜〕를 심으면 뱀이 산초 열매 먹는 것을 피할 수 있다.『군방보』

以髮纏樹根;或種香白芷;或種生菜,皆辟蛇食椒.羣芳譜

【4. 수확하기】

산초 열매가 벌어지기를 기다렸다가 서둘러 신속하게 거둬들여야 한다. 날씨가 맑을 때 따서 얇게 펴 널어서 햇빛에 말리면 하루 정도에 마르는데 색깔이 붉은 산초가 좋은 것이다.【注 날씨가 흐릴 때 거두어들이면 색깔이 검게 변하여 맛이 없게 된다.】그 잎이 푸를 때 따서 장아찌를 담을 수 있고, 말려서 가루를 만들 수 있는데 식용으로 쓸 수 있다.『제민요술』

중복 이후 날씨가 맑을 때에 이슬 맺힌 것을 따서 수확하는데 손으로 따는 것을 꺼린다. 하루 그늘에서 말리고 3일 볕을 쬐어 말리면 붉게 마르면서 터진다. 비가 오면 바람이 통하는 곳에 얇게 널어놓고 자주 뒤집어주어야지 만약 묻어두면 검게 변하고 향기가 나지 않는다. 저절로 벌어진 것을 먹으면 사람이 죽을 수도 있다.『농정전서』

5~6월 사이에 열매 껍질이 푸르더라도 그 열매가 이미 검어졌다면 따서 거둔다. 음지에 말리면 벌어져 씨가 나온다. 만약 껍질이 붉어지기를 기다렸다가 수확을 하면 맛이 오히려 쓰다. 만약 눈이 떨어진 것과 벌어지지 않은 것은 쓰지 말아야 한다. 잘못 삼키면 독이 있다.『증보산림경제』

【收採】

候實口開,便速收之.天晴時摘下,薄布曝之,令一日卽乾,色赤椒好.【注若陰時收者,色黑失味.】其葉及靑摘取,可以爲菹,乾而末之,亦足充食.齊民要術

中伏後晴天,帶露收摘,忌手捻.陰一日晒三日,則紅而裂.遇雨,薄攤當風處,頻翻,若俺,則黑不香.其自開口者,殺人.農政全書

五六月間,子皮雖靑,其子已黑,則摘取,陰乾則口開子出.若待皮赤而收之,味反苦.凡使須去目及閉口者,勿用,誤呑有毒.增補山林經濟

【5. 저장하기】

박으로 만든 그릇에 산초 열매를 담아두면 오래 지나도 맛이 변하지 않는다. 또 한 가지 방법은 6월에 반쯤 익은 산초 열매 한 되와 소금 3홉을 저장할 그릇에 함께 담고 물 2되를 부어넣는다. 그 위에 작은 나무판자를 얹고 다시 작은 돌로 판자를 살짝 눌러서 산초가 뜨지 않게 한다. 그리고 필요할 때마다 꺼내 쓴다. 그렇게 하지 않으면 맛이 변한다.『화한삼재도회』

【收藏】

若匏作器，盛椒顆，久不失味．又法：六月用半熟者一升，塩三合，和藏餠器，入水二升，上安小木板，而用小石略壓之，使椒不浮漂，每用取出．否則變味．和漢三才圖會

【6. 종자 저장하기】

만약 종자로 쓸 것을 수확했다면 마른 흙과 잘 섞어서 빗물을 피할 수 있는 곳에 묻어 둔다. 깊이는 한 자 정도로 하고 물이 스며들지 않게 하면 싹이 난다. 『농정전서』

산초 열매 중에서 눈이 달리고 터지지 않은 것을 잘 부순 흙과 잘 섞어 깨끗한 병 속에 넣고 입구를 밀봉하여 남쪽 처마 아래 햇빛이 잘 드는 곳에 거꾸로 세워둔다. 춘분에 이르러 두둑에 뿌리면 알알이 싹이 난다. 『화한삼재도회』

【藏種】

若收作種,用乾土拌和,埋于避雨水地內,深一尺,勿令水浸,生芽.農政全書

花椒以帶目未開口者,用碎土拌和,入淨瓶中密封口,倒置地上於南檐下有日色處曬着.至春分撒畦中,則粒粒皆出.和漢三才圖會

【7. 용도】

【功用】

씨를 취하여 기름을 만들어 먹을 수가 있는데 약간 매우면서 달다. 진(晉) 지방 사람들은 대부분 등불용으로 사용한다. 『농정전서』

取子爲油, 亦可食, 微辛甘. 晉中人, 多以炷燈也. 農政全書

연한 잎사귀는 거두어서 음지에 말리면 겨울의 먹을거리로 충당할 수 있다. 『증보산림경제』

嫩葉又可收陰乾, 充冬茹. 增補山林經濟

후추나무

胡椒

【1. 명칭과 품종】

【名品】

일명 매리지(昧履支)이다.

【『유양잡조』: 후추는 마가타국(摩伽陁國)에서[1] 생산되는데 '매리지(昧履支)'라고 부른다. 그 싹은 넝쿨로 자라며 매우 부드럽고 연약하다. 잎의 길이는 1치 반 정도 되며 잎과 가지런한 가는 가지가 있다. 가지 위에 열매가 열리며 두 개씩 서로 마주 달린다. 그 잎은 아침에 피었다가 저녁에 오므라드는데 오므라들면 그 열매가 잎 속에 싸인다. 모양은 한초(漢椒)와 비슷하면서 몹시 매우며 6월에 딴다. 지금 사람들은 호반육(胡盤肉)을 만들어 먹을 때 후추를 사용한다.

『본초강목』: 후추는 오늘날 남번(南番)의 여러 나라와 교지(交趾),[2] 운남 남부〔滇南〕, 해남(海南) 등지에 모두 있다. 넝쿨이 자라면 나무를 타고 올라가게 하거나 받침대를 만들어주어 뻗어나가게 한다. 잎은 납작한 콩이나 산약(山藥) 등과 비슷하다. 정월에 황백색의 꽃이 피어 후추 열매가 주렁주렁 열리면 넝쿨을 감으며 자라서 오동나무 열매와 같다. 씨가 없으며 처음 달렸을 때는 푸른색이고 익으면 붉은색인데 푸른 것이 더 맵다. 4월에 익고 5월에 따며 햇볕을 쬐어 말리면 쪼글쪼글 해진다.】

一名昧履支.

【酉陽雜俎:胡椒出摩枷國,[1]呼爲昧履支.其苗蔓生,極柔弱,葉長寸半,有細條與葉齊.條上結子,兩兩相對.其葉晨開暮合,合則裹其子於葉中.形似漢椒,至辛辣,六月採.今人作胡盤肉食,用之.

本草綱目:胡椒,今南番諸國及交趾·滇南·海南諸地皆有之.蔓生附樹及作棚引之.葉如扁豆·山藥輩.正月開黃白花,結椒纍纍,纏藤而生,狀如梧桐子.亦無核,生青熟紅,青者更辣.四月熟,五月採,曝乾乃皺.】

---

* 후추나무〔胡椒〕_ 옻나무과(Anacardiaceae)에 속하는 관상용 소교목. 학명은 Piper nigrum L.이다.

1 마가타국(摩枷陁國)_ 중천축(中天竺)에 속해 있던 나라이다.

2 교지(交趾)_ 지금의 베트남 북부 통킹·하노이 지방의 옛 이름.

[1] 摩枷國_『유양잡조』에 근거하여 摩伽陁國으로 교정함.

【2. 전종】

【傳種】

후추는 오늘날 날마다 쓰는 식재료가 되었다. 많이 쓸 때는 값이 올라 생강이나 육계(肉桂)보다 비싼데 우리나라에는 종자가 없어 반드시 일본에서 사와야 한다. 『본초강목』을 조사해보니, 후추는 남번(南番)의 여러 나라에서 생산되고 지금은 전 중국에서 다 쓰인다. 우리 조선 사람들이 중국의 것을 사오지 않고 반드시 일본의 것을 사오는 것은 무엇 때문인지 알지 못하겠다. 어떤 사람이 말하기를 '일본 사람들은 우리나라에 종자가 전해지는 것을 싫어하여 반드시 삶아 말려서 팔기 때문에 심어도 싹이 나지 않았다. 호서(湖西)에 사는 어떤 사람이 시험 삼아 몇 되를 파종 했는데 그 가운데에 삶아지지 않은 몇 알이 있어 비로소 심어서 번식시킬 수 있었다. 그러나 몹시 비밀에 부치고 종자를 전하지 않았다.'고 하였는데 정말 그러한 것일까? 본 적이 없다. 고추〔番椒〕도 남번(南番)에서 생산되지만 오늘날 온 천하에 재배되니 만약 후추씨를 얻어 중주(中州)에 심어 종자를 전한다면 자라지 못할 것이 없을 것이다. 『행포지』

胡椒,今爲食料日用之物,用殷價翔,甚於薑桂,而國無其種,必購之日本.考諸本草,胡椒出南番諸國,今遍中國用之.東人之不購之中國,而必購諸日本者,未知何故也.或言日本人,忌傳種於我國,必蒸乾而貨之,故種之不生.湖西有一人,試以數斗播種,內有不蒸數粒,始得生殖,而頗秘不傳種云,果然耶?未之見矣.番椒亦南番産,而今遍天下,苟得胡椒眞,種于中州而傳種,則蔑不成也.杏蒲志

또 『화한삼재도회』를 조사해보니 이르기를 '후추는 네덜란드〔阿蘭陀〕 상선이 들여와서 근래에 종자를 퍼트린 것이 있다. 나무는 2~3자 크기이고 잎은 고추와 비슷하고 또 겹꽃이 피는 치자나무와도 비슷하다. 4월에 작고 흰 꽃을 피우고 가을에 열매를 맺는데 다른 나라에서 생산되는 것과 차이가 없다. 다만 가지와 줄기가 비록 가늘고 연약하지만 넝쿨지지 않고 잎도 후추와 크게 다르니 아마도 후추가 아니라 개다래나무

又按和漢三才圖會云:胡椒,阿蘭陀商舶將來,近有撒種者.樹高二三尺,葉似番椒,又似千葉梔子.四月開小白花,秋結子,與異國之産無異.但枝莖雖纖弱而不蔓,葉亦大異,盖非胡椒,卽小[1]天蓼也.【本草拾遺云:小天蓼,樹如梔子,冬月

〔木天蓼〕인 듯하다.'라고 하였다.【『본초습유』에 이르기를 '개다래나무는 나무 모양이 치자와 비슷하며 겨울에 시들지 않는다.'고 하였다. 또 『도경본초』에 이르기를 '개다래나무는 크기가 2~3길 되고 3~4월에 꽃이 피며 뽕나무 꽃과 비슷하다. 5월에 열매를 따는데 씨는 공 모양이고 어저귀〔䔿麻〕 씨와 비슷하며 저장하여 과일로 먹을 수 있다.'고 하였다.】 이상의 내용에 근거하면 일본산 후추는 가짜 후추이다. 중국의 진짜 후추를 버리고 반드시 일본에서 가짜 후추를 사오는 것에 대해서 나는 무슨 말을 해야 할지 모르겠다. 『행포지』

不凋. 又國經本草云: 木天蓼, 高二三丈, 三四月開花, 似柘花. 五月采子, 子作毬形, 似䔿麻子, 可藏作果食.】據此, 則倭産胡椒, 乃假胡椒耳. 捨中國眞胡椒, 而必購假胡椒於倭, 吾不知其何說也. 同上

---

1 小_木의 誤字인 듯하다.

머귀나무

食茱萸

【1. 명칭과 품종】

일명 의(藙), 일명 당자(欓子)이다.

【『본초강목』: 오수유(吳茱萸)와 식수유(食茱萸)는 같은 종류, 두 가지 품종이다. 오(吳) 지방에서 채취한 것은 약재로 들어가기 때문에 오수유라고 이름하였다. 당자(欓子)는 모양과 맛이 수유(茱萸)와 비슷하고 식용으로만 쓸 수 있기 때문에 식수유라고 이름한 것이다. 정초(鄭樵)는 『시경통지(詩經通志)』에서 '당자는 일명 식수유라 한다.'고 하였고, 『예기』에 '세 가지 희생에 머귀나무〔藙〕를 쓴다.'고 하였는데 그것들은 바로 이 머귀나무이다.】

【名品】

一名藙, 一名欓子.

【本草綱目:吳茱萸·食茱萸一類二種.取吳地者, 入藥故, 名吳茱萸.欓子則形味似茱萸, 惟可食用故, 名食茱萸.鄭樵通志云:欓子, 一名食茱萸.禮記, 三牲用藙, 是也.】

---

* 머귀나무〔食茱萸〕_ 운향과의 낙엽 소교목. 학명은 Zanthoxylum ailanthoides이다.

【2. 적합한 토양】

오래된 성벽이나 둑, 언덕의 높고 건조한 곳에 심는 것이 좋다.【注성벽 위에 심으려면 우선 길이에 따라 구덩이를 파놓는다. 한 해가 지난 뒤에 구덩이 속에 심으면 흙이 윤택하고 기름져서 평지와 다를 바 없게 된다. 그렇지 않으면 흙이 굳어지고 물기가 메말라서 수목이 아주 더디게 자라고 몇 해가 지나도 나무는 여전히 작다.】○『제민요술』

【土宜】

宜故城·隄·冢高燥處.【注凡于城上種蒔者,先宜隨長短掘塹,停之經年,然後于塹中種蒔,保澤沃壤,與平地無差.不爾者,土堅澤流,長物至遲,歷年倍多,樹木尙少.】○齊民要術

【3. 시기】

2~3월에 옮겨 심는다.『제민요술』

【時候】

二月·三月栽之.齊民要術

【4. 물주고 북돋우기】

닭똥거름으로 북돋아 주면 무성하게 자란다.『증보산림경제』

【澆壅】

壅以鷄糞，則盛.增補山林經濟

【5. 수확하기】

열매가 벌어지기를 기다렸다가 수확한다. 집안 벽 위의 그늘진 곳에 매달아 말리되 연기를 쏘이지 않게 해야 한다.【注 연기를 쏘이면 써지고 향이 나지 않게 된다.】 쓸 때에는 열매 속에 든 검은 씨를 빼내 버린다.【注 육장이나 생선요리를 만드는 데 두루 사용하면 좋다.】 ○『제민요술』

【收採】

候實開，便收之，挂著屋裡壁上，陰乾，勿使烟熏.【注 烟薰則苦而不香.】用時，去中黑子.【注 肉醬·魚鮮，偏宜用.】○齊民要術

【6. 용도】

【功用】

우물가에 수유를 심으면 좋다. 잎이 우물 속에 떨어지면 잎의 성분이 물에 우러나와 염병이 없어진다. 『회남만필술』

井上宜種茱萸:葉落井中,有化水者,無瘟病.淮南萬畢術

세속에서 9월 9일을 높혀 상구(上九)라고 부른다. 수유는 이 날이 되면 기운이 몹시 무르익어 색깔이 붉어지는데 그 열매 송이를 꺾어 머리에 꽂을 수 있다. 그렇게 하면 사악한 기운을 피하고 추위를 막을 수 있다고 한다. 『풍토기』

俗尙九月九日,謂之上九.茱萸到此日,氣烈熟色赤,可折其房以插頭.云辟惡氣,禦冬.風土記

대부분 빈 땅에 심는다. 가을이 되면 열매가 익는데 가지를 잘라 열매를 수확하여 기름을 짤 수 있다. 한해 건너 한 번씩 가지를 잘라 수확한다. 『증보산림경제』

多栽空地,至秋子熟,可斫枝收子,取油.間年一斫枝.增補山林經濟

귤나무

橘

【1. 명칭과 품종】 【名品】

일명 목노(木奴)이다.

一名木奴.

【『본초강목』: 상서로운 구름〔矞雲〕은 바깥이 적색이고 안이 황색이다. 귤열매가 그것을 닮았으므로 귤(橘)이라 이름 하였다.

【本草綱目:矞雲,外赤內黃,橘實似之,故名.

『왕씨농서』: 남산(南山)의[1] 시냇가 골짜기에서 생산되며 강절(江浙), 형주(荊州), 양양(襄陽)에도 모두 있다. 나무는 1길 정도 크며 줄기 사이에 가시가 나와 있다. 초여름에 흰 꽃이 피고 겨울이 되면 열매가 노랗게 익는다. 회수(淮水)를 넘어가면 탱자나무로 변한다.

王氏農書:生南山川谷,江浙·荊·襄皆有之.木高可丈許,刺出於莖間.夏初生白花,至冬實黃,踰淮則化爲枳.

『해동농서』: 녹귤(綠橘), 홍귤(紅橘), 금귤(金橘) 등 여러 품종이 있는데 제주〔耽羅〕에서 생산된다. 바다 건너에는 북쪽에서는 생산되지 않는다.

海東農書:有綠橘·紅橘·金橘諸品,産於耽羅,渡海以北無之.

『제주풍토기』: 금귤은 9월에 익으며 유감(乳柑), 동정귤(洞庭橘)은 10월 그믐에 익는다. 이 세 품종은 서로 비슷한데 금귤과 유감은 열매가 조금 크고 단맛이 짙으며 동정귤은 열매가 조금 작고 맛이 시원하다. 그러나 매우 시다. 청귤은 가을과 겨울 사이에는 매우 시어서 먹을 수 없고 겨울을 지나 2~3월이면 조금 덜 시다가 5~6월이 되면 맛이 달면서 시어 꿀과 초를 섞은 것 같은 맛이 난다. 이 때가 되면 묵은 과실은 노랗게 익어 빛나고 새로 열린 과실이 푸르고 연한데 한 가지에 달려 있어 하나의 기이한 광경이다. 7월이 되면 열

濟州風土記:金橘九月熟乳甘.洞庭橘,十月晦熟.盖此品三相上下,而金橘乳甘,[1]實差大味濃甘.洞庭橘,實差小而味爽,然覺大酸.青橘秋冬,則極酸不可食.經冬則二三月酸稍淡,五六月味甘而酸,若和蜜于醋.是時,舊實爛黃,新實青嫩,同在一枝,亦一奇也.至七月則實中之核,皆化爲水,而味

---

* 귤나무〔橘〕_ 운향과의 상록 소교목. 학명은 Citrus unshiu이다.

1 남산(南山)_ 지금의 섬서성(陝西省) 종남산(終南山)으로 진령(秦嶺)에 속한다.

[1] 甘_ 柑의 誤字이다.

매 속의 씨가 모두 물로 변하여 맛이 여전히 달고 시원하다. 8~9월이 지나 겨울에 이르면 누렇던 열매가 다시 파랗게 되고 씨가 사라졌던 것이 다시 단단해지며 맛이 또 매우 시어져서 처음 열렸던 열매와 다를 바 없는데 이것이 또 다른 과실에는 없는 현상이다. 야생귤〔山橘〕은 열매가 유자처럼 작으면서 맛이 달고 당유자(唐柚子)는 열매가 모과처럼 커서 한 되 남짓 되며 맛이 감자(柑子) 같다. 큰 열매가 매달려 있으면 노랗게 빛나서 사랑스럽다. 왜귤(倭橘)은 열매가 당유(唐柚) 다음으로 크고 맛은 당유보다 못하며 가장 맛이 좋지 않다.】

仍甘爽.過八九月至冬,則實之黃者復靑,核之消者復堅,味又極酸,與新實無異,此又他菓之所未有也.山橘,實小子如柚而味甘;唐柚子,實大如木瓜,可容一升餘,而味似柑子.大實懸垂,黃爛可愛.倭橘實大,亞於唐柚,而味亦不及斯,爲最下也.】

【2. 적합한 토양】

【土宜】

감귤은 소금기가 있는 간척지 땅에 심는 것이 좋다. 과수원에서 진흙 가까이에 있는 나무는 열매가 크고 많이 열리며 맛이 더욱 좋고 오래 보관하여도 손상되지 않는다.『귤록』

柑橘,宜斥鹵之地.凡圃之近塗泥者,實大而繁,味尤珍,耐久不損.橘錄

비옥한 땅에 심어야 한다.『왕씨농서』

宜於肥地種之.王氏農書

전하는 말에 의하면, 회수 남쪽에서는 귤이 되고, 회수 북쪽에서는 탱자가 된다고 하니 초목은 맞는 풍토가 아니면 그 성질을 이루지 못한다는 것이다. 어제 어화원(御花苑)에 가서 귤나무를 보았는데 높이가 1길 정도 되는데 과실이 매우 많이 열려 있었다. 어화원의 관리에게 물으니 말하기를 "남주(南州) 사람이 헌납한 것으로 아침마다 소금물을 그 뿌리에 뿌려주었기 때문에 무성하다."고 하였다.『파한집』

傳曰,'在南爲橘,在北爲棖'.[1] 盖草木非其土,莫遂其性.昨至御花苑,見橘樹,高一丈,結實甚多.問苑吏云:南州人所獻,朝朝以塩水沃其根,故得茂盛.破閑集

굴원이 이르기를 "타고난 운명은 바뀌지 아니하니, 남국에서 태어남이여!"라고 하였고 안자(晏子)가 이르기를 "귤이 회하 이북에서 나면 탱자가 된다."라고 하였는데 이것은 통론이 아니다. 내가 옥당(玉堂)에서 왕에게 금귤을 하사받는 은혜를 입어 돌아와서 그 씨를 화분에 심었다. 봄이 다 갈 무렵에 하나하나 가지와 잎이 나왔는데 남국의 귤나무와 다름이 없었다. 비록 서리와 눈을 맞더라도 줄기와 잎이 푸르니 이른바 타고난 운명은 바뀌지 않는다는 것이 어찌 불변의 이치가 아니겠는가!

屈原云,"受命不遷,生南國兮!"晏子曰,"橘生江北爲枳."此非通論也.余在玉堂蒙賜金橘,歸種其核于盆.及春盡,一一抽條生葉,與南國無異.雖値霜雪,莖葉蒼翠,所謂受命不遷,豈定理耶?

다만 이 나무는 뿌리가 너무 뻗어나가 화분 하나로는

但此樹行根太張,一盆不能

[1] 棖_枳의 誤字이다.

수용할 수가 없었다. 그렇다고 땅에 심으면 또한 쉽게 얼어 죽으며, 심은 지 20년이 지나야 열매가 맺는다.【按섭소온(葉少蘊)의 『피서록화(避暑錄話)』에 이르기를 '우리 산에 귤나무를 심었는데 처음 옮겨 심을 때는 3~4자 정도였는데 1년 후에 열매가 주렁주렁 맺혔다.'고 하였다. 이 나무는 비록 옮겨 심고 씨를 심은 것은 아니지만 처음 옮겨 심었을 때 3~4자라고 한 것을 보면 몇 년 된 나무에 불과할 것이다. 그러니 여기에서 20여 년 만에 비로소 열매를 맺는다고 한 것은 사실이 아니다.】 그러므로 북방 사람들은 결국 귤나무를 심어 가꿀 수 없다. 만약 해마다 뿌리를 잘라주어 뿌리가 너무 뻗어나가지 않게 하고 옛날 방법을 사용하여 쥐를 묻고 세월이 오래 가기를 기다린다면 어찌 열매가 맺지 않는 이치가 있겠는가? 『청천양화록』

容, 地種則又易凍死, 且種後, 廿餘年結實.【按葉少蘊避暑錄話云: 吾山種橘, 初移栽三四尺餘, 一歲便結實纍然. 此雖移栽, 而非子種, 然初移時三四尺者, 應不過數年根. 此云廿餘年始結實者, 非其實.】故北人終不能蒔藝也. 苟年年剪根, 毋使太張, 仍用古方, 埋鼠以待年久, 寧有不結實之理? 菁川養花錄

【3. 심고 가꾸기】

【種藝】

정월 사이에 씨앗을 취해 지상에 흩뿌린다. 겨울에는 천막을 쳐주고 봄에 날씨가 따뜻해지면 거둬 버린다. 2~3자 남짓 자라기를 기다렸다가 2월에 옮겨 심는다. 『편민도찬』

正月間,取核撒地上.冬月搭棚,春和撤去.待長二三尺許,二月移栽.便民圖纂

심는 방법은 씨앗을 심거나 옮겨 심어도 모두 된다. 『왕씨농서』

種植之法,種子及栽,皆可.王氏農書

반드시 남쪽 가지를 표시한다. 구덩이를 깊게 파고 거름진흙으로 밑바닥을 채운 뒤 비로소 나무를 심고 부드러운 흙을 퍼 넣는데 반쯤 채우고 나서 단단히 다진다. 다시 그 위에 거름진흙을 부어넣고 흙을 부어서 구덩이를 평평하게 채운다. 그리고 그 위에 또 거름진흙을 붓고 단단히 다지면 나무가 왕성하게 자란다. 비옥한 땅을 좋아하는 나무들은 모두 이 방법을 쓴다. 『농정전서』

須記南枝,掘深坑,糞河泥實底,方下樹下鬆土,滿半坑,築實.又下糞河泥,方下土平坑.又下糞河泥,又加築實,則旺.凡樹耐肥者,皆用此法.農政全書

귤나무 품종은 14종이 있는데 대부분 접붙여서 만들어진 것들이다. 씨앗을 심어 만들어진 나무는 향기와 맛이 더욱 뛰어나다. 『귤보』

橘品十有四,多是接成.唯種成者,氣味尤勝.橘譜

씨앗을 심을 때에는 두둑이나 이랑을 높게 만들어 고랑으로 물이 빠지게 한다. 매 그루 사이의 간격은 7~8자 정도로 하고 1년에 김을 4번 매어 풀을 모조리 없애준다. 겨울에는 강의 진흙으로 그 뿌리를 북돋아주고 여름에는 다시 거름흙을 뿌려주면 그 잎이 윤택하고 열매가 많이 맺는다. 『귤록』

方種時,高者畦壟,溝以泄水.每株相去七八尺,歲四鋤之,薙盡草.冬月以河泥壅其根.夏時更漑以糞壤,其葉沃而實繁.橘錄

과수원은 때에 맞는 비와 햇볕을 귀하게 여긴다. 가물면 열매가 딱딱하게 말라서 자라지 못하고, 비가 내리면 갑자기 자라서 껍질이 많이 터지거나 귤 조각이 꽉

圃中貴雨暘以時,旱則堅苦而不長,雨則暴長而皮多坼,或瓣不實而味淡.園丁溝以泄水,

차지 못하고 맛이 싱겁다. 원예사는 고랑을 쳐서 물이 빠져나가게 하여 그 뿌리가 빗물에 잠기지 못하게 하고 햇볕이 강할 때에는 항아리를 안고 다니며 물을 주어서 윤택하게 하고, 똥거름으로 북돋아주면 나무가 말라 죽는 근심이 없게 된다. 『귤록』

俾無浸其根,方亢陽時,抱甕以潤之,糞壤以培之,則無枯瘁之患.同上

【 4. 접붙이기 】

금귤은 탱자나무로 접을 붙여서 8월에 비옥한 땅에 옮겨 심고 거름물을 뿌려준다. 『편민찬요』
탱자나무를 끊어 접을 붙이거나 좋은 씨로 난 귤나무 묘목을 옮겨 심으면 더욱 쉽게 자란다. 『왕씨농서』
처음에 주란(朱欒)의[1] 씨를 취하여 깨끗이 씻어 비옥한 땅에 심는다. 1년 자라면 '감담(柑淡)'이라고 부르며 그 뿌리가 떨기떨기 촘촘해지는데 이듬해에 옮겨 심어 성글게 해준다. 또 1년이 지나면 나무가 어린아이 주먹만 한 굵기로 자란다. 봄이 되어 접을 붙이는데 좋은 감귤나무의 1년 자란 양지쪽 가지를 취하여 접을 붙인다. 땅에서 1자 남짓 떨어진 곳을 톱으로 자르고 그 껍질을 벗겨서 두 가지를 마주 붙게 하고 뿌리가 흔들리지 않도록 한다. 흙을 한 줌 파서 그 중간을 채워 넣어 물이 들어가는 것을 방지한다. 바깥 면은 연한 부들로 보호하고 마 끈으로 묶어준다. 묶는 정도와 밑나무의 높낮이를 모두 적당하게 하였다면 땅 기운이 응하기를 기다린다. 『귤록』

【 接換 】

金橘,將枳棘接之.八月移栽肥地,灌以糞水.便民纂要
以枳樹截接,或掇栽,尤易成.王氏農書
始取朱欒核洗淨,下肥土中,一年而長,名曰柑淡.其根荄簇簇然.明年移而疎之,又一年,木大如小兒之拳.遇春月乃接,取柑橘之美者,經年向陽枝以爲貼.去地尺餘,鎦鋸截之,剔其皮,兩枝對接,勿動搖其根.撥掬土實其中以防水.蒻護其外,麻束之.緩急高下俱得所,以候地氣之應.橘錄

1 주란(朱欒)_ 좋은 홍귤나무[柑]의 원조이다.

【5. 물주고 북돋우기】 【澆壅】

돼지똥거름을 주는 것을 꺼리지만 이미 귤이 열렸다면 딴 후에 뿌려준다. 『편민도찬』	澆忌猪糞, 既生橘, 摘後又澆. 便民圖纂
겨울에 열매를 수확한 후에 반드시 화분(火糞)으로[1] 북돋아주면 이듬해에 꽃과 열매가 모두 무성하다. 가물 때에는 쌀뜨물을 뿌려주면 열매가 떨어져 손실되지 않는다. 『왕씨농서』	冬收實後, 須以火糞培壅, 則明年花實俱茂. 乾旱時, 以米泔灌漑, 則實不損落. 王氏農書
귤, 유자, 등자, 홍귤〔柑〕 등은 반드시 12월에 뿌리 근처를 소반만큼 넓게 파고 거름을 연속 세 번 주어야 하는데 뿌리에 닿게 하면 안된다. 봄과 가뭄을 만나면 물을 대어주고 비가 오면 그렇게 할 필요가 없다. 이렇게 하면 꽃과 열매가 모두 무성하다. 『농정전서』	橘·柚·橙·柑等, 須於臘月, 根邊寬作盤, 連糞三次, 不宜着根. 遇春旱, 以水澆之, 雨則不必, 花實幷茂. 農政全書
죽은 쥐를 항아리 물속에 넣어서 쥐가 떠오르기를 기다렸다가 그것을 귤나무 뿌리 아래에 묻어주면 이듬해에 반드시 무성해진다. 『열반경(涅槃經)』에 이르기를 "만약 귤나무가 쥐를 얻으면 그 열매가 많이 달린다."고 하였다. 『종수서』	以死鼠浸溺缸內, 候鼠浮, 取埋橘樹根下, 次年必盛. 涅槃經云, "如橘得鼠, 其果子多." 種樹書
귤나무와 유자나무는 춘분 이후에 시비를 하면 대부분이 죽는다. 『물류상감지』	橘·柚樹, 澆肥春分後, 多死. 物類相感志
귤나무는 시체를 보면 열매를 많이 맺는다. 『물류상감지』	橘見尸而實繁. 同上
11월 안에 귤나무 뿌리 부분에 소반정도 크기의 구덩이를 파고 인분을 세 차례 뿌려준다. 그리고 봄이 되어 물을 두 차례 뿌려주면 꽃과 열매가 반드시 무성해진다. 띠풀 태운 재와 양똥으로 나무를 북돋아주면 열	十一月內, 將橘樹根寬作盤, 澆大糞三次. 至春, 用水澆二次, 花實必茂. 茅灰及羊矢壅之, 多生實. 多能鄙事

1 화분(火糞)_ 볏짚과 돼지똥을 섞어서 불에 태워 만든 농가비료이다.

매가 많이 맺는다. 『다능비사』

나무가 2~3자 정도 자라면 가장 밑에 있는 명근(命根)을[2] 자르고 기와 조각으로 뿌리를 받쳐서 흙에 자리 잡게 하고 비옥한 흙으로 뒤섞어 채운 뒤 다져주면 비로소 싹이 나온다. 명근을 끊어주지 않으면 뿌리가 땅 속에서 솟아 올라와 줄기와 가지가 무성해지지 않는다. 『귤록』

樹高二三尺許, 剪其最下命根, 以瓦片抵之, 安於土, 雜以肥泥實築之. 始發生, 命根不斷, 則根迸於土中, 枝葉乃不茂盛. 橘錄

2 명근(命根)_ 땅속으로 곧게 내리는 뿌리이다.

【6. 보호하고 기르기】

【護養】

이 나무는 매우 추위를 두려워하므로 서북쪽에 대나무를 심어서 찬바람을 막아 주어야 한다. 또 반드시 일 년 내내 천막을 만들어 서리와 눈으로부터 보호해야 하는데 상강에 천막을 쳐주고 곡우에 거둬 낸다. 나무가 크면 천막을 만들 수 없으니 간 쌀겨를 뿌리 근처에 뿌려주고 덤불로 그 줄기를 감싸주거나 혹은 갈대로 거적을 만들어 나무줄기를 넓게 감싸고 쌀겨를 그 속에 채워준다. 『농정전서』

此樹極畏寒,宜于西北種竹,以蔽寒風,又須常年搭棚,以護霜雪.霜降搭棚,穀雨御却.樹大不可搭棚,可用礱糠襯根,柴草裹其幹,或用蘆席寬裹根幹,礱糠實之.農政全書

귤나무를 화분에 심어 키울 때는 너무 따뜻하게 보관해서는 안 되며 너무 습하게 물을 주어서는 안된다. 『청천양화록』

盆養橘樹,收藏勿暖,澆水勿濕.菁川養花錄

【7. 치료하기】

【醫治】

벌레가 있다면 좀이 있는 곳을 뚫어서 철사로 갈고리를 만들어 끄집어내어 잡는다. 『편민도찬』

有蟲則鑿開蛀處, 以鐵線鉤取.便民圖纂

나무가 오래되면 나무줄기에서 이끼가 핀다. 제거하지 않으면 만연되고 날마다 불어나서 나무의 양분을 이끼에게 빼앗겨 나무에는 공급받지 못한다. 그리하여 가지 줄기가 늙어서 말라 죽는다. 뛰어난 원예사는 때때로 쇠그릇으로 이끼를 긁어 제거하고 번성한 가지 중에 꽃과 열매를 맺지 못하는 것도 잘라내어 바람과 햇볕을 통하게 하여 새 가지가 자라도록 해준다. 나무사이에 때때로 좀 부스러기가 흘러나오면 좀먹을 근심이 있으니 그 구멍을 살펴서 갈고리를 만들어 좀벌레를 찾아내어 벌레가 들어갈 데가 없게 하고 곧은 삼나무로 못을 만들어 그 곳에 박아 막아 버린다. 그렇게 하지 않으면 나무 심(心)이 병들어 가지와 잎이 저절로 시들어 떨어지고 훗날 맺은 열매의 꽃받침 사이에 벌레 먹는 일이 생긴다. 감귤이 익는 시기보다 먼저 누렇게 되는 것은 모두 나무 속이 병들었기 때문이니 빨리 그것을 치료하는 것이 좋다. 『귤록』

樹梢久, 則枝幹之上笞蘚生焉. 不去則蔓延日滋, 木之膏液蔭蘚, 而不及木. 故枝幹老而枯. 善圃者, 用鐵器時刮去之, 刪其繁枝之不能華實者, 以通風日 · 以長新枝. 木間時有蛀屑流出, 則有蟲蠹之患. 視其穴, 以物鉤索之, 令蟲無所容, 仍以直杉木作釘, 窒其處. 不然則木心受病, 枝葉自凋, 異時作實瓣間, 亦有蟲食. 柑橘每先時而黃者, 皆其受病於中, 治之以早乃可. 橘錄

귤나무가 벌레를 먹었다고 하면 개미집을 가지고 그 위 나무에 안치해두면 벌레가 저절로 떠난다. 『거가필용』

橘樹爲蟲所食, 取蟻窩安於其上, 則蟲自去. 居家必用

귤나무에는 청각충(靑角蟲)이 있어 잎사귀 먹기를 좋아하니 반드시 털어내어 땅에 묻어야 한다. 『청천양화록』

橘有靑角蟲, 喜食葉, 須拂去埋之. 菁川養花錄

【8. 귤나무 심기의 어려움을 논함】

귤은 심기 매우 어렵다. 나무 성질이 추위를 두려워하기 때문에 날씨가 매우 춥고 눈이 많이 오면 즉시 말라 죽는다. 비록 거적으로 덮어주고 풀로 줄기를 감싸주더라도 살릴 수 없다. 귤나무 1묘를 심으면 1묘의 밭농사를 짓는 것에 비하여 이익이 몇 배가 되지만 재배하고 가꾸는 노력도 또한 밭농사의 몇 배가 된다. 귤나무 아래의 흙은 거의 체로 쳐서 기와 조각이나 옹기조각 같은 것이 조금이라도 섞여 있어서는 안된다. 밭농사는 심어서 수확할 때까지 한두 번 김을 매주면 되지만 귤은 한 해가 마칠 때까지 시도때도없이 김을 매주어 작은 잡초라도 보이게 해서는 안된다. 밭은 반드시 남향 땅으로 이어진 계단식 밭을 만들어 해를 받게 하고 해마다 큰 추위가 오면 바람이 올라갈 때에 똥거름을 태워서 따뜻하게 해줘야 한다. 『피서록어』

【論橘難種】

橘極難種,性畏寒.歲大寒多雪,則立槁,雖以苫覆艸擁,不能救也.凡橘一畝,比田一畝,利數倍,而培治之功,亦數倍於田.橘下之土,幾於用篩,未嘗少以瓦甓雜之.田自種至刈,不過一二耘,而橘終歲耘無時,不使見纖草.地必面南,爲屬級次第,使受日.每歲大寒則於上風,焚糞壤以溫之.避暑錄語

【9. 수확하기】

중양절이 되어 누렇게 익지 않았을 때 따는 것을 '푸른 귤을 딴다[摘靑]'고 한다. 서리를 맞은 2~3일 만에야 비로소 전부 따낸다. 날씨가 맑게 개었을 때에 수십 명이 무리를 지어 작은 가위를 가지고 줄기 사이의 꼭지를 반듯하게 잘라서 가볍게 광주리 속에 담아 반드시 조심하여 보호해야 한다. 귤이 찢어져서 향기가 배나오면 쉽게 썩을까 두렵고 안개가 묻은 것도 그러하다. 더욱 술 냄새를 꺼리니 귤을 따는 사람은 하루 종일을 감히 술을 마셔서는 안된다.『귤록』

따서 저장하는 날에는 먼저 방 하나를 깨끗이 청소하고 종이를 잘 발라서 바람이 들어가지 않게 한다. 볏짚을 그 사이에 깐 뒤 감귤을 땅 위에 쌓고 술 냄새를 막아 멀리한다. 열흘에 한 번씩 뒤집으며 골라낸다. 약간 손상된 것을 점감(點柑)이라 하는데 즉시 골라내야 한다. 그렇게 하지 않으면 옆의 것까지 침범하여 손상시킨다. 여러 번 그런 귤을 찾아내 제거하면 잘 보존되어 팔 수 있는 것은 열에 5~6개이다. 어떤 사람은 땅을 파서 구덩이를 만들고 가지에 달려있는 귤을 잡아당겨 흙으로 그 위를 덮는다. 이듬해 한 여름에 그것을 꺼내면 색과 맛이 여전히 신선하다. 다만 가지와 싹을 상하게 하여 이듬해에는 귤이 달리지 않는다.『귤록』

【收採】

歲當重陽, 色未黃, 有採之者, 名曰摘靑. 及經霜之二三夕, 纔盡剪. 遇天氣晴霽, 數十輩爲群, 以小剪就枝間平蒂斷之, 輕置筐筥中, 護之甚必謹. 懼其香霧之裂則易壞, 霧之所漸者亦然. 尤不便酒香, 凡採者竟日不敢飮. 橘錄

採藏之日, 先淨掃一室, 密糊之, 勿使風入. 布稻藁其間, 堆柑橘於地上, 屛遠酒氣. 旬日一翻揀之, 遇微損謂之點柑, 卽揀出, 否則侵損附近者. 屢汰去之, 存而待賈者, 十之五六. 人有掘地作坎, 攀枝條之垂者, 覆之以土. 明年盛夏時, 開取之, 色味猶新, 但傷動枝苗, 次年不生耳. 同上

【10. 저장하기】 【收藏】

녹두 속에 귤을 저장하면 시간이 지나도 변하지 않는다.『귀전록』

菉豆中藏橘,可經時不變.歸田錄

상귤(湘橘)을[1] 수확하여 끓는 물에 삶아 주석병〔錫瓶〕에 넣어 저장하면 1년이 지나도 상하지 않는다.『물류상감지』

收湘橘,用煮湯,錫瓶收之,經年不壞.物類相感志

마른 솔잎을 깔고 술기운이 닿지 않는 곳에 저장하면 상하지 않는다.『다능비사』

鋪乾松毛,藏于不近酒處,不壞.多能鄙事

10월 이후에 귤을 주석 그릇에 담아두거나 혹은 깨와 섞어 저장하면 오래 되어도 상하지 않는다. 쌀을 가까이 하면 썩는다.『편민도찬』

十月後,將橘安錫器內,或芝麻雜之,經久不壞.近米則壞.便民圖纂

---

1 상귤(湘橘)_호남성(湖南省)에서 생산되는 귤이다.

【11. 용도】

귤은 남방의 진귀한 과일로 맛이 입에 맞고 껍질과 씨는 병을 치료한다. 근래에는 손님상, 제사상에도 오르고 토산품으로 먼 곳에 보내지기도 하여 귤을 심어 얻는 이익도 배가 되었다. 귤이 세상과 사람을 이롭게 하는 점은 다른 과일과 같이 거론할 수 없다. 『왕씨농서』

【功用】

橘,南方之珍果,味則可口,皮核愈疾.近升盤俎,遠備方物,而種植之獲利,又倍焉.其利世益人,非可與他果,同日語也.王氏農書

홍귤나무

柑

【 1. 명칭과 품종 】

일명 목노(木奴), 일명 서성노(瑞聖奴)이다.

【『왕씨농서』: 柑은 '달다[甘]'는 뜻이니 귤 중의 단 것이다. 줄기와 잎이 귤과 차이가 없고, 다만 가시가 없는 것이 다르다.

『해동농서』: 주감(朱柑), 황감(黃柑), 유감(乳柑) 등의 품종이 있는데 제주도에서 생산된다.】

【 名品 】

一名木奴,一名瑞聖奴.

【王氏農書:柑甘也,橘之甘者也.枝葉無異於橘,但無棘爲異也.

海東農書:有朱柑·黃柑·乳柑等品,産耽羅.】

* 홍귤나무[柑]_ 운향과의 상록 활엽 소교목. 학명은 C. deliciosa Tenore이다.

【2. 심고 가꾸기】

【種藝】

씨를 심는 것과 이식하는 방법은 귤나무와 같다. 『왕씨농서』

種植, 與橘同法. 王氏農書

【3. 치료법】

홍귤 나무에 벌레가 먹으면 그 나무 위에 개미집을 올려놓으면 벌레가 저절로 사라진다.『종수서』

【醫治】

柑樹爲蟲所食,取螘窠於其上,則蟲自去.種樹書

【4. 저장하기】

홍귤을 저장할 때에는 동이에 담아서 마른 바닷모래로 그 위를 덮어준다.『물류상감지』

【收藏】

藏柑子以盆盛，用乾潮沙盖之.物類相感志

유자나무

柚

【1. 명칭과 품종】

일명 조(條), 일명 호감(壺柑)이다.

【『본초강목』: 유자의 색깔이 윤택이 나고 그 모양이 방패 같기 때문에 호(壺)라고 이름하였다. 그 글자는 상형이다. 그 큰 것을 주란(朱欒)이라 하고 가장 큰 것을 향란(香欒)이라고 하는데 '단란하다'는 의미를 취한 것이다.

『해동농서』: 제주도에서 생산되는데 호남과 근해의 여러 군에도 있다.】

【名品】

一名條,一名壺柑.

【本草綱目:柚色油然,其狀如鹵,故名壺.亦象形.其大者謂之朱欒,最大者謂之香欒,亦取團欒之義.

海東農書:産於耽羅,湖南·近海諸郡,亦有之.】

* 유자나무〔柚〕_ 운향과에 속하는 상록활엽관목. 학명은 Citrus junos TANAKA이다.

【2. 적합한 토양】

남쪽 땅이 적당하니 북쪽 땅에 옮겨 심으면 자라지 않는다. 간혹 화분에 심어서 경성으로 가지고 간 것이 있는데 10개 중에 8~9개는 죽는다. 『증보산림경제』

【土宜】

宜於南土, 移北地不成. 或有盆種, 至於京都者, 然十死八九. 增補山林經濟

【3. 심고 가꾸기】

옮겨 심는 것과 씨로 심는 것은 귤과 같다. 『증보산림경제』

【種藝】

栽種,與橘同.增補山林經濟

【4. 접붙이기】

유자나무와 귤나무는 씨로 심는 것이 적당치 않으니 모두 접붙여야 한다.『화한삼재도회』

【接換】

柚·橘,不宜子種,皆宜接也.和漢三才圖會

비자나무

榧子

【1. 명칭과 품종】

일명 옥비(玉榧), 일명 비자(柀子), 일명 적과(赤果), 일명 옥산과(玉山果)이다.

【『해동농서』: 비자나무는 문채가 있으며 잎사귀는 삼나무와 비슷하다. 겨울에 노란 꽃이 피고 대추알만한 열매를 맺는다. 그 씨는 모가 나지 않았고 껍질이 얇으며 그 속알맹이는 먹을 수 있다. 남쪽 땅에서 생산된다.】

【名品】

一名玉榧,一名柀子,一名赤果,一名玉山果.

【海東農書:榧子木有文采,葉似杉.冬月開黃花,結實大小如棗,其核無稜而殼薄,其仁可啖.産於南土.】

---

* 비자나무〔榧子〕_ 주목과에 속하는 상록침엽교목. 학명은 Torreya nucifera S. et Z.이다.

【2. 심고 가꾸기】

2월에 씨를 심는다. 또 뿌리를 갈라 심을 수 있다. 『증보산림경제』

【種藝】

二月種子.又可分根栽之.增補山林經濟

【3. 저장하기】

차를 담았던 오래된 항아리에 수확하여 넣어두면 오래되어도 썩지 않는다.『군방보』

【收藏】

以盛茶舊磁甕,收之,經久不壞.羣芳譜

【4. 용도】

그 열매는 달면서 껄끄러우므로 먹을 때는 껍질을 제거한다. 『증보산림경제』

비자는 약간 볶아서 기름을 짜서 여러 과일과 두부를 전부쳐 먹으면 향기와 맛이 깨기름보다 낫다. 『화한삼재도회』

【功用】

其實甘澁, 食之消穀. 增補山林經濟

榧子, 微炒搾油, 煎諸果及豆腐, 香味勝於麻油. 和漢三才圖會

무화과나무

無花果

【1. 명칭과 품종】

일명 영일과(映日果), 일명 아장(阿駔), 일명 밀과(密果)이다. 범어의 이름은 우담발(優曇鉢)이다.

【『군방보』: 곳곳마다 이 나무가 있다. 3월에 잎이 피는데 나무는 호도와 같고 잎은 닥나무와 같다. 열매는 잎 사이에서 나오고 5월에 꽃이 피지 않고 열매가 맺는데 그 모양은 나무흙손 머리와 같다. 생것일 때는 푸르고 익으면 자색으로 변한다. 맛은 감과 같으면서 씨가 없다.

『동의보감』: 꽃이 피지 않고 열매를 맺는데 열매 색깔은 푸른 오얏과 같으면서 약간 길다. 중국으로부터 가져 왔으며 우리나라에는 간혹 있다.】

【名品】

一名映日果,一名阿駔,一名密果.梵名優曇鉢.

【群譜芳:[1]在處有之.三月發葉,樹如胡桃,葉如楮.子生葉間,五月內不花而實,狀如木鏝頭.生青熟紫,味如柹而無核.

東醫寶鑑:無花結實,色如青李而稍長.自中原移來,我國或有之.】

---

* 무화과나무〔無花果〕_ 뽕나무과에 속하는 낙엽관목. 학명은 Ficus carica이다.

[1] 『羣芳譜』를 잘못 기록한 듯하다.

【2. 심고 가꾸기】

가장 쉽게 자란다. 춘분 전에 가지를 2~3자 길이로 취하여 절반은 땅속에 묻고 절반은 밖에 나오도록 꽂아 심고서 자주 거름 물을 뿌려준다. 잎이 나온 뒤에는 깨끗한 물을 준다. 거름을 주는 것을 꺼리니 줄기와 잎이 커서 무성해져 쉽게 부러질까봐서이다. 열매를 맺은 뒤에는 물이 떨어져서는 안 되니 병을 옆에 놓아두고 물이 조금씩 새어 나오게 하여 밤낮으로 떨어지지 않게 해야 과일이 사발처럼 크게 된다. 『군방보』

【種藝】

最易生.春分前,取條長二三尺者,揷土中上下相半,常用糞水澆.葉生後,純用水.忌糞.恐枝葉大盛,易摧折.結實後,不宜缺水,當置甁其側,出以細霤,日夜不絶,果大如甌.羣芳譜

【3. 용도】

정원에 땅의 크기에 따라 수백 그루를 심으면 과실을 거두어 흉년을 대비할 수 있다. 무화과는 이익이 일곱 가지가 있다. 열매가 달아서 먹을 수 있고 많이 먹어도 몸을 상하지 않게 하고 유익하며 더욱이 노인과 아이들에게 좋다는 점이 첫째요, 말리면 곶감과 차이가 없어서 제사상에 과일로 올릴 수 있는 것이 둘째요, 6월에 다 따면 다음에 자라서 익은 것이 상강에 이르기까지 3개월 동안 항상 좋은 과일로 제공되니 다른 과일이 일시에 다 따서 없어지는 것에 비할 바가 아닌 점이 셋째요, 일반적으로 나무를 심으면 10년 후에 효과를 볼 수 있는데 가장 빠른 뽕나무와 복숭아나무도 4~5년이 걸린다. 그러나 이 과일은 끊어서 꺾꽂이를 하면 그 해에 열매를 맺고 이듬해에 나무로 성장하니 이 점이 넷째요, 나무 잎사귀는 치질을 치료하는 효과가 약보다 나으니 이것이 다섯째요, 서리가 내린 후에 익지 않은 것을 따서 당밀을 만들어 과일을 조릴 수가 있으니 이것이 여섯째요, 땅에 심기만 하면 살고 아무 곳에나 심을 수가 있어서 널리 심을 수가 있으며, 신선한 것이나 말린 것 모두 배고픔을 구제할 수가 있어 흉년을 대비할 수가 있으니 이것이 일곱째이다. 『군방보』

【功用】

人家宅園,隨地種數百本,收實可備荒.其利有七,實甘可食,多食不傷人且有益,尤宜老人小兒,一也.乾之與乾柹無異,可供籩實,二也.六月盡取,次成熟,至霜降有三月,常供佳實,不比他果一時採擷都盡,三也.種樹十年取効,桑桃最速,亦四五年.此果截取大枝扦揷,本年結實,次年成樹,四也.葉爲醫痔勝藥,五也.霜降後,未成熟者採之,可作糖蜜煎果,六也.得土卽活,隨地可種,廣植之.或鮮或乾,皆可濟饑,以備歉歲,七也.羣芳譜

산과 들의 과일들을 덧붙임

附山野菓品

지분자나무

地盆子

【『행포지』: 지분자는 관북에서 생산되는데 백두산 아래와 갑산(甲山), 장진(長津) 등에도 있다. 원야(原野)에서 넝쿨로 자라고 3월에 희고 작은 꽃이 피며 5월에 열매가 익는데 색깔은 선홍색이고 모양은 뱀딸기〔蛇苺〕와 같다. 맛은 달고 시원하여 예리(醴梨)와 같다. 주발에 담아서 책상 위에 놓아두면 향기가 온 방에 가득하니 기이한 과일이다. 갑산과 장진 이남에는 이 과일이 없다. 이 과일이 가장 쉽게 문드러져서 등나무로 만든 그릇에 담아 두면 하룻밤을 지나기 어려우니 바로 물로 변해버린다. 그러므로 관찰사가 매번 조빙역(照氷驛)에 명령을 내려서 가져오게 하는데 하루에 400리를 달려야 함흥에 도달할 수 있다. 이렇게 하지 못하면 가져올 수 없다. 토착민들은 그 즙을 취하여 꿀, 가루와 섞어서 마시는데 소식(消食)이라고 한다. 지분자는 폐를 깨끗이 하는 효능이 있다. 그러나 성질이 너무 차가워 많이 먹으면 비장을 상하게 한다.】

【杏蒲志:地盆子生關北,白頭山下 · 甲山 · 長津等地亦有之.蔓生原野,三月開小白花,五月實熟,色鮮紅,形如蛇苺,味甜消如醴梨.盛椀置几上,香馥一室,亦奇果也.過甲山 · 長津以南無之.其實最易消爛,難藤經宿,卽化爲水.故觀察使,每令照氷驛致之,一日一夜,馳四百里,可達咸興,過此則不可致矣.土人取其汁,和蜜調麪而飮之,謂有消食,淸肺之功.然性過冷,多食則剋脾也.】

들쭉나무

豆乙粥

【『지봉유설』: 『사기』에 '구장(蒟醬)은 서역에서 생산된다.'고 하였고 『본초강목』을 살펴보니 '넝쿨로 자라는 성질이 있다.' 하였다. 조사해보니, 뽕나무 오디와 같아서 꿀에다 재어 먹는다. 기주(夔州)와 영남(嶺南)에 모두 있다고 하니 서역에서만 나는 것이 아니다. 우리나라 갑산에 속명이 '두을죽(豆乙粥)'이라는 것이 있는데 복분자와 같이 꿀에 재어 먹으니 또 구장과 같은 종류인 듯하다.

[按]두을죽은 모양이 오미자 같으면서 작다. 관북의 여러 읍에 많이 있으니 갑산에만 있는 것이 아니다.】

【芝峯類說:史記'蒟醬出西域.'按本草'蔓性.'案,如桑椹,蜜藏食之.夔州·嶺南皆有云,則不獨出於西域矣.我國甲山地有,俗名豆乙粥,如覆盆子,漬蜜食之.疑亦蒟醬之類也.

[按]豆乙粥,形如五味子而小,關北諸邑,多有之,非獨甲山也.】

---

* 들쭉나무[豆乙粥]_ 진달래과의 낙엽소관목. 학명은 Vaccinium uliginosum이다.

보리실나무

菩提實

【『탐라지』: 두 종류가 있다. 한 종류는 크기가 연밥만 하고 가을에 열매를 맺으며 겨울이 지나 봄에 이르러 익는다. 속세에서는 설사와 이질을 치료한다고 한다.】

【耽羅志:有兩種.一種大如蓮子,秋結實,經冬至春而熟,俗謂治泄痢.】

* 보리실나무[菩提實]_뽕나무과(Moraceae)의 상록수. 학명은 Ficus religiosa이다.

영주실나무

【『탐라지』: 한라산에서 생산된다. 按작고 검으면서 달다.】

瀛洲實

【(又)生漢拏山上.案小黑而甘.】

녹각실나무

【『탐라지』: 나무는 자단나무와 같고 잎사귀는 적목(赤木)과 같다. 열매는 작고 붉은 색이며 맛은 달면서 미끈하며 먹을 수가 있다.】

鹿角實

【(又)樹如紫檀,葉如赤木.實小而色丹,味甜滑可食.】

으름나무

燕覆子

【『제주풍토록』: 열매는 모과 크기만 하고 껍질은 검붉다. 쪼개보면 과육이 임하부인(林下夫人)과 같으면서 차이가 있고 나무 맛도 약간 진하니 임하부인의 일종인 듯하다. 해남 등 바닷가에 간혹 있다고 한다.

『탐라지』: 의사가 이 넝쿨을 채취하여 목통(木通) 대용으로 썼는데 그 효과가 배나 낫다고 하였다. 또 『본초강목』에 '열매는 산낭(算囊)과[1] 같다.'고 하였는데 오늘날 속세에서 말하는 으름은 모두 모양이 구부러지고 표면은 찢어져서 산낭보다 못하다. 생각하건대, 이것이 진짜 으름이다.】

【濟州風土錄:實大如木瓜,皮丹黑.剖之,子如林下夫人而差,木味亦差濃,蓋林下夫人之一種也.海南等邊海處,或有之云.

耽羅志:醫者採其藤,代木通用之,功効倍勝.又本草云,子如算囊.今俗所謂燕覆子,皆形彎曲,而外面折裂,不如算囊.意此眞燕覆子也.】

만학지 권제2 끝

晩學志卷第二

---

* 으름나무[燕覆子]_으름덩굴과의 낙엽 덩굴식물. 학명 Akebia quinata이다.

1 산낭(算囊)_복주머니 비슷하게 생긴 것으로 장안에 거주하던 서역 상인들이 주판 등을 넣어 지니고 다녔던 주머니.

晚學志 卷第三

채소열매류
蓏類

한강 가에 사는 서유구 준평 편찬 아들 우보 교정
洌上 徐有榘 準平 纂 男 宇輔 校

참외
甜瓜

【1. 명칭과 품종】

【名品】

일명 감과(甘果), 일명 과과(果瓜)이다.

一名甘果,一名果瓜.

【『군방보』: 오이〔瓜〕는 큰 것을 과(瓜)라고 하고 작은 것을 질(瓞)이라 하며, 씨를 염(𤬪)이라 하고 속을 양(瓤)이라 하며, 껍질을 환(環)이라 하고 꼭지를 체(疐)라고 한다.

【羣芳譜:凡瓜,大曰瓜;小曰瓞;子曰𤬪,肉曰瓤;跗曰環;蔕曰疐.

『왕씨농서』: 오이〔瓜〕의 종류는 같지 않은데 용도로 봤을 때, 두 종류가 있다. 과일로 제공되는 것이 과과(果瓜)인데 참외〔甜瓜〕와 수박〔西瓜〕이 과과이고, 채소로 제공되는 것이 채과(菜果)인데 오이〔胡瓜〕와 울외〔越瓜〕가 채과이다. 『예기』에서 '천자가 과(瓜)를 깎았다'는 것과 '과(瓜)로 제사를 지냈다'고 한 것은 모두 과과(果瓜)를 가리킨다.

王氏農書:瓜類不同,其用有二.供果者爲果瓜,甜瓜·西瓜是也;供菜者爲菜果,胡瓜·越瓜是也.禮記'天子削瓜'及'瓜祭',皆指果瓜也.

『증보산림경제』: 청색, 백색, 황색의 얼룩이 있는 것을 속세에서는 참외〔眞瓜〕라고 한다.

增補山林經濟:有青白黃斑諸品,俗謂之眞瓜.

『행포지』: 참외〔甜瓜〕 중에 짧고 작으면서 타원형이고 달고 아삭아삭하여 능금과 같은 한 종류가 있는데 속세에서는 사과과(沙果瓜)라고 한다. 사과(沙果)는 빈과(蘋果)이다. 또 흰색 참외가 있는데 백단과(白檀瓜)라고 부른다.】

杏蒲志:甜瓜有一種短小·橢圓·甘脆似柰,俗謂之沙果.瓜沙果者,蘋果也.又有色白者,曰白檀瓜.】

* 참외〔甛瓜〕_ 박과에 속하는 덩굴성 1년생 초본식물. 학명은 Cucumis melo var. makuwa MAKINO.이다.

【2. 적합한 토양】

【土宜】

심기 좋은 밭은 붉은 팥을 심었던 그루터기 땅이 좋고 기장 그루터기 땅이 그 다음으로 좋다. 다 베어내면 바로 여러 번 밭을 갈아 엎는다. 『제민요술』

良田, 小豆底佳; 黍底次之. 刈訖郎耕. 頻煩轉之. 齊民要術

참외는 해마다 땅을 바꾸어 심어야 한다. 그렇게 하지 않으면 열매가 작다. 『행포지』

甜瓜, 宜歲易地, 不爾子少. 杏蒲志

【3. 시기】

2월 상순에 심는 것이 가장 좋은 때이고, 3월 상순이 그 다음으로 좋은 때이며 4월 상순이 가장 좋지 않은 때이다. 5월이나 6월 상순에는 저장할 참외〔藏瓜〕를 심어야 한다.【『농정전서』: 가을에 참외는 작고 속살이 단단하기 때문에 저장 할 수 있다.】5월과 6월에 심는 것은 만과(晩瓜)이다. 『제민요술』

입하 2~3일전에 심는다. 『산림경제보』

【時候】

二月上旬種者爲上時, 三月上旬爲中時, 四月上旬爲下時. 五月·六月上旬, 可種藏瓜.【農政全書:秋瓜小實中堅, 故可藏.】五六月種晩瓜. 齊民要術

立夏前二三日種. 山林經濟補

【4. 심고 가꾸기】 【種藝】

종자를 심을 때에는 먼저 물로 참외씨를 깨끗이 씻어 일어서 소금과 섞는다.【注소금과 섞으면 죽지 않는다.】 먼저 호미를 눕혀서 건조한 땅을 갈아준다.【注갈지 않은 경우에는 구멍이 비록 깊고 커도 흙이 건조하기 때문에 참외가 싹트지 않는다.】 그런 뒤에 구덩이를 말〔斗〕의 입구 크기로 파준다. 참외씨 4개와 콩씨 3개를 둔덕 옆의 양지쪽에 심어둔다.【注속담에 '오이를 심으려면 황대(黃臺) 꼭대기에 심는다'고[1] 하였다.】 참외 잎이 몇 장 자라 나오면 콩을 잘라낸다.【注참외의 특성은 약하여 싹이 홀로 자랄 수 없다. 그러므로 반드시 콩을 심어 흙을 일으켜 주어야 싹을 틔울 수 있다. 참외가 자라나왔을 때 콩을 없애지 않으면 콩이 오히려 참외를 가려서 무성해지지 않는다. 그러나 콩이 잘라져 즙이 나와야 다시 습윤해지니 뽑아내지 말아야 한다. 뽑아내면 흙이 건조해진다.】 호미질을 많이 해주면 열매가 많이 열리고 호미질을 해주지 않으면 열매가 열리지 않는다.【注오곡과 채소 과채 종류는 모두 이와 같다.】 ○『제민요술』

凡下種,先以水淨淘瓜子,以塩和之.【注塩和則不能死.】先臥鋤耬却燥土.【注不耬者,坑雖深大,常雜燥土,故瓜不生.】然後培坑,大如斗口.納瓜子四枚·大豆三個於堆旁向陽中.【注諺曰:'種瓜黃臺頭.'】瓜生數葉,掐去豆.【注瓜煜①弱,苗不能獨生,故須大豆爲之起土,瓜生不去豆,則豆反扇瓜,不得滋茂.但豆斷汁出,則更成良潤,勿拔之.拔之則土虛燥.】多鋤則饒子,不鋤則無實.【注五穀·蔬菜·果蓏之類,皆如此也.】○齊民要術

참외 심는 또 다른 방법: 좋은 땅에 먼저 늦벼를 심고【注늦벼는 땅을 기름지게 한다.】 벼가 익으면 서둘러 이삭을 베어내고 그루터기를 길게 남겨 둔 다음 가을

又種法:於良地中,先種晚禾.【注晚禾,令地膩.】熟,劁刈取穗,欲令茇長,秋耕之.耕法:

---

1 황대(黃臺)는 당(唐) 이현(李賢)이 지은 「黃臺瓜辭」에 나오는 누대 이름이다. 당나라 측천무후(則天武后)가 황제가 되려고 태자인 큰 아들을 죽이자 둘째 아들인 현(賢)이 「黃臺瓜辭」를 지어서 황대 아래 심은 오이를 자꾸 따내면 오이가 남아나지 않아서 덩굴조차도 없어질 것이라고 무후에게 간언한 일이 있다. '황대 꼭대기에 오이를 심는다'는 말은 이 고사에서 유래한 것이다.

① 煜_『제민요술』에 근거하여 性으로 교정함.

이 되면 밭을 갈아엎는다. 가는 방법은 쟁기날을 달지 않고 밭머리에서 안쪽을 향하여 거꾸로 둥글게 밭을 간다. 쟁기날이 없으면 벼 그루터기가 뽑혀 나와도 흙에 묻히지는 않는다. 봄이 되어 땅이 녹으면 다시 갈았던 대로 가는데 역시 쟁기날을 달지 않고 뒤집는다. 다시 벼 그루터기가 나오게 하여 밭갈이가 끝나는 대로 고무래로 아주 평평하게 골라준다. 올벼〔稙穀〕을 파종할 무렵에 참외를 파종한다.

弭縛犁耳.起規逆耕.耳弭則禾拔頭出而不沒矣.至春釋,復順耕,亦弭縛犁耳翻之,還令草頭出.耕訖,勞之,令甚平.種稙穀(時)[2]種之.

심는 법: 이랑을 곧게 하고 두 줄 사이는 조금 가깝게 하고 두 줄의 밖은 조금 넓게 하여 그 가운데를 통행할 보도로 만든다. 길 밖으로는 다시 두 줄씩 서로 가깝게 하여 이와 같은 순서대로 만드는데 작은 길 4개를 거쳐서 수레가 다닐 길 하나를 통하게 한다. 대개 1경(頃)의 땅에 십자(十字) 모양의 큰 길을 열어서 수레 두 대가 오가게 해야 하며 손수레로 그 참외를 운반하여 모두 십자로 가운데에 모아둔다. 참외가 싹이 나와 처음 꽃이 피면 반드시 호미로 부드럽게 서너 차례 김매주어 잡초가 생기지 않게 해야 한다. 잡초가 생기면 참외를 사방에서 압박하여 참외가 맺지 않는다.

種法:使行陣直,兩行微相近,兩行外相遠,中間通步道,道外還兩行相近,如是作次第,經四小道,通一車道.凡一頃地中,須開十字大巷,通兩乘車,來去運輦.其瓜,都聚在十字巷中.瓜生,比至初花,必須三四遍熟鋤,勿令有草生.草生,脇瓜無子.

김매는 방법: 벼의 그루터기는 모두 곧게 서 있게 하고 참외의 넝쿨 아래 뿌리 부분의 흙을 낮게 하여 뿌리 주변을 북돋아 사방으로 높게 해 주어 비가 조금만 내려도 물이 고이게 한다. 참외 덩굴이 뻗어나가면 대개 그루터기를 따라 기어오른다. 그러므로 그루터기가 많으면 참외도 많이 크고 그루터기가 적으면 참외도 조

鋤法:皆起禾茇,令直竪,其瓜蔓本底,皆令上[3]下四廂高,微雨時,得停水.瓜引蔓,皆沿茇上.茇多則瓜多,茇少則瓜少.茇多則不廣,蔓廣則岐多,岐多則饒子.其瓜會是歧頭而

[2] 時_『제민요술』에 근거하여 時를 보충함.

[3] 上_『제민요술』에 근거하여 土로 교정함.

금 자란다. 그루터기가 많으면 넝쿨이 넓게 퍼지고 넝쿨이 넓어지면 가지치기가 많아지며 가지치기가 많아지면 참외도 많이 달리게 된다. 참외는 정확히 분기점에 달리는데 분기점이 아닌 곳에 핀 꽃은 모두 낭화(浪花)이기[2] 때문에 참외가 달리지 못한다. 따라서 넝쿨을 그루터기 위로 기어오르게 하여 참외는 밑으로 매달리게 한다. 『제민요술』

生;蔓岐而花者,皆是浪花,終無瓜矣.故令蔓生於茇上,瓜懸在下.同上

미리 먼저 두둑을 흙이 부드러워질 때까지 여러 번 갈고 잘 썩은 거름을 한 층 뿌린 다음 다시 써레로 뒤집어 엎어 평평하게 한다. 참외씨가 물을 충분히 흡수했다면 부드러운 베에 싸두고 물에 적셔두면 싹이 나온다. 맑게 개인 날 한낮에 두둑에 심고 두 손가락 두께로 덮어준다. 매일 아침에 맑은 똥거름을 뿌려주고 참외 싹이 무성하게 자라기를 기다렸다가 흙을 붙인 채 옮겨 심는다. 참외 싹이 크게 자라 왕성해지면 대나무 칼로 그 뿌리 부분을 파고 보리 한 톨을 넣어주면 참외가 크게 열리고 오래도록 달린다. 참외 싹을 심는 것과 두둑을 만드는 것은 위의 방법과 같다. 거름은 잘 썩고 부드러운 것을 줘야 하며 모든 잡초는 반드시 제거해야 한다. 『군방보』

預先將畦劚數遍,以土熟爲度,加熟糞一層.又翻轉以耙耬平,水飮足,將子用軟布包裹,水濕生芽出.天晴日中,種子於內,掩以浮土二指厚.每晨以淸糞水灌澆,俟苗長茂,帶土移栽.苗大發旺,用竹刀開其根跗間,納大麥一粒,結瓜碩大而久.栽苗之畦,修治與上同.糞要熟而細,一切草根須去盡.羣芳譜

참외를 파종하기 하루 전에 설탕과 백시(白柹) 과육을 물에 넣은 뒤, 참외 씨를 하룻밤 담갔다가 꺼내어 심으면 참외 맛이 좋다. 그 넝쿨이 조금 자라면 뿌리 옆에 짚을 깔아주어 참외가 짚 위에서 자라도록 한다. 매우 길게 뻗어나가면 넝쿨 끝을 잘라 끊어준다. 그렇게 하지 않으면 줄기와 넝쿨이 살찌지 않게 된다. 『화

甜瓜下種前,一日用沙糖及白柹肉漬水,浸瓜子一宿,取出種之,則瓜味美.其蔓稍長,鋪藁稭於根邊,使瓜在藁上.甚延長則宜斷蔓末,否則莖蔓不肥也.和漢三才圖會

2 낭화(浪花)_ 열매를 맺지 않는 꽃.

한삼재도회』

중간에 있는 씨를 거두어 소금물을 뿌린다. 구멍을 파고 거름으로 북돋아서 심는 방법은 대략 오이 심는 법과 같다. 넝쿨이 뻗기를 기다렸다가 똑바른 가지만을 남기고 마구 난 싹을 잘라낸다. 또 빽빽한 잎을 따내어 햇빛을 받게 하고 바람이 통하게 해주면 열매가 많이 달리고 쉽게 익는다. 열매가 땅에 닿은 것은 쉽게 썩으니 건조한 흙이나 기와, 돌을 밑에 깔아놓는다. 『증보산림경제』

取中央子塩水澆.穿坑·壅糞·下種之法,略同黃瓜.待引蔓時,只留正幹,摘去亂苗,又除密葉,日照風通,則多結易熟.結子臥地者,易腐,宜用燥土或瓦石鋪底.增補山林經濟

【5. 구종과법】

【區種瓜法】

참외를 구종(區種) 할 때는 1묘에 구덩이 24개를 만든다. 구덩이가 방형이든 원형이든 지름을 3자, 깊이는 5치로 만들고 한 구덩이에 거름과 흙을 반반씩 섞은 거름 1섬을 뿌려준다. 3말들이 항아리를 구덩이 중앙에 묻어 두고 항아리의 입구를 지면과 평평하게 하여 물을 항아리 안에 가득 차게 부어 넣는다. 참외를 심을 때는 항아리 사방에 각각 참외씨 한 알씩을 심고 항아리 뚜껑을 덮는다. 항아리의 물이 혹시라도 줄어들면 즉시 채워서 항상 물이 가득 차게 해야 한다. 파종은 항상 동지 이후 90~100일 사이에 한다. 또 항아리 주위의 참외씨를 심어둔 위치 밖으로 염교 10그루를 빙 둘러 심는다. 5월에 이르러 참외가 성숙할 무렵 염교를 뽑아 팔 수 있다. 참외와 염교는 일이 서로 겹치지 않아 방해되지 않는다. 또 참외밭 안에 팥을 심어도 좋다. 1묘에 4~5되의 씨를 심으면 팥의 잎을 솎아 따서 채소로 팔 수 있다. 이런 방식은 평지에서 적합하며, 참외의 수익은 1묘당 1만 전에 이른다. 『범승지서』

區種瓜一畝爲二十四科.區方圓三尺,深五寸.一科用一石糞.糞與土合和,令相半.以三斗瓦甕埋著科中央,令甕口上與地平.盛水甕中,令滿.種瓜,甕四面各一字[1],以瓦蓋甕口.水或減,輒增,常令水滿.種常以冬至後九十日百日,種之.又種薤十根,令週廻甕,居瓜子外.至五月瓜熟,薤可拔賣之,與瓜相避.又可種小豆于瓜中,畝四五升,其藿可賣.此法宜平地,瓜收畝萬錢.氾勝之書

구종과법: 6월에 비가 내린 뒤에 녹두를 심고 8월에 쟁기로 갈아엎어 죽인다. 10월에 다시 한 번 갈아엎고 10월 말에 참외를 심는다. 2보(步)에 구덩이 하나를 판다. 구덩이는 동이의 주둥이 크기만 하고 깊이는 5치로 한다. 흙으로 그 두둑을 채소 이랑 모양처럼 북돋운다. 구덩이 밑바닥은 평평하고 고르게 하여 습기가 유지되도록 발로 밟는다. 참외씨와 콩을 각각 10개

區種瓜法:六月雨後種菉豆,八月中犁稀殺之;十月又一轉,卽十月終種瓜.率兩步爲一區,坑大如盆口,深五寸.以土壅其畔,如菜畦形.坑底必令平正,以足踏之,令其保澤.以瓜子·大豆各十枚,遍布坑中.以糞五

[1] 字_『제민요술』에 근거하여 子로 교정함.

씩 구덩이 속에 두루 뿌리고 거름 5되로 덮어준다.【注 역시 고르고 평평하게 덮는다.】 또 흙 1말을 거름 위에 얇게 뿌리고 다시 발로 약간 밟아준다. 겨울에 큰 눈이 내릴 때 재빨리 힘을 합해 눈을 옮겨 구덩이 위에 크게 쌓아둔다. 봄에 풀이 자라면 참외도 자라는데 줄기와 잎이 살찌고 무성해져서 보통 것과 다르다. 또 항상 습기가 있어 가물어도 해가 없다. 5월에 참외가 익는다.【注 콩을 잘라주고 참외에 호미질 해주는 법은 일반적인 방법과 같다. 만약 참외씨가 다 자랐을 때 너무 빽빽하면 따내는 것이 좋다. 1구덩이에 4뿌리면 충분하다.】 ○『제민요술』

升覆之.【注亦令均平.】又以土一斗,薄散糞上,復以足微躡之.冬月大雪時,速併力推雪于坑上爲大堆.至春艸生,瓜亦生,莖葉肥茂,異于常者.且常有潤澤,旱亦無害.五月瓜便熟.【注其掐豆·鋤瓜之法,與常同.若瓜子盡生則大槪,宜掐去之,一區四根則是矣.】○齊民要術

또 다른 방법: 겨울에 참외씨 여러 개를 열나는 쇠똥 거름 속에 넣고 얼면 바로 주워 모아 음지에 둔다.【注 땅의 크기를 헤아려 넉넉하게 준비한다.】 정월에 땅이 풀리면 바로 밭을 갈고 펴서 고르게 흩뿌리는데 대략 사방 1보에 거름 1말을 뿌리고 흙을 그 위에 덮는다. 그러면 기름지고 무성해져서 일찍 익는다. 비록 구종(區種)에는 미치지 못하더라도 보통 참외보다는 훨씬 낫다.【注 생분(生糞)을 땅에 거름하면 효과가 늦어서 잘 썩은 거름보다 많이 주어도 밭은 오히려 조금 거칠어진다.】『제민요술』

又法,冬天以瓜子數枚,內熱牛糞中,凍卽拾聚,置之陰地.【注量地多少,以足爲限.】正月地釋卽耕,逐塲布之,率方一步,下一斗糞,耕土覆之.肥茂早熟,雖不及區種,亦勝凡瓜遠矣.【注凡生糞糞地無勢,多于熟糞,令地小荒矣.】同上

【6. 보호하고 기르기】

참외 따는 법: 걸어 다니는 길에서 손을 뻗쳐 딴다. 함부로 들어가 참외의 넝쿨을 밟거나 뒤적여서는 안된다.【注밟으면 줄기가 부러지고 뒤적이면 줄기가 가늘어지므로 모두 참외가 무성하게 넝쿨을 뻗지 못하여 일찍 죽게 만든다.】 만약 그루터기가 없으면서 참외를 심으면 땅이 비록 비옥하여 좋은 곳이라 하더라도 싹이 곧게 뻗어 자라서 곁가지가 적으므로 열매가 적게 열린다. 만약 그루터기가 없으면 마른 땔나무를 세워주어도 된다.【注대개 마른 땔나무나 풀은 참외가 번성하는데 방해되지 않는다.】 참외가 일찍 문드러지는 이유는 사람이 발로 밟았거나 딸 때에 조심성 없이 그 넝쿨을 뒤치든가 했기 때문이다. 만약 이치에 맞게 조심하여 보호해준다면 서리가 내리고 잎이 마를 때까지 참외가 열린다.【注이와 같이 한다면 이른 참외, 늦 참외, 또는 중간 참외의 3가지 종류를 각각 심을 필요가 없다.】 ○『제민요술』

【護養】

摘瓜法:在步道上引手而取,勿令浪入踏瓜蔓,及翻覆之.【注踏則莖破,翻則成細,皆令瓜不茂而蔓早死.】若無茇而種瓜者,地雖美好,止得長苗直引,無多槃岐,故瓜少子.若無茇處,豎乾柴亦得.【注凡乾柴草,不妨滋茂.】凡瓜所以早爛者,皆由脚躡及摘時不愼,翻動其蔓故也.若以理愼護,及至霜下葉乾,子乃盡矣.【注但依此法,則不必別種早·晩及中三輩之瓜.】○齊民要術

【7. 치료법】 【醫治】

12월 납제사를[1] 지낼 때 태웠던 초〔炙蓳〕【蓳은 所와 甲의 반절이다.】를 참외 밭 네 귀퉁이에 세워두면 해로운 벌레를 막는다.【蟚은 胡와 濫의 반절이다. 참외 속의 벌레를 감(蟚)이라고 한다.】 ○『사민월령』

十二月臘時祀炙蓳【所甲反】, 樹瓜田四角, 去蟚.【胡濫反.瓜中蟲, 謂之蟚.】○四民月令

개미가 있으면 소나 양의 골수가 있는 뼈를 참외 포기에 놓아두고, 개미가 모여들기를 기다렸다가 치워 버린다. 이렇게 2~3차례 반복하면 개미가 없어진다. 『제민요술』

有蟻者, 以牛羊骨帶髓者, 置瓜科左右, 待蟻附, 將棄之. 棄二三次, 則無蟻矣.齊民要術

치과롱법(治瓜籠法):[2] 이른 아침에 일어나 안개가 걷히지 않았을 때에 지팡이로 오이의 넝쿨을 들어 올리고 뿌리 아래쪽으로 재를 뿌려 주며, 하루나 이틀쯤 지난 뒤에 다시 흙으로 그 뿌리 근처를 북돋아 주면 오래도록 벌레가 생기지 않는다. 『제민요술』

治瓜籠法: 早起, 霧未解, 以杖擧瓜蔓, 散灰於根下, 後一兩日, 復以土培其根, 則求無蟲矣.同上

참외 밭의 노란 딱지가 있는 작은 벌레는 참외 잎을 뜯어 먹기를 좋아한다. 마땅히 면주머니로 걷어 없애야 한다. 『군방보』

瓜中黃甲小蟲, 喜食瓜葉, 宜以綿兜罥去.羣芳譜

---

1 납제사_동지(冬至) 후 셋째 미일(未日)이다. 이날 나라에서는 납향(臘享)이라 하여 새나 짐승을 잡아 종묘 사직에 공물(供物)로 바치고 대제(大祭)를 지냈는데, 4맹삭(四孟朔)과 더불어 5대제향(五大祭享)이라 불렀다. 백성의 집에서도 제사를 지냈는데, 명절에 사당에 올리는 제사와 같았다.

2 치과롱법(治瓜籠法)_벌레 먹어 시들어가는 증세를 관리하는 방법이다.

【8. 금기】

참외는 향기를 꺼리며 특히 사향 냄새를 꺼린다. 그 향기를 한 번 쐬면 참외가 시들어 죽는다. 참외 옆에 파와 마늘을 심으면 사향 냄새를 물리칠 수 있다. 『군방보』

【宜忌】

瓜忌香,尤忌麝香,一觸之輒痿死.瓜傍種葱蒜,能辟麝.羣芳譜

【9. 수확하기】

익지 않은 참외는 마른 물고기 뼈를 위에다 꽂아주면 꼭지가 떨어지고 쉽게 익는다.『종수서』

참외는 따서 하루 이틀 지난 것이 맛이 좋다. 따서 너무 오래된 것은 참외 속이 문드러져서 맛이 좋지 않다. 여우와 까마귀는 참외를 몰래 훔쳐 먹길 좋아한다.『화한삼재도회』

【收採】

甜瓜生者,以鯗魚骨揷頂上,則蒂落而易熟.種樹書

凡摘瓜,經一兩宿者,味美;摘經久者,瓤爛味不美.狐及鴉,喜竊食之.和漢三才圖會

【10. 종자 거두기】

【收種】

참외씨 거두는 법: 해마다 언제나 본모자(本母子)에[1] 열린 참외를 가져다가 양쪽 끝을 잘라내고 가운데 부분에 든 씨만 취한다.【注본모자란 참외 잎이 몇 개 나왔을 때 맺힌 열매이다. 그러므로 열매도 일찍 익는다. 중간에 맺은 참외를 쓴다는 것은 넝쿨이 2~3자 정도 자란 후에 맺은 열매를 말한다. 뒤에 맺은 참외를 쓴다는 것은 넝쿨이 충분히 자란 뒤에 맺은 열매를 말하는데 이 역시 늦게 익는다. 이른 씨를 심으면 참외가 일찍 빨리 익고 작으며, 늦은 씨를 심으면 참외가 늦게 익고 크다. 양쪽 끝의 씨를 버리는 이유는 꼭지 가까이에 있는 씨를 심으면 참외가 휘어지고 가늘며, 머리쪽 가까이에 있는 씨를 심으면 참외가 짧고 비틀리기 때문이다. 참외 꽃이 떨어졌을 때 성글고 검푸른 짙은 색깔을 띠는 것이 좋은 것이다. 노란색이거나 흰색, 얼룩진 것은 비록 크다 하더라도 좋지 않다. 만약 고과(苦瓜) 씨를 심는다면 비록 무르익어서 향기롭다고 하더라도 맛은 오히려 쓰게 마련이다.】 ○『제민요술』

收瓜子法:常歲歲先取'本母子'瓜,截去兩頭,止取中央子.【注本母子者,瓜生數葉,便結子;子復早熟.用中輩瓜子者,蔓長二三尺,然後結子.用後輩子者,蔓長足,然後結子;子亦晩熟.種早子,熟速而瓜小;種晩子,熟遲而瓜大.去兩頭者:近蔕子,瓜曲而細;近頭子,瓜短而喎.凡瓜,落疏·青黑者爲美,黃·白及班,雖大而惡.若種苦瓜子,雖爛熟氣香,其味猶苦也.】○齊民要術

종자를 거두는 또 다른 방법: 참외를 먹었을 때, 맛이 좋은 참외의 종자를 취하여 빨리 쌀겨와 섞는데 햇볕에 말린 것을 손으로 비벼서 키로 까부르면 깨끗하고 또 일이 빠르다.『제민요술』

又收瓜子法,食瓜時美者,收取,卽以細糠拌之,日曝向燥,挼而簸之,淨而且速也.同上

1 본모자(本母子)_ 모본에서 처음 맺힌 씨.

수박【북과를 덧붙임】

西瓜【附北瓜】

【1. 명칭과 품종】

【名品】

일명 한과(寒果)이다.

【『본초강목』: 오대(五代) 때, 후진(後晉)의 호교(胡嶠)가 회흘(回紇)을 함락하고 돌아 올 때 종자를 얻어 와서 수박〔西瓜〕이라고 이름 하였다. 또 수박은 성질이 차기 때문에 한과(寒瓜)라는 호칭이 있다.

『해동농서』: 우리 나라에서는 수포(水匏)라고 부르는데 그것은 수분이 많기 때문이다.】

一名寒瓜.

【本草綱目:五代胡嶠陷回紇,得此種歸,名曰西瓜.又以其性寒故,有寒瓜之稱.

海東農書:東俗號爲水匏,以其多水也.】

* 수박〔西瓜〕_ 박과의 덩굴성 한해살이풀. 학명은 Citrullus vulgaris이다.

【2. 적합한 토양】

수박은 모래땅에 심어야 한다.『사시찬요』

수박은 산기슭 북풍을 맞는 땅에 심는 것이 좋다.『행포지』

【土宜】

種西瓜,宜沙地.四時纂要

西瓜,宜傍山·受北風之地.杏蒲志

【3. 시기】

수박은 2월 하순에 심어야 한다. 만약 3월에 심으면 너무 늦다. 2월에 심은 것은 5월에 열매를 맺는다. 『구선신은서』

씨를 심을 때는 무진일(戊辰日)에 심어야 한다. 『군방보』

지금 사람들은 입하 3~4일전에 심는다. 『산림경제보』

【時候】

西瓜須用二月下旬種.若三月已遲.二月者,至五月結實.臞仙神隱書

種子宜戊辰日.羣芳譜

今人立夏前三四日種.山林經濟補

【4. 종자선택하기】

가을에 좋은 수박을 선택하여 씨를 남겨 햇볕에 말렸다가 거두어 종자로 삼는다. 『군방보』

【擇種】

秋月, 擇瓜之嘉者, 留子曬乾, 收作種. 羣芳譜

【5. 심고 가꾸기】

【種藝】

수박을 심는 법은 참외를 심는 법과 같다. 포기는 어긋나고 드물게 심어야 한다. 많이 심는 경우에는 잘 갈아서 부드럽게 만든 땅에 씨를 흩뿌리고 고무래로 평평하게 고른다. 싹이 나온 후에는 뿌리 아래를 북돋아 토분(土盆)을 만들어 준다. 수박을 크게 만들려면 1걸음에 1그루를 남기고 1그루에 수박 하나만 남긴다. 그리고 나머지 넝쿨이나 꽃은 모두 따내 버린다. 그러면 수박은 3말들이 버들고리〔栲栳〕만해진다.[1] 원 사농사『농상집요』

西瓜,種同瓜法.科宜差稀.多種者,熟地垈頭上漫擲,耮平.苗出之後,根下壅作土盆.欲瓜大者,一步留一科,科止留一瓜,餘蔓花皆掐去,瓜大如三斗栲栳.元司農司,才農桑要[1]

심는 방법: 청명에 비옥한 땅에 구덩이를 파고 수박씨 4알을 심는다. 싹이 트기를 기다렸다가 옮겨 심는다. 드물게 심고 물은 자주 주어야 한다.『농정전서』

種法:清明時,於肥地掘坑,納瓜子四粒.待芽出,移栽,栽宜稀,澆宜頻.農政全書

구덩이를 넓고 크게 판다. 모래와 잘 썩은 거름을 섞어 구덩이에 채워 넣고 씨 4~5알을 심는다. 4잎 정도 나오면 흙으로 뿌리를 북돋아준다. 이와 같이 서너 차례를 하면 열매가 크고 많이 열린다.『사시찬요』

作坑廣大,莎土與熟糞和塡,下種四五枚.出四葉,壅土培根.如此三四度,結子繁大.四時纂要

호미질을 많이 해주면 열매가 많이 열리고 나머지 꽃을 따버리면 과일이 살찌고 커진다.『구선신은서』

多鋤則饒子,掐去餘花,則瓜肥大.臞仙神隱書

수박을 심을 땅을 여러 번 갈아 부드럽게 하고 소똥 거름을 뿌려준다. 청명에 이르러 먼저 수박씨를 소주에 잠깐 담갔다 걸러내어 깨끗이 한 뒤, 재와 섞어서 하룻밤을 놓아둔다. 6자 간격으로 얕은 구덩이를 만들고 거름과 흙을 섞어 묻는다. 구덩이 사방 둘레에 부드러

欲種瓜地耕熟,加牛糞.至清明時,先以燒酒浸瓜子,少時取出漉淨,拌灰一宿.相離六尺,起一淺坑,用糞和土瘞之.於四周中留鬆土,種子其中,不得復

1 버들고리〔栲栳〕_ 버들가지로 엮은 둥근 모양의 바구니이다.

[1] 才農桑要_ 農桑輯要를 잘못 기록한 것이다.

운 흙을 남겼다가 거기에다 종자를 심고 다시 옮겨 심지 않는다. 그렇게 하면 수박이 쉽게 살고 달면서 맛있다. 넝쿨이 6~7자 정도 자라면 꼭대기의 순을 따내어 사방으로 넝쿨이 뻗어가도록 해준다. 『군방보』

移,瓜易活而甘美.頂蔓長至六七尺,則掐其頂心,令四傍生蔓.羣芳譜

수박을 크게 만들고 싶다면 접경법(接莖法)을 사용한다.【按접경법은 『관휴지』에 자세히 보인다.】 ○『증보산림경제』

要顆大,用接莖法.【按接莖法,詳見灌畦志.】○增補山林經濟

수박은 광주(廣州)에서 생산된 것을 최고로 치는데 풍토가 특별해서가 아니라, 심고 가꾸는 방법을 터득했기 때문이다. 그 방법은, 넝쿨이 몇 자 정도 자라면 뻗어나가는 형세에 따라 호미질하여 도랑을 만들고 넝쿨을 도랑에 눕혀준다. 그리고 재거름과 흙으로 북돋아주어 넝쿨 끝이 5치 정도만 흙 밖으로 나오게 해준다. 열매 맺기를 기다렸다가 처음 맺은 열매를 따버리면 힘이 줄기 끝에 모인다. 다시 맺은 열매부터는 크면서 달고 맛있다 한다. 『행포지』

西瓜最稱廣州産,非土地之異也,蒔藝得其方也.其法,蔓長數尺餘,順蔓之勢,鋤土作溝,臥蔓於溝中,以糞灰和土壅之,只餘蔓梢五寸出土外.待結子,摘去初結子,則力迸于梢.再結以後,肥碩甘美云.杏蒲志

수박 넝쿨이 몇 자 자란 후에 땅을 5~6자 깊이로 파서 작은 항아리를 안치하고 물을 가득 채운 뒤 흙이 붙은 큰 사초(莎草) 한 장을 항아리 위에 뒤집어 덮는다. 그리고 수박 넝쿨은 사초 위에 자리잡게 하고 거름흙으로 두텁게 북돋아주는데 넝쿨 끝 몇 치만 남겨둔다. 그러면 뿌리는 저절로 사토로부터 항아리 속으로 뚫고 들어가 항상 물 기운을 띠게 된다. 이와 같은 방법으로 하면 맺은 열매는 버들고리만큼 크고 달고 시원하여 보통 수박과는 다르게 된다. 『행포지』

西瓜蔓長數尺後,掘土五六尺,安小瓮滿貯水,倒覆帶土莎草.一大張臥蔓於莎上,仍以糞土厚壅之,只餘蔓梢數寸,則根自莎上,貫入於瓮中,長帶水潤,結子如栲栳,大甘爽異常.同上

【6. 보호하고 기르기】

넝쿨이 작을 때에는 면주머니를 만들어 매일 아침마다 반딧불을 잡아야 하니 반딧불이 넝쿨을 먹을까 두려워서이다. 넝쿨이 무성하게 되면 그럴 필요가 없다. 『농정전서』

【護養】

蔓短時, 作綿兜, 每朝取螢, 恐其食蔓. 待茂盛則不必. 農政全書

【7. 금기】

【宜忌】

수박은 술 냄새를 만나거나 찹쌀을 가까이 하면 쉽게 썩는다. 고양이가 수박 넝쿨을 밟으면 쉽게 시든다. 『물류상감지』

西瓜得酒氣·近糯米, 卽易爛. 猫踏之卽易沙. 物類相感志

수박의 특성은 향기를 두려워한다. 사향 냄새를 특히 싫어해서 사향이 한 번 닿게 되면 한 덩이도 거두지 못한다. 『군방보』

性畏香. 尤忌麝, 麝觸之, 乃至一顆不收. 羣芳譜

【8. 저장하기】

【收藏】

수박을 저장할 때는 햇볕을 보여서는 안된다. 햇볕을 보면 싹이 난다.『물류상감지』

藏西瓜, 不可見日影. 見之則芽. 物類相感志

수박이 높은 곳에 달려 있으면 거둬 상하지 않게 한다. 만약 항상 쓰다듬어주면 바람 불 때 썩는다.『고금의통』

西瓜懸高處, 收之不壞. 若常掃箒, 風時壞也. 古今醫統

수박을 깨끗이 씻어서 소금물에 담가 두면 봄까지 보존할 수 있다. 사용할 때 소금기를 제거한다.『산림경제보』

其體淨洗, 浸塩水, 則可留至春, 用時退塩. 山林經濟補

【9. 북과 심는 법】

북과는 모양이 수박과 같으면서 작고, 껍질은 흰색이고 매우 얇다. 속은 매우 붉고 씨는 수박과 같으면서 조금 작은데 좁으면서 길쭉하다. 매우 달고 맛있으며 수박과 같다. 가끔 수박과는 다른 종류라고 생각한다. 『수시통고』

【種北瓜法】

北瓜, 形如西瓜而小, 皮色白·甚薄, 瓤甚紅, 子亦如西瓜而微小狹長, 味甚甘美, 與西瓜同. 時想, 亦西瓜別種也. 授時通考

포도

葡萄

【1. 명칭과 품종】

【名品】

일명 사자앵도(賜紫櫻桃), 일명은 초롱주(草龍珠)이다.

一名賜紫櫻桃, 一名草龍珠.

【『본초강목』: 『한서』에 포도로 술을 만들 수가 있는데 사람이 이것을 마시면 기분 좋게 취하기 때문에 포도라고 이름하였다. 둥근 것은 초롱주(草龍珠)라 하고 긴 것은 마유포도(馬乳葡萄)라고 한다. 흰 것은 수정포도(水晶葡萄)라 하고 검은 것은 자포도(紫葡萄)라 한다. 서방에는 또 쇄쇄포도(瑣瑣葡萄)라는 것이 있다."라고 하였다.

【本草綱目:漢書蒲桃可以造酒,人酺飮之,則醄然而醉,故名葡萄.其圓者,名草龍珠;長者,名馬乳葡萄;白者名水晶葡萄,黑者名紫葡萄.西邊又有瑣瑣葡萄."

『해동농서』: 우리나라에서 생산되는 포도는 자색, 청색, 흑색이 있는데 자마유(紫馬乳)라는 품종이 가장 좋다.】

海東農書:我東之産,只有紫青黑三色,而紫馬乳最佳.】

---

* 포도(葡萄)_ 포도과의 낙엽성 덩굴식물. 학명은 Vitis vinifera L.이다.

【2. 적합한 토양】

포도는 서풍을 좋아하니 포도를 심을 때는 마땅히 양지쪽 서풍을 받는 땅을 선택해야한다. 『행포지』

【土宜】

葡萄喜西風, 種之宜擇向陽·受西風之地. 杏蒲志

【3. 시기】

반드시 춘분에 꺾꽂이를 해서 심어야 한다. 너무 늦으면 수액이 나와서 꺾꽂이하는 나무줄기를 손상시킨다. 『농정전서』

【時候】

須春分便揷,太遲則有漿出損本.農政全書

【4. 심고 가꾸기】

【種藝】

2~3월 사이에 넝쿨가지를 끊어서 비옥한 땅에 꺾꽂이 한다. 넝쿨이 뻗기를 기다렸다가 받침대 위로 올려준다. 뿌리 근처에는 고기 삶은 물이나 똥거름을 뿌려준다.【按포도는 똥거름을 뿌려주는 것을 가장 꺼린다.】 열매 맺기를 기다렸다가 번다한 잎을 잘라주면 열매가 빗물과 이슬을 맞고 살찌고 커진다.『편민도찬』

二三月間,截取藤枝,挿肥地;待蔓生,引上架.根邊,以煑肉汁或糞水澆之.【按葡萄最忌澆糞.】待結子,剪去繁葉,則子得霑肥大.便民圖纂

정월 말에 4~5자 길이의 연한 가지를 취하여 말아서 동그랗게 만든다. 먼저 땅을 갈아 부드럽게 하고, 거름으로 비옥하게 해준 뒤, 두 마디만 밖으로 드러내어 심는다. 훗날 봄기운이 발동하여 온갖 싹이 다투어 나올 때면 흙속에 있는 마디는 가지가 뻗어 나올 수 없으므로 모든 기운을 흙 밖에 있는 두 마디에 모으게 된다. 2년이 못되어 큰 넝쿨 시렁을 만들고 열매가 대추만 하고 과즙이 많게 된다.『계신잡지』

正月末,取嫩枝長四五尺者,捲爲小圈令緊.先治地令鬆,沃之以肥,種之,止有二節在外.異時,春氣發動,衆萌競吐,而土中之節,不能條達,則盡萃于出土二節.不二年,成大棚,實大如棗,且多液.癸辛雜志

포도는 대추나무 옆에 심어야 한다. 봄에 대추나무에 구멍 하나를 뚫고 포도 가지를 끌어다 구멍 속으로 통과하게 한다. 포도 가지가 자라서 구멍을 꽉 채우면 포도 뿌리를 잘라 버리고 대추나무의 뿌리에 의지하여 살게 한다. 이와 같은 방법을 쓰면 포도 과육이 대추 같아진다. 북방에서는 모두 이와 같이 심는다.『박문록』

葡萄,宜栽棗樹邊.春間,鑽棗樹作一竅,引葡萄枝從竅中過,葡萄枝長,塞滿竅子,斫去葡萄根,托棗根以生.其肉實如棗.北地皆如此種.博聞錄

엄지손가락만 한 굵기의 살찌고 왕성한 가지를 취하여 화분 밑에 뚫린 구멍으로 통과시켜 한 자 정도를 화분 안에 서리게 하고 흙을 채운다. 그리고 원래 있던 포도 시렁 아래에 놓고 때때로 물을 뿌려준다. 가을에 뿌리가 나면 화분 밑의 바깥으로 뻗은 뿌리를 잘라내어 따로 시렁 하나를 이루게 하고 식힌 육즙이나 쌀뜨

取肥旺枝,如拇指大者,從有孔盆底穿過,盤一尺于盆內,實以土,放原架下,時澆之.候秋間生根,從盆底外面截斷,另成一架,澆用冷肉汁或米泔水.子生時,去其繁華,使霑風露,則結

물을 뿌려준다. 열매가 열릴 때는 번화한 꽃을 따버리고 이슬과 바람을 받게 하면 맺는 열매가 비대해진다. 『군방보』	子肥大.羣芳譜
2~3월 사이에 3자 남짓한 길이로 넝쿨 가지를 끊어 무에 꽂아서 묻는데 2자 정도는 땅속에 묻어 뿌리가 나게 하고 나머지 부분은 흙 밖으로 드러나게 한다. 싹이 자라기를 기다렸다가 넝쿨을 이끌어 시렁 위에 올리고 쌀뜨물을 자주 뿌려준다. 『사시찬요』	二三月間,截取藤枝,約長三尺許,挿於蘿葍埋之,二尺許在土中生根,餘在土外.候苗長,引藤上架,用米泔頻澆之.四時纂要
또 다른 방법: 가지를 5~6자 정도 잘라서 양끝을 불에 태워 땅에 묻으면 가지 중간 부분에서 순이 돋는다. 또는 정(丁)자 모양의 가지를 취하여 양 끝을 묻는 것도 좋다. 넝쿨을 이끌어 남쪽을 향하도록 해야 한다. 『증보산림경제』	又法:取枝五六尺許,烙兩頭幷埋之,則笋生於枝腰矣.又取丁字枝,埋其兩頭,亦妙.引蔓宜向南.增補山林經濟
포도 넝쿨 가지를 자르고 꺾꽂이하고 물주는 것을 일반적인 방법대로 하면 3년 만에 열매를 맺을 수 있다. 만약 큰 시렁을 만들고 있는 오래된 뿌리를 옮겨 심는다면 3년이 지나야 열매를 맺으니 꺾꽂이한 것과 차이가 없다. 『행포지』	葡萄截藤枝·挿之·澆治·如法,三年可結子.雖大棚宿根移種,則必待三年,始結子,與挿枝無異.杏蒲志
3년 이상 된 자마유(紫馬乳) 뿌리를 취하여 큰 동이에 심고 화분 둘레를 따라 가는 대나무를 줄지어 심는다. 혹은 대나무를 얇고 가늘게 깎아 화분 둘레에 층층이 돌려 꽂고 칡껍질로 묶어 가로세로 고정시킨다. 포도 넝쿨 가지로 오늘날의 송병(松屛)을 묶는 방법대로 대나무를 둘러싸서 묶는다. 아침저녁으로 부지런히 물을 주면 열매가 주렁주렁 드리워서 정말로 포도[草龍珠] 휘장을 친 것 같다. 『행포지』	取紫馬乳三年以上根,種之大盆,繞盆口列植細竹竿.又削竹令薄而纖,層層環繞,以葛皮約之,使經緯相固.乃以葡萄藤枝,圍繞綰結,如今松屛綰結法.早夜勤澆,則實纍纍垂外,眞定像草龍珠帳也.同上
포도 열매가 팥알만 할 때, 그 중의 작은 것을 따내어 힘이 분산되지 않도록 하는 것이 좋다. 『행포지』	葡萄子,大如小荳時,摘去其細小猥瑣者,令力不分,可也.同上

【5. 물주고 북돋우기】 【澆壅】

포도 뿌리 줄기는 중간이 비어서 통하였으므로 저녁에 뿌리에 물을 주면 아침에 물이 그 속을 적신다. 쌀뜨물을 뿌려주는 것이 가장 좋다. 『농정전서』

葡萄根莖, 中空相通, 暮漑其根, 至朝而水浸其中. 澆以米泔水最良. 農政全書

고기 삶은 물을 뿌려주고 3일 후에 반드시 맑은 물로 희석시켜 준다. 꿀물을 주면 열매가 달다. 『산림경제보』

煮肉水澆, 三日後, 必以淸水解之. 用蜜水澆, 則實甘. 山林經濟補

포도는 조금 높게 북돋아주어야 한다. 모래처럼 부드럽고 물이 잘 빠지는 흙으로 평지보다 주척(周尺)[1] 3~4자 높이로 북돋아 주고 그 위에는 둥근 두둑을 만들어 준다. 아침저녁으로 쌀뜨물을 뿌려주면 열매가 많이 맺는데 평지에 물을 뿌려주는 것에 비교해보면 2~5배까지 차이가 난다. 『행포지』

葡萄宜培壅稍高, 以沙輭漏水之土厚壅之, 其高去平地周尺三四尺, 上作圜畻, 晨夕澆米泔, 則結子繁多, 視平地澆水者, 可倍焉蓰焉. 杏蒲志

1 주척(周尺)_ 주(周)나라의 길이 단위를 말한다. 주나라 1자[尺]는 오늘날 23.1cm정도이다.

【6. 보호하고 기르기】

포도는 넝쿨이 뻗지만 특성이 스스로 일어나 설 수 없으므로 받침대를 만들어 주어야 한다. 잎이 빽빽하고 그늘이 짙어 더위를 피할 수 있다. 『제민요술』

잎이 떨어진 뒤에 그 넝쿨을 거둬 뿌리에 서리게 하고 그 위는 짚둥우리를 만들어 덮어준다. 겨울에 그 위에 쌓인 눈을 쓸어주고 봄눈이 녹기를 기다렸다가 넝쿨을 꺼낸다. 땅에 5~6일 눕혀두었다가 받침대에 올려주면 가지가 하나도 말라 죽지 않고 한 해가 다하도록 벌레가 없다. 『산림경제보』

겨울에 포도 넝쿨을 거두어 풀로 감싸 보호함으로써 얼어서 손실되는 것을 방지한다. 『편민도찬』

10월 중에 뿌리에서 한 걸음 정도 떨어진 곳에 구덩이를 파고 포도넝쿨을 거두어 말아서 전부 그 속에 묻는다. 가지와 줄기 가까운 곳에 기장짚〔黍穰〕을 얇게 깔아주면 더욱 좋다. 짚이 없으면 흙으로 깔아주어도 좋다. 축축한 것은 좋지 않으니 축축하게 습기가 배면 얼게 된다. 2월 중에 다시 넝쿨을 꺼내어 펴서 시렁 위에 올린다. 나무의 특성이 추위를 잘 견디지 못하므로 묻어주지 않으면 죽는다. 세월이 오래 되어 굵고 큰 뿌리와 줄기를 묻을 경우에는 가급적 뿌리에서 멀리 떨어진 곳에 구덩이를 파서 줄기가 꺾이지 않도록 해야 한다. 구덩이 밖의 뿌리 근처에도 땅을 파고 짚을 깔며 흙을 북돋아 덮는다. 『제민요술』 주

【護養】

葡萄, 蔓延, 性緣不能自擧, 作架以承之. 葉密陰厚, 可以避熱. 齊民要術

葉落後, 收其藤盤屈根, 上覆以藁篇. 冬月掃雪堆積其上, 待春雪消, 取出. 臥地五六日, 始上架, 則一枝不枯, 終歲無蟲. 山林經濟補

冬月, 將藤收起, 用草包護, 以防凍損. 便民圖纂

十月中, 去根一步許掘作坑, 收卷葡萄悉埋之. 近枝莖, 薄安黍穰彌佳. 無穰, 直安土亦得, 不宜濕, 濕則氷凍. 二月中, 還出舒而上架. 性不耐寒, 不埋則死. 其歲久根莖粗大者, 宜遠根作坑, 勿令莖折. 其坑外處, 亦掘土, 幷穰培覆之. 齊民要術注

【7. 금기】

인분을 뿌려주는 것을 꺼린다. 『농정전서』

감초로 못을 만들어 포도나무에 박으면 바로 죽는다. 사향을 포도 껍질 속에 집어넣으면 열매에서 향기가 난다. 『물류상감지』

포도 받침대 아래에 토란을 심으면 벌을 피할 수가 있다. 또 장미가 옆에 있는 것을 꺼린다. 『산림경제보』

막 익을 때에는 시체 냄새, 월경하고 있는 여자와 일체 더러운 냄새를 꺼린다. 『행포지』

【宜忌】

忌澆人糞. 農政全書

甘草作釘, 鍼葡萄, 則立死. 以麝香入葡萄皮內, 則實作香氣. 物類相感志

架下種芋, 可以辟蜂, 又忌薔薇在傍. 山林經濟補

方熟時, 忌近尸氣, 及月候女子, 及一切穢惡之臭. 杏蒲志

【8. 저장하기】

【收藏】

포도 저장법: 매우 잘 익었을 때 가지 동이 채로 딴다. 처마 아래에 그늘진 구덩이를 만들고 구덩이 안쪽 지상과 가까운 벽을 뚫어 구멍을 만들고 포도 가지를 그 구멍 속에 꽂고 다시 구멍을 단단히 다진다. 이런 방법으로 저장하면 겨울이 지나도 그대로이다.『농정전서』

藏葡萄法：極熟時，全房折取.於屋下作陰坑,坑內近地鑿壁爲孔,揷枝於孔中,還築孔使堅.經冬不異也.農政全書

새로 익은 포도를 취하여 깨끗이 씻어 나무통에 담는데 아래로 드리워 서로 부딪치지 않게 한다. 밀봉하여 높은 곳에 놓아두고 바람과 습기를 방지하면 한 해를 넘길 수 있다.『화한삼재도회』

葡萄取新熟者,拭淨盛桶,向下垂不相梢,密封在高處,以防風濕,則可超歲.和漢三才圖會

포도를 겨울까지 남겨두려면 받침대를 철거하지 말아야 한다. 다만 볏짚과 왕겨로 그 그루를 두텁게 덮어주어야 한다. 그리고 종이로 받침대 위의 열매를 싸주고 사람 손을 가까이 하지 않으면 동지 전까지도 새로 익은 포도와 같다.『행포지』

葡萄欲留至冬,勿輟架.但用稻藁礱糖,厚覆其根株,用紙就架上包裹其子,勿近人手,可至冬至前,如新.杏蒲志

머루

山葡萄

【1. 명칭과 품종】

일명 영욱(蘡薁)이다.
【『당본초』: 영욱(蘡薁)은 넝쿨로 자라며 싹과 잎은 포도와 비슷하면서 작다.】

【名品】

一名蘡薁.
【唐本草:蘡薁蔓生,苗葉似葡萄相似而少.】

* 머루[山葡萄]_ 포도과의 덩굴식물. 학명은 Vitis coignetiae이다.

【2. 심고 가꾸기】

크고 맛이 단 것을 선택하여 흙을 붙여 옮겨 심는다. 받침대를 만들어 주거나 나무를 타고 올라가도록 하면 가장 쉽게 번성한다. 그늘은 해를 가려줄 수 있고 열매는 또한 먹을 수 있다. 『시경』「빈풍」에 '6월에는 머루〔薁〕를 먹는다네.'라고 한 것이 바로 이 나무이다. 『증보산림경제』

【種藝】

擇子大味甘者, 帶土移栽. 或作架, 或緣樹, 最易繁茂. 陰可障日, 實亦可食. 豳詩, "六月食薁." 卽此也. 增補山林經濟

다래

獼猴桃

【 1. 명칭과 품종 】

일명 등리(藤梨)이다.

【『본초강목』: 그 모양은 배와 같고, 색깔은 복숭아와 같으며 원숭이가 즐겨 먹기 때문에 '미후도(獼猴桃)'라 이름하였다.】

【名品】

一名藤梨.

【本草綱目:其形如梨,其色如桃,而獼猴喜食,故名.】

* 다래〔獼猴桃〕_ 다래나무과의 낙엽 덩굴나무. 학명은 Actinidia arguta이다.

【2. 심고 가꾸기】

꺾꽂이 하는 법은 머루와 같다. 『증보산림경제』

【種藝】

栽挿法, 同蘡薁. 增補山林經濟

【3. 용도】

다래나무 껍질로는 종이를 만들 수 있다. 『개보본초』

【功用】

獼猴桃皮, 堪作紙. 開寶本草

오미자

五味子

【1. 명칭과 품종】	【名品】
【『당본초』: 오미자는 껍질과 과육이 달면서 시고, 씨는 맵고 달며 모두 신 맛이 있다. 다섯 가지 맛을 갖추고 있기 때문에 오미자라고 이름하였다. 按도연명〔陶隱居〕은 고려에서 생산되는 것을 천하의 제일로 여겼다. 지금은 곳곳에 있으며 관북의 여러 주에서 생산되는 것이 더욱 좋다.】	【唐本草:五味子,皮肉甘酸,核中辛甘,都有鹹味,以其五味具,故名. 按陶隱居以高麗産者,爲天下第一.今處處有之,而産關北諸州者,尤良.】

* 오미자(五味子)_오미자나무과(Schisandraceae)에 속하는 덩굴성 관목. 학명은 Schizandra Chinensis이다.

【2. 시기】

초봄에 심고 8월에 열매를 수확한다. 『증보산림경제』

【時候】

春初栽, 八月收實. 增補山林經濟

【3. 심고 가꾸기】

뿌리를 취하여 심으면 당해에 왕성해진다. 만약 2월에 씨앗을 심으면 이듬해에 왕성해지며 반드시 받침대를 만들어 줄기가 뻗어나가게 해주어야 한다.【按 진호자(陳昊子)는 『화경(花鏡)』에서 "오미자 넝쿨은 받침대를 만들어주지 않으면 위로 뻗어나갈 수가 없다. 혹은 나무에 붙여서 올라가게 해도 된다. 뿌리를 나누어 심으면 당해에 무성하게 자란다. 씨로 심은 것은 이듬해에 비로소 무성해진다."라고 하였으니 이 설은 이씨(李氏)의 설과[1] 부합한다."라고 하였다.】 ○『본초강목』

【種藝】

取根種之,當年就旺.若二月種子,次年乃旺,須以架引之.【按 陳昊子花鏡云,'五味子蔓,非架不能引上,或附木亦可.分根種,當年卽盛.子種者,次年始盛.'其說與李氏合.】○本草綱目

1 이씨(李氏)의 설_ 이시진(李時珍)의 『본초강목』의 설을 가리킨다.

【4. 용도】

그 열매는 사람에게 매우 이롭다. 여름에는 더욱 정원에 가꿔야 하며 빠뜨려서는 안된다. 『증보산림경제』

【功用】

其子甚益人.夏月尤宜園圃中,不可闕者也.增補山林經濟

복분자

覆盆子

【1. 명칭과 품종】

【名品】

일명 규(茥), 일명 결분(缺盆), 일명 삽전표(揷田藨)이다.

【『약록(藥錄)』: 열매가 동이를 엎어놓은 모양이기 때문에 복분자라 이름하였다.

『행포지』: 그 종류는 4가지가 있다. 이시진(李時珍)은 '넝쿨에 가시가 있고 8~9월에 열매가 익으며 검고 붉은 색깔을 띠는 것이 봉루(蓬虆)이다. 넝쿨이 봉루보다 작고 4~5월에 열매가 익으며 색깔이 검고 붉은 것이 복분(覆盆)이다. 넝쿨이 봉루보다 작고 4월에 열매가 익으며 앵두처럼 붉은 색을 띠는 것이 표(藨)이다. 나무가 4~5자 높이이고 4월에 열매가 익으며 색깔이 붉은 것은 산매(山莓)이다.'라고 하였다. 우리나라에서 생산되는 것은 복분자, 표, 산매 몇 종이 있고 봉루는 본 적이 없다.

『산림경제』에 '가지로 자라는 것을 복분자라 하고 나무로 자라는 것은 봉루라 한다.'고 하였는데 이는 잘못이다. 호남 순창군에 한 종류가 있는데 5~6월에 열매가 익고 검은색이며 맛과 색은 모두 오디와 비슷하다. 이것은 또 『본초강목』에는 수록되어 있지 않다.】

一名茥, 一名缺盆, 一名揷田藨.

【藥錄:子似覆盆之形,故名.

杏蒲志:其種有四,李時珍謂:藤蔓有刺,八九月實熟,色烏赤者爲蓬虆;蔓小於蓬虆,四五月實熟,色烏赤者爲覆盆;蔓小於蓬虆,四月實熟,色紅如櫻桃者爲藨;樹高四五尺,四月實熟,色紅者爲山莓.我東之産,獨有覆盆·藨·山莓數種,蓬虆則未知見焉.

山林經濟謂'蔓生者爲覆盆,樹生者爲蓬虆',誤矣.湖南淳昌郡,有一種.五六月實熟,色烏黑,味與色,俱似桑椹,此又本草之所未收也.】

* 복분자(覆盆子)_ 장미과에 속하는 낙엽관목. 학명은 Rubus coreanus MIQ. 이다.

【2. 적합한 토양】

【土宜】

복분자는 성질이 묵정밭을 좋아한다. 이 과일을 심고자 하는 사람은 보리를 심었던 흰 모래밭 몇 묘를 선택하여 1~2년 묵혀두고 손대지 않으면 온 땅에 가득 자라서 번거롭게 심거나 가꿀 필요가 없다. 『행포지』

覆盆子,性好陳田.欲種此果者,但擇沙白麥田數畝.一二年陳廢不墾,則撲地皆是,毋煩蒔藝也.杏蒲志

【3. 용도】

유우석(劉禹錫)은 '순무에는 여섯 가지 이로운 점이 있다.' 하였고, 가성식(段成式)은 '감에는 일곱 가지 뛰어난 점이 있다.'라고 하였으며 서문정(徐文定)은 '고구마에는 열세 가지 뛰어난 점이 있다.'고 하였는데, 나는 복분자에 대하여 촉조(歜棗)의[1] 기벽과 같은 것이 있으니 일찍이 복분자에는 여덟 가지 기이한 점이 있다고 하였다. 꽃이 희고 열매가 붉어서 정원을 아름답게 꾸밀 수가 있는 것이 첫째요, 달고 시고 삽상하여 입을 즐겁게 하면서 목마름을 해소하는 것이 둘째요, 손님상에 올려지고 화제주(火齊珠)처럼[2] 찬란하게 빛나는 것이 셋째요, 햇볕에 말려 빻아서 가루음식을 만들어 먹을 수 있는 것이 넷째요, 온 땅에 저절로 나서 번잡하게 심거나 가꿀 필요가 없는 것이 다섯째요, 깊은 북방과 남방에도 어디에나 자란다는 것이 여섯째요, 5월에 열매가 맺어서 많은 과실 중에서는 가장 먼저 익는 것이 일곱째요, 기운을 보충하고 눈을 맑게 해주며 오장을 조화롭게 하고 피부를 윤택하게 하는 것이 여덟째이다. 『행포지』

【功用】

劉禹錫謂,'蔓菁有六利';段成式謂,'柹有七絶';徐文定'有甘藷有十三勝.'余於覆盆,亦有歜棗之耆,嘗謂覆盆有八奇.花白實紅,可賁園圃,一也;甜酸消爽,悅口潤渴,二也;登諸賓豆,火齊燿爍,三也;晒曝屑之,可作麨食,四也;撲地自生,毋煩蒔藝,五也;深北極南,在處有之,六也;五月成實,果蓏中最先熟,七也;益氣明目,和五臟澤肥膚,八也.杏蒲志

---

1 촉조(歜棗)_ '昌歜羊棗'를 줄인 말이다. '曾晳嗜羊枣,楚文王嗜昌歜(증석은 羊枣를 즐겨 먹었고 초문왕은 창촉을 즐겨먹었다)'는 고사에서 온 것으로 '羊棗昌歜'은 사람의 기벽(奇癖)을 비유하는 말로 쓰인다.

2 화제주(火齊珠)_ 보석의 일종으로 청색, 홍색, 황색 등 빛깔이 다양하다. 매괴주(玫瑰珠)라고도 하며 일설에는 유리(琉璃)라고도 한다.

마

薯蕷

【1. 명칭과 품종】

【名品】

일명 저여(藷藇), 일명 산약(山藥), 일명은 옥연(玉延)이다.

【본초행의: '薯'자가 당(唐) 영종(英宗)의 휘를 범하고, '蕷'자가 당(唐) 대종(代宗)의 이름을 범하였기 때문에 산약(山藥)이라고 이름을 바꾸었다.】

一名藷藇,一名山藥,一名玉延.

【本草行義:薯犯英宗諱,蕷犯唐代宗名,故改爲山藥.】

---

* 마[薯蕷]_ 마과의 덩굴성 여러해살이풀. 학명은 Dioscorea batatas이다.

【2. 적합한 토양】

흰 모래 땅이 적합하다. 『무본신서』

【土宜】

宜沙白地.務本新書

【3. 시기】

마는 한식 전후에 심는 것이 좋다.『무본신서』

【時候】

種山藥,宜寒食前後.務本新書

【 4. 종자 선택하기 】

마는 씨를 받아 종자로 한다. 생것으로 매우 가는 것 중에 숙근 머리를 쓰는 자가 있지만 반드시 뿌리가 커야 쓸 수 있다. 종자를 선택할 때에는 껍질이 얇고 윤택한 것을 취해야 한다. 만약 뿌리털이 거칠고 질기면 심어도 대부분 좋지 않다. 『농정전서』

【擇種】

山藥, 用子作種. 生絶細, 有用宿根頭者, 亦須根大, 方可用. 凡擇種, 宜取皮薄光潤者, 若根毛粗勁, 種多不佳. 農政全書

【5. 심고 가꾸기】

【種藝】

마를 심을 때는 구덩이를 길이 1길 남짓, 깊이와 너비는 각각 2자로 판다. 썩힌 소똥거름 조금을 흙과 섞어 1자 두께로 넣고 평평하고 고르게 만든다. 위에 까끄라기가 있는 살찌고 긴 마를 골라 3~4치 길이로 토막을 내어 물고기 비늘같이 순서대로 구덩이 속에 눕히고 다시 거름흙을 고르게 5치 정도 두께로 덮어준다. 날이 가물면 물을 주되 너무 습하지 않도록 해야 한다. 인분 주는 것을 아주 싫어한다. 싹이 자라면 가늘고 긴 막대기로 받쳐준다. 상강을 지나 땅이 어는 때가 되면 뿌리를 파낸다. 밖의 노두(蘆頭)를[1] 나누어 땅 속에 묻었다가 이듬해 봄에 심어야 하니 얼어서 손상입지 않게 해준다. 『무본신서』

種山藥,區長丈餘,深闊各二尺.少加爛牛糞與土相和,平勻厚一尺.揀肥長山藥,上有芒刺者,每叚折長三四寸,鱗次相挨,臥於區內,復以糞土勻覆五寸許.旱則澆之,亦不可太濕.頗忌大糞.苗長,以高梢扶架.霜降後,比及地凍,出之.外將蘆頭另窨,來春種之,勿令凍損.務本新書

마는 심으면 매우 번식을 잘한다. 봄에 숙근 머리를 취하여 황사땅에 소똥거름을 섞은 뒤, 두둑을 만들어 심는다. 싹이 나오면 대나무 초리로 지지대를 1~2자 높이로 만들어 준다. 여름에 자주 물을 주면 당해에 먹을 수 있는데 매우 기름지고 맛있다. 『도경본초』

山藷,種之極有息.春取宿根頭,以黃沙和牛糞,作畦種之.苗生,似[1]竹稍作援,高一二尺,夏月頻漑之,當年可食,極肥美.圖經本草

큰 것은 2치로 잘라 근종(根種)을 한다. 당년에 종자를 거둘 수 있다. 종자를 거둔 후에 한 겨울 동안 묻어 둔다. 2월 초에 꺼내어 파종하면 된다. 인분 주는 것을 금해야 한다. 만일 날이 가물면 물을 흠뻑 주되 너무 습하지 않게 해주어야 한다. 반드시 소똥거름과 흙을 섞어 파종해야만 쉽게 싹이 터 자란다. 『지리경』

大者折二寸爲根種.當年便得子.收子後,一冬埋之.二月初,取出便種.忌人糞.如旱,放水澆.又不宜太濕.須是牛糞和土種,卽易茂.地利經

---

1 노두(蘆頭)_ 뿌리 정단(頂端)의 아주 짧은 근경(根莖).

[1] 似_『본초도경』에 근거하여 以로 교정함.

속세에 전하기를 '마를 심을 때, 발로 밟아주면 모양이 사람 발처럼 된다 하였다. 『연북잡지』

俗傳:山藥種時,以足按之,如人足.硏北雜志

산동에서 마를 심는 법: 모래땅을 깊이 갈아 흙을 일으킨다. 깊이 2자 되는 구덩이를 파고 인분 말린 것을 흙과 섞어서 각각 반절씩 넣어 구덩이에 한 자 정도로 채운다. 부토를 다시 한 자 정도 채워 넣고 발로 밟아서 다진다. 정월 중에 두둑에 심는다. 마 싹이 돋아나면 다시 흙을 2치 두께로 북돋아준다. 싹이 한 자 정도 자라길 기다렸다가 며칠에 한 번씩 자주 물을 준다. 싹이 자라면 받침대를 만들어준다. 봄과 여름에 싹이 자라고 가을이 깊으면 뿌리가 자라는데 뿌리가 뻗어 나가다가 단단한 흙을 만나면 바로 커진다. 만약 흙이 너무 단단하면 자라지 않고, 부토(浮土)가 너무 깊으면 마가 가늘고 길게 자란다. 『농정전서』

山東種薯法:沙地,深耕之,起土.坑深二尺,用大糞乾者和土各半,塡入坑,深一尺;次加浮土一尺,足踐實.正月中,畦種.薯苗生,又加土壅厚二寸.候苗長一尺,常用水灌,數日一次.苗長,架起.春夏長苗,秋深卽長根,根下行遇堅土卽大.若土大實,卽不長,浮土太深,卽長而細.農政全書

강남에서 마를 심는 법: 역시 모래땅에 심는다. 정월 말에 밭을 2자 깊이로 갈고 매 1보(步)당 인분을 1섬씩 뿌리고 마르기를 기다렸다가 다시 갈고 써레로 가늘게 부수어 두둑을 만든다. 두둑 사이의 간격은 1자 정도로 한다. 그 종자는 반드시 큰 것을 골라서 대나무 칼로 1~2치 정도씩 자른다. 쇠칼로 자르면 쉽게 썩는다. 두둑에 종자를 심을 때에는 포기 사이 간격을 5~6치 정도로 하고 옆으로 눕혀서 흙 속에 2치 정도만 들어가게 심는다. 너무 깊이 심으면 좋지 않다. 심은 뒤에는 물과 거름을 절반씩 섞어 뿌려주는데 1묘당 인분 40섬씩을 사용한다. 싹이 자라면 갈대와 가는 대나무로 싹 세 개씩을 한 떨기로 하여 지지대를 세워준다. 풀이 있으면 자주 갈아주고 가물면 자주 물을 뿌려준다. 8~9월에 뿌리를 캐내는데 두둑 한쪽 면에

江南種薯法:亦用沙地.正月盡,耕深二尺.每一步,灌大糞一石,候乾,轉耕,耙細作埒,每埒相去一尺餘.其種須極大者,竹刀切作一二寸斷.用鐵刀切,易爛.埒中布種,每相去五六寸,橫臥之,入土只二寸,不宜太深.種後,用水糞各半灌之.每畝用大糞四十石,苗長,用葦或細竹作架,三以爲簇.有草,數耕之.旱,數澆之,八九月,掘取根,向畦一頭,先掘一溝,深二尺,漸削去土取之.同上

2자 정도 깊이의 홈통을 판 뒤 흙을 조금씩 제거하면서 캐낸다. 『농정전서』

마를 심는 방법: 먼저 1길 남짓, 너비 3자, 깊이 4자 정도 되는 홈통을 판다. 바닥에 벽돌을 깔고 거름흙을 가득 채운 뒤 물을 부어 다진다. 마 노두(蘆頭)를 꽂을 때 손을 사용하지 않는다. 꽂았을 때는 가늘고 길게 자라는데 괭이로 밑을 파주면 커진다. 반드시 해마다 사람을 바꾸어 마를 심는다. 『산거록』

種山藥法:先掘一溝,長丈許,濶三尺許,深四尺許.底舖磚,用糞土塡滿,水實定,揷山藥蘆頭時,勿用手.揷則瘦長,以鍬钁下之則大.須每年易人而種之.山居錄

또 한 가지 심는 법: 씨가 여물었을 때, 씨를 거두어 심는다. 비옥한 땅에 안착시켜 절반 정도만 묻히도록 하고 다 묻지 않는다. 다 묻으면 썩어서 잘 나지 않는다. 싹이 나기를 기다렸다가 깨진 동이 속에 옮기고 비옥한 모래흙에 소똥거름과 깻대를 섞어서 동이에 채우고 2~3치 깊이로 마를 묻는다. 2년이 지나면 화분에 가득 찬다. 만약 굵은 뿌리를 심는다면 그 해에도 캘 수 있다. 『산거록』

又法:子熟時,收子便種,只安肥土,令半入土,不得埋盡,卽爛不生.待苗生後,移於破盆甕中,著肥沙土和牛糞及油麻稭,塡入盆甕裡土中,深三二寸埋之,經二年滿盆.若種麤根,當年堪取.同上

흰 쌀알로 만들어진 것 같은 흰 뿌리를 골라 캐고 우선 씨를 거둔다. 길이 1길, 너비 3자, 깊이 5자인 구덩이를 3~5개 판다. 아래쪽에 촘촘히 벽돌을 깔고 구덩이 사방 1자 정도까지 측면에 벽돌을 깔아 곁의 흙 속에 뿌리가 자라 들어가지 않도록 방지한다. 뿌리가 가늘어지기 때문이다. 구덩이를 다 만들면 분토로 메우고 3줄로 종자를 파종한다. 구덩이를 가득 메운다. 싹이 나길 기다렸다가 받침대를 세워 준다. 한 해가 지난 뒤에는 뿌리가 아주 굵어진다. 구덩이 하나에서 1년 먹을 수 있다 뿌리를 심을 경우에는 길이 1자로 잘라 심는다. 『산거요술』

擇取白色根,如白米粒成者,先收子.作三五所坑,長一丈,濶三尺,深五尺.下密布甎,阬四面一尺許,亦側布甎,防別入傍土中,根卽細也.作阬子訖,塡糞土,三行下子種之.塡坑滿.待苗出,著架.經年已後,根甚麤.一坑可支一年食.根種者,截長一尺已下種.山居要術

춘사일에 털이 많고 흰 알맹이가 붙어 있는 숙근을 취

春社日,取宿根,多毛·有白瘤

하여 대나무 칼로 2치 길이씩 자른다. 우선 너비 2자, 깊이 3~4자, 길이는 임의로 하여 구덩이를 판다. 거름과 섶을 섞어 절반 채우고 위는 흙으로 채운다. 잘라놓은 마를 흙 속에 묻고 위는 거름흙으로 덮어서 구덩이와 평평하게 만들고 때때로 물을 뿌려준다. 싹이 자라면 대나무나 나뭇가지로 3~4자 높이의 지지대를 만들어 준다. 이와 같은 방법으로 하면 그 해에 먹을 수 있다. 3~4년 된 것은 뿌리가 크고 더욱 맛있다. 여름에는 물을 자주 뿌려주어야 한다. 비옥한 땅이 가장 좋다. 해마다 사람을 바꾸어서 심고 소똥 거름과 참깨 찌꺼기를 주어야 한다. 인분은 꺼린다. 『군방보』

者,竹刀截作二寸長塊.先將地開作二尺寬,溝深三四尺,長短任意.先填亂糞柴一半,上實以土.將截断山藥,堅埋於中,上仍以糞土覆,與溝平,時澆灌之.苗生,以竹或樹枝架作援,高三四尺,當年可食.三四年者,根大尤美,夏月宜頻澆.最宜肥地.每年易人而種,宜牛糞麻籸,忌人糞.羣芳譜

【6. 종자 수확하기】

마를 약으로 쓸 경우에는 야생종이 좋고 음식으로 제공할 경우에는 집에서 심은 것이 좋다. 5~6월에 꽃이 피어 열매가 맺는데 꼬투리가 열려 떨기를 이룬다. 꼬투리는 삼각으로 이루어졌으며 단단하고 씨가 없다. 씨는 따로 한 옆에 맺히는데 모양이 뇌환(雷丸)과[1] 비슷하다. 껍질은 황토색이고 육질은 흰색이다. 삶아 먹으면 달고 미끈미끈한데 뿌리맛과 같다. 왕민이 『산거록』에서 '일찍이 산우자(山芋子)를 얻어 먹었는데 뿌리보다 더 좋았다.'고 하였는데 바로 이것이다. 서리가 내린 뒤에는 씨를 거둬 종자로 남기거나 봄에 뿌리를 채취하여 끊어서 심으면 모두 싹이 난다. 『본초강목』

【收種】

薯蕷,入藥,以野生者爲勝.若供饌,則家種者爲良.五六月,開花成實,結筴成簇.筴凡三稜合成,堅而無仁.其子別結于一旁,狀似雷丸.皮色土黃而肉白.煮食甘滑,與其根同.王旻山居錄云:'曾得山芋子食之,更愈於根',卽此也.霜後,收子留種,或春月采根,截種皆生.本草綱目

1 뇌환(雷丸)_ 대나무 뿌리에 기생하는 버섯. 밤과 비슷하게 생겼는데, 단단하고 무거우며 겉은 검고 속은 희다. 한약재로 쓴다.

【7. 저장하여 심기】

종자 저장법: 햇볕이 들고 바람을 피할 수 있는 남쪽 처마 밑에 움집을 2자 깊이로 판다. 왕겨를 2~3치 깔고 종자를 넣고서 다시 왕겨로 덮어둔다. 그리고 그 위에 흙을 뿌려 덮어준다. 종자를 심을 때, 캐내어 사용한다. 『농정전서』

【藏種】

藏種法:于南簷下向日避風處,掘土窖,深二尺.下用礱糠舖二三寸,次下種,仍以礱糠盖之.次下土盖之,臨種時,起用.農政全書

【8. 제조】

마 말리는 법: 겨울에 베로 싸서 손으로 대나무 칼을 가지고 껍질을 깎아낸 뒤 대나무 그릇에 담아 처마 밑 바람이 잘 드는 곳에 놓아두는데 햇볕을 보아서는 안 된다. 하룻밤에 5할을 말리고 완전히 마르기를 기다렸다가 거두어 불을 쬐는 바구니 속에 넣고 약한 불에 쬐어서 말려도 좋다. 『본초연의』

또 다른 방법: 누런 껍질을 깎아내어 물에 담그고 백반 가루를 물속에 조금 집어넣는다. 하룻밤이 지난 후에 깨끗이 씻어서 즙을 제거하고 불에 쬐어 말려 사용한다. 『도경본초』

【製造】

乾山藥法:冬月,以布裹,手用竹刀刮去皮,竹篩盛置簷風處,不得見日.一夕乾五分,候全乾,收之,成[1]置焙籠中,微火烘乾,亦佳.本草衍義

又法:刮去黃皮,以水浸之,糝白礬末少許入水中,經宿浄洗去涎,焙乾用.圖經本草

---

[1] 成_盛의 誤字이다.

【9. 쇄언】

마를 만약 캐려고 한다면 조용히 캐면 수확이 좋고 이름을 부르면 조용히 캘 때와 같은 양을 수확할 수 없다.【按이것은 산중에서 마를 캐는 방법을 말한 것이다.】 사람이 마를 심은 것이 있다면 심은 종류에 따라 모양이 닮는다.『이원』

【瑣言】

薯蕷,若欲掘取,嘿然則獲,唱名便不同得.【按此言山中採掘之法.】人有植之者,隨所種之物,而像之也.異苑

고구마

甘藷

【1. 명칭과 품종】

【名品】

일명 산저(山藷), 번저(番藷), 주저(朱藷), 홍산약(紅山藥), 번서(番薯)라고 한다. 큰 것은 옥침(玉枕)이라고 부르는데, 지금은 적우(赤芋)라 하고, 속세에서는 유구우(琉球芋), 또는 장산기우(長山崎芋)라고도 부른다.

一名山藷,一名番藷,一名朱藷,一名紅山藥,一名番薯.大者名玉枕,今云赤芋,俗云琉球芋,又云長山崎芋.

【『남방초목장』: 고구마〔甘藷〕는 산저(薯蕷)의 종류이며 간혹 토란〔芋〕 종류라고도 한다. 뿌리와 잎은 토란과 같다. 뿌리가 큰 것은 주먹이나 사발만 하고 쪄서 먹으면 맛이 마와 같다. 按여기에서 뿌리와 잎이 토란과 같다고 한 것은 산저(山藷)를 가리키는 듯하다. 오늘날 번저(番藷)는 토란과 매우 비슷하지 않다.

【南方草木狀:甘藷,薯蕷之類,或云芋類也.根葉亦如芋,根大如拳甌,蒸煮食之,味同薯蕷.按此云根葉如芋者,疑指山藷.今番藷殊不類芋也.

『오물지』: 고구마는 교광(交廣)에서[1] 생산된다. 그 뿌리는 토란과 비슷한데 큰 덩이뿌리가 있다. 큰 것은 거위알만 하고 작은 것은 계란과 오리알만 하며 자주색 껍질을 벗겨내면 살찐 육질은 매우 희어서 흰 기름덩어리 같다.

吳物志:甘藷出交廣,其根似芋,亦有巨魁,大者如鵝卵,小者如鷄鴨卵,剝去紫皮,肥肉正白,如脂肪.

『광지』: 고구마는 토란과 비슷한데 교지(交趾)에서 생산된다.

廣志:甘藷似芋,出交趾.

『패사류편』: 고구마는 주애(朱崖)에서[2] 생산되며 영외(嶺外)에는[3] 고구마가 많다. 간혹 깊은 산 깊은 골짜기에서 발견되어 나오는 것이 있는데 줄기와 덩어리가 이어져 무게가 수십 근이나 되는 것이 있다. 그 맛이 매우 달고 향기롭기 때문에 옥침저(玉枕藷)라고

稗史類編:甘藷生朱崖,嶺外多藷,間有發深山邃谷而得者,枝塊連屬,有重數十斤者,味極甘香,名玉枕藷.

---

* 고구마〔甘藷〕_ 메꽃과의 한해살이 뿌리 채소. 학명은 Ipomoea batatas이다.

1 교광(交廣)_ 오(吳)지방에 있었던 두 개의 주(州)인 교주(交州)와 광주(廣州)를 말한다.

2 주애(朱崖)_ 지금의 뇌주반도(雷州半島), 해남도(海南島) 일대이다.

3 영외(嶺外)_ 오령(五嶺) 이남으로 광동, 광서 지역을 가리킨다.

이름하였다.

서현호『감저소』: 고구마에는 두 종류가 있다. 그 한 종류는 산저(山藷)라고 하는데 민광(閩廣)[4] 지역에 옛날부터 있었다. 다른 한 종류는 번저(番藷)인데 토착민이 전하여 말하기를 근래에 어떤 사람이 해외에서 이 종자를 얻어왔다고 하였다. 해외의 사람들이 고구마를 국경 밖으로 가지고 나가는 것을 금지하였는데 그 사람이 고구마 줄기를 두레박줄에 꼬아 넣어 마침내 바다를 건너 가져올 수 있었다 한다. 이를 계기로 종자를 나누어 옮겨 심어 민광 지역에 보급하였다. 두 종류는 줄기와 잎이 대부분 서로 비슷하다. 그러나 산저는 심고 나서 줄기를 끌어당겨 나무를 타고 올라가게 해야만 살고 번저는 땅으로 줄기가 뻗어가면서 산다. 산저는 모양이 매우 크고 울퉁불퉁하며, 번저는 모양이 둥글면서 길다. 그 맛은 번저는 매우 달고 산저는 맛이 좋지 못하다. 중국의 여러 책에서 말하는 고구마는 모두 산저이다. 마〔薯蕷〕와 산저는 분명히 서로 다른 종류이고 번저까지 합쳐 세 종류인데 절대 서로 비슷하지 않다. 按 우리나라에 전해져 심은 것은 영종(英宗) 을유년(乙酉年)부터이고[5] 일본에서 들여왔으며 번저이다. 산저 같은 것은 보지 못하였다.

徐玄扈甘藷疏:藷有二種,其一名山藷,閩廣故有之;其一名,則土人傳云,近年有人在海外得此種.海外人亦禁不令出境,此人取藷藤,絞入汲水繩中,遂得渡海.因此分種移植,畧通閩廣之境也.兩種莖葉多相類,但山藷植援附樹乃生,番藷蔓地生;山藷形魁壘,番藷形圓而長;其味則番藷甚甘,山藷爲劣耳.蓋中土諸書所言藷者,皆山藷也.薯蕷與山藷顯是二種,與番藷爲三種.皆絶不相類.按我東傳種,始于英宗乙酉,來自日本,蓋番藷也.若山藷則未之見焉.

『군방보』: 고구마는 모양이 둥글면서 길고 양끝이 모두 뾰족하며 속살은 자주색이고 껍질은 희다. 결은 윤택하고 맛은 달고 담백하다. 큰 것은 잔이나 주먹만

羣芳譜:藷形圓而長,本末皆銳,肉紫皮白,質理膩潤,氣味甘平,巨者如杯如拳,亦有大如

4 민광(閩廣)_ 지금의 복건성과 광동성 지역을 가리킨다.

5 영종 을유년_ 1765년이다.

하고 또 사발만큼 큰 것이 있는데 날것은 계수나무 꽃 향기가 나고 익은 것은 장미 이슬향이 난다. 줄기 하나가 수십에서 백 줄기까지 뻗어나가고 마디마디에서 뿌리가 난다.

甌者,氣香生時似桂花,熟者似薔薇露.一莖蔓延至數十百莖,節節生根.

『화한삼재도회』: 고구마는 유활채에 속한다. 줄기와 잎은 마와 같다. 처음 나온 잎은 자주색이고 자라면 녹색으로 변하는데 마잎만큼 윤택하지는 않다. 그 넝쿨을 땅에 묻으면 곳곳에서 뿌리가 나오며 4~5자 정도 자란다. 고구마 둘레는 2~3치 되고 양 끝이 뾰족하다. 날것으로 먹으면 담백하면서 달아서 올방개〔烏芘〕 맛이 나고 삶아서 먹으면 호박 맛이 난다. 유구국(琉球國)에[6] 이것이 많이 있다. 리구슈〔蔭州〕와 히슈〔肥州〕 나가사키〔長崎〕에서도 고구마를 많이 심는다. 그 거위알이나 계란만큼 큰 것은 덩이뿌리인데 색깔도 선명하지 않다. 또 황백색의 고구마가 있는데 매우 달고 맛있다.

和漢三才圖會:甘藷屬柔滑菜.蔓葉同薯蕷.初生葉紫色,長則綠色,不如薯蕷潤津.其蔓埋地,處處生根,長四五尺;周二三寸,兩頭窄.生食之,淡甘有烏芘氣;煮食,有南瓜氣味.琉球國多有之.蔭州[1]及肥州·長崎,亦多種之.其如鵝卵鷄圓者,魁也,色亦不鮮.又有黃白色者,甚甛美.

『강씨감저보』: 일본 사람들은 고구마를 고고이문과(古古伊文瓜)라고 부르고 유구국에서는 번가(番茄)라고 부른다. 대마도 사람에게 들었는데 주애국(周厓國)에서 처음으로 생산되었는데 그 곳의 풍속은 고구마로 곡식을 대신하였으므로 국경을 나갈 수 없도록 금지하였다 한다. 여사국(呂私國)의 어떤 사람이 장사를 하다가 이곳에 이른 사람이 있었는데 몰래 한 줄기를 훔쳐 가지고 돌아와서 드디어 남국에 널리 심게 되었다 한다. 여사(呂私)는 바로 일본의 속국이라

姜氏甘藷譜:甘藷,倭人呼爲古古伊文瓜;琉球國呼爲番茄.聞之對馬島人,初産周厓國,其俗以藷代穀,禁不得出境.有呂私國人之業商至彼者,潛竊一莖以歸,遂遍南國.呂私,卽日本屬國云.按周厓疑朱厓之訛.按呂私,卽呂宋,字訛也.】

6 유구국(琉球國)_지금의 일본 오키나와 일대를 가리킨다.

[1] 蔭州 陸州의 誤記인 듯하다.

고 한다. 按 주애(周厓)는 주애(朱厓)의 오기로 의심된다. 按 여사(呂私)는 바로 여송(呂宋)인데 글자가 잘못된 것이다.】

【2. 적합한 토양】

모래밭에 심어야 하며 역시 매우 비옥해야 한다.【按 모래땅을 귀하게 여기는 것은 그 땅이 포송포송하여 뿌리를 뻗기가 쉽기 때문이다. 그러나 흰모래 땅은 기름지지 않은 경우가 많으니 이런 땅은 반드시 그늘에 의지하여 다스려야 한다. 만약 적당한 음지를 얻었다면 또 거듭 세 번 갈고 아홉 번 써레질하여 땅을 성글게 하면 단단하고 굳은 땅도 포송포송하고 부드럽게 변화되니 이른바 굳은 땅을 부드럽게 만든다는 것이다.】○ 서현호『감저소』

우리나라 동남쪽 바닷가의 지대가 높은 고을에는 횡으로 연못, 종으로는 포구가 많아서 조류에 쌓인 모래와 진흙더미를 해마다 파내어 준설하기 때문에 파낸 흙이 양쪽 기슭에 쌓여 있다. 이와 같이 높은 곳에는 벼를 심을 수도 없다. 만약 목화〔吉貝〕를 심으면 가뭄이 오래 지속될 경우 벌레가 생기고, 콩을 심으면 이익이 적게 나며, 쪽풀을 심으면 본전이 많이 들게 된다. 오직 이 땅에 고구마를 심는다면 새로 파낸 흙이 모두 조수에 쌓인 모래땅이므로 성질이 성글고 단단하지 않아서 고구마 심기에 가장 적합하며, 보통 땅과는 특히 다르다.【按 알뿌리와 뿌리를 이용하는 채소는 모두 포송포송하고 연한 모래땅을 좋아하니 그것은 쉽게 뿌리가 뻗어나갈 수 있기 때문이다. 지금 사람들이 무를 심을 때 호숫가나 강가의 진흙탕물이 들고 나는 밭을 가장 귀하게 여긴다. 7월에 물이 물러가

【土宜】

種須沙地,仍要極肥.【按所貴乎沙土者,其爲虛鬆易行根也.然沙白之土,例多不肥,此須籍於蔭而治之.苟於蔭得宜,又復三耕九耀,令土脉疏爽,則彊堅化爲鬆軟,所謂强土而弱之也.】○徐玄扈甘藷疏

吾東邊南海[1]高鄕,多有橫塘縱浦,潮沙淤塞歲有開濬,所開之土,積於兩崖.此等高地,旣不堪種稻.若種吉貝,亦久旱生蟲;種豆,則利薄;種藍,則本重.惟用種藷,則新起之土,皆是潮沙土,性虛浮,于藷最宜,特異常土.【按凡蔬蓏之用卵用根者,皆喜沙泥鬆軟之地,爲其易行根.今人種菜菔,最貴濱湖濱江潦泥往來之田,待七月水退,藝以菜菔,則滋胤蕃息,逈異他田.余謂,種藷亦宜用此地.先於二三月.擇最高仰處,挑起淤泥,作爲高埒,視潦年水

---

[1] 東邊南海_『감저소』에 근거하여 東南邊海로 교정함.

기를 기다렸다가 무를 가꾸면 잘 자라 번식하여 다른 밭과는 크게 다르다. 나는 고구마도 이런 땅에 심는 것이 적합하다고 생각한다. 먼저 2~3월에 흙이 쌓여 가장 높이 올라간 곳을 선택하여 진흙을 골라 높은 두렁을 만들되 장마가 졌을 때 물이 도달하는 한계를 보아 1~2자 정도 높게 만들고 두렁 위에 알뿌리 채소를 심는다. 7월에 장마가 끝났을 때 넝쿨을 잘라다가 낮은 땅에 두루 꽂아두면 배 이상의 수확을 거둘 수 있다. 박제가(朴齊家)의 『북학의』에서 화살곶〔箭串〕,[1] 율도(栗島)[2] 등지에서는 고구마를 많이 심을 수 있다고 하였는데 이런 것을 보았기 때문이다.】○서현호 『감저소』

至之限,令高一二尺,種卵于埒上.七月潦收,又剪藤廣揷于低下之地,則當得倍收.朴齊家北學議云:'箭串·栗島等地,可多種藷',亦有見乎此也.】○同上

어떤 사람이 묻기를 "고구마는 본래 남쪽 지방에서 생산되는 것인데 그대는 옮겨 심을 수 있다고 말을 하니 경성의 남북과 그 여러 주변에 모두 고구마를 심어서 사람의 식량을 도울 수 있겠는가?"라고 하니, 내가 "할 수 있다."고 대답하였다. 고구마는 봄에 심어서 가을에 수확하니 여러 곡식과 다르지 않다. 경성 주변의 땅은 곡식 심는 것을 그치지 않으니 어찌 고구마를 심기에만 적당하지 않을 수 있겠는가?

或問:"藷本南産,而子言可以移植,不知京師南北以及諸邊皆可種之,以助人食否?"余曰:"可也."藷春種秋收,與諸穀不異.京邊之地,不廢種穀,何獨不宜藷也?

【按오늘날 연경 사람들은 고구마를 특히 많이 심는다. 찌거나 구워서 파는데 곡식이나 채소와 이익이 비슷하다. 더 북쪽으로 심양 같은 곳에서도 모두 그러하다고 한다. 현호의 설은 믿을 만하고 증거도 있다. 우리나라의 가장 북쪽에 있는 주와 군은 위도가 매우 놓

【按今燕京人種藷特盛.蒸煨貨之,利肩穀菜,更北如瀋陽等地,皆然云.玄扈之論信而有徵矣.我東深北州郡,極高四十一度,與瀋陽相直.南自康津·海

1 화살곶〔箭串〕_ 지금의 서울 성동구 사근동의 뚝섬 일대이다.

2 율도(栗島)_ 지금의 오키나와에 있는 아구니섬이다.

아 41도인데 심양과 서로 비슷하다. 그러니 남으로 강진(康津) 해남(海南)으로부터 북으로 삼수(三水)와 갑산(甲山)에 이르기까지 모두 고구마를 심을 수 있다. 어떤 사람은 풍토가 맞지 않다고 말하는데 짧은 견해이다.】○서현호『감저소』

南,北至三水·甲山,皆可種藝.或云風土不宜者,方偶之見也.】○同上

강남의 물가에 있는 낮은 밭은 고구마를 심기에 적당하지 않다. 만약 평시에 쪽풀이나 콩을 심는 높이 솟은 땅이라면 고구마를 쉽게 심을 수 있으며 몇 배의 수확을 할 수 있다. 장강 이북은 땅이 더욱 높고 넓어서 이익이 백배에 달한다. 서현호『감저소』

江南田圩下者,不宜藷.若高仰之地,平時種藍·種豆者,易以種藷,有數倍之獲.大江以北,土更高·地更廣,卽其利百倍矣.同上

작년에 일본에서 고구마 종자를 사다가 내부(萊府)에 심었는데 자라기도 하고 자라지 않기도 하였다. 자세히 관찰 해보니 오로지 땅의 성질이 얼마나 단단하고 부드러운가의 여부에 달려있을 뿐이었다. 고구마는 포송포송한 땅을 좋아하여 처음에는 뿌리를 뻗어 갈 수 있다. 그러나 땅이 성글고 단단하지 못하면서 지나치게 깊으면 뿌리가 깊이 들어가기만 할 뿐이고 끝내는 씨알을 맺지 않는다. 그러므로 반드시 포송포송한 땅 5~6치 깊이에【按이것은 포백척(布帛尺)을 가지고 말한 것이다.】단단한 생흙이 있어야만이 뿌리가 더 이상 뚫고 들어갈 수가 없으므로 비로소 기가 크게 맺혀 주먹만 하게 큰다. 대마도의 고구마가 작은 것은 계란만 하고 큰 것은 오리알만 하지만 하나하나가 모두 충실한 것은 또한 이 때문이니, 모두 자갈땅 위에 성근 흙이 약간 있어 뿌리가 땅속 깊이 들어가지 않고 씨알을 맺기 때문이다.【按『산거요술』에서 서여를 심는 방법: 3~5곳에 구덩이를 만들고 구덩이 밑에 빽빽하게 벽돌을 깔고 사방 주위 측면에도 벽돌을 깔아서

昨年購藷種于日本,種之萊府,或成或不成.細察之,專由土性硬軟之如何耳.大抵藷喜鬆土,始得行根,然虛浮過深,則其根但深入而已,經不抱卵,須於鬆土五六寸之下,【按此以布帛尺言.】遇堅硬生土然後,根不能鑽入,始氣結磅礴如拳.對馬島藷小如鷄卵,大如鵝卵,箇箇充實者,亦由此,皆石确而上有浮土若干,根不深入,結而爲卵故也.【按山居要術種薯蕷法:作三五所坑,下密布甎,四圍亦側布磚,防根別入傍土,蓋懼其根細也.種藷亦當用此法.】○姜氏甘藷譜

뿌리가 따로 옆의 흙으로 뻗어 들어가는 것을 방지하니 그것은 뿌리가 가늘어지는 것을 두려워해서이다. 고구마를 심을 때에도 이 방법을 사용해야 한다.】 ○ 『강씨감저보』

고구마 심는 땅은 반드시 높고 평평하고 기름진 양지쪽의 모래땅을 선택한다. 만약 단단하게 굳은 땅이라면 거름을 주어 흙을 부드럽게 하는 것도 좋다. 고구마의 성질은 습한 것을 싫어하기 때문에 낮고 습한 땅만을 꺼릴 뿐이다. 『김씨감저보』

擇地必於高平沙土, 膏腴·向陽之處. 若堅剛之土, 則糞之, 令土脉和緩, 亦妙. 藷性惡濕, 故只忌下濕之地耳. 金氏甘藷譜

【3. 시기】

【時候】

고구마는 2월에 심는다. 『남방초목장』

甘藷, 二月種. 南方草木狀

저장한 종자는 반드시 상강(霜降) 전에 파종을 해야 하고, 반드시 청명 후에 다시 절반을 남겼다가 곡우 이후에 심어야 하니, 청명 전후에도 오히려 추운 날씨와 서리가 있을까 두렵기 때문이다.【按우리나라 영남과 호남 연해 지방에서는 청명 이후에 심어야 하고 한강 이남, 한강 이북의 가까운 산골짜기에 있는 주와 군은 마땅히 곡우 이후를 기다려 심어야 한다. 서리가 내리면 빨리 심는 것을 멈추고 땅이 녹아 부드러워지는 것으로 심는 때를 삼는다.】○『감저소』

藏種, 必於霜降前下種, 必於淸明後更宜留一半, 於穀雨後種之, 恐淸明左右, 尙有薄稜微霜也.【按我國嶺湖南沿海地方, 當以淸明後種; 漢南 · 漢北近峽州郡, 當待穀雨後種. 大抵以霜信快止, 土脉融和爲候耳.】○甘藷疏

고구마 싹은 2~3월부터 7~8월까지 모두 심을 수 있다. 다만 씨알의 크기에 차이가 있을 따름이다. 『감저소』

藷苗, 二三月至七八月俱可種. 但卵有大小耳. 同上

고구마를 2~3월에 심을 경우에는 그 땅을 가늠할 때, 매 포기 사이를 사방 2보 반으로 하면 씨알이 두루 박힌다. 4~5월에 심을 경우에는 포기 사이를 사방 2보 정도로 하면 씨알이 두루 박힌다. 6월에 심을 경우에는 포기 사이를 사방 1보 반 정도로 하고, 7월에 심을 때는 사방으로 1보 정도로 하면 씨알이 두루 박힌다. 8월에 심을 경우에는 사방 3자 이내로 하면 씨알이 가늘고 작아질 수 있다. 심는 간격은 대략 이 정도를 기준으로 삼는다. 사방 2보 정도의 간격으로 하면 1묘에 60포기 정도 심고 사방 1보 반으로 하면 1묘당 106포기 정도 심으며, 사방 1보일 경우는 1묘당 140포기 정도 심고 사방 3자인 경우에는 1묘당 960포기 심는다. 9월에 이랑에 심으면 생겨나는 씨알이 젓가락 같고

凡藷二三月種者, 其占地也, 每科方二步有半, 而卵偏焉; 四五月種者, 地方二步, 而卵偏焉; 六月種者, 地方一步有半; 七月種者, 地方一步, 而卵皆偏焉; 八月種者, 地方三尺以內, 得卵細小矣. 種之疎密, 略以此準之. 方二步者, 畝六十科也; 方一步有半者, 畝一百六科有奇也; 方一步者, 畝一百四十科也; 方三尺者, 畝九百六十科也. 九月畦種, 生卵如箸 · 如棗, 擬作種, 此松江法也. 北方早

대추알 같아서 종자로 삼을 수 있는데 이것은 송강 정철(鄭澈)의 방법이다. 북쪽 지방은 빨리 추워지기 때문에 1개월 정도 빠르게 계산을 하고 또 날씨의 춥고 따뜻함을 봐가면서 때에 맞춰 짐작을 해야 한다. 『감저소』

寒,宜早一月算,又在視天氣寒煖,臨時斟酌耳.同上

서현호가 춘분 이후에 파종을 한다고 하였고 또 파종은 반드시 청명 이후에 해야 한다고 했는데 이것은 모두 남방에서 심을 때를 말한 것이다. 우리 조선의 절기는 청명 때에도 서리와 추위가 아직도 좀 매우므로 반드시 곡우 이후를 기다렸다가 파종해야 한다.【按 우리 조선 호남의 연해에 있는 주와 군들은 위도가 중국 강남의 위도와 1~2도밖에 차이나지 않기 때문에 마땅히 강소와 절강에서 심는 때를 사용해야 한다. 한양에서 심는 절후를 일괄적으로 따라서는 안된다.】○『강씨감저보』

徐玄扈云,春分後下種.又云,下種必於淸明後.此皆南方種候也.我東節候淸明時,霜冷猶緊,須待穀雨後,下種可也.【按 我東湖南沿海州郡極高與江南極高,只爭一二度,當用江浙種候.不可但以漢陽節候槩之也.】○姜氏甘藷譜

반드시 청명과 곡우에 얽매일 것 없이 서리가 그쳐 날씨가 따뜻하기를 기다렸다가 파종하면 된다. 『김씨감저보』

不必拘於淸明穀雨,但待霜斂日和時,下種可也.金氏甘藷譜

【4. 전종】

종자를 저장하는 방법은 두 가지가 있다. 한 가지 방법은 씨알을 옮기는 것이다. 9월과 10월 사이에 고구마 씨알을 파서 뿌리 근처에 먼저 난 것을 고르되 손상되지 않게 부드러운 풀로 싸서 통풍이 잘 되는 음지쪽에 걸어서 말렸다가 춘분 이후에 심는다. 또 한 가지 방법은 넝쿨을 옮기는 것이다. 8월 중에 뿌리 근처의 늙은 넝쿨을 가려서 7~8치 정도 길이로 자른다.【按 현호 『감저소』에서 말하는 척도는 모두 주척을 따랐다.】7~8가지를 한 묶음으로 만들어 땅을 갈고 두둑을 만든 다음 부추 심는 방법처럼 한 묶음씩 두둑에 심는다. 1개월 정도가 지나면 매 줄기 가지 밑에서 마늘통만 한 작은 씨알이 생긴다. 겨울에는 추위가 두려우니 풀로 덮어두었다가 이듬해 춘분이 되면 심는다. 원래 씨알이 땅속에 있는 경우는 동지 이후에 썩지 않는 것이 없기 때문이다.【按 여기서 말한 씨알을 옮겨 심는 방법은 남쪽 지방에는 맞지만 북쪽 지방에서는 맞지 않다. 북쪽의 땅은 기후가 차가워서 이슬이 내리고 바람이 들면 얼어 죽을 걱정이 있기 때문이다. 넝쿨을 끊어서 두둑에 심는 방법은 남북에 모두 맞는다. 그러나 야생쥐가 파낼 것을 염려하여 반드시 사방 주위에 돌을 쌓아서 오늘날 인삼을 심어서 숨기는 방법처럼 하고 위에다 쥐 끈끈이를 깔아놓는 것이 좋다.】○『감저소』

【傳種】

藏種有二法.其一傳卵,于九十月間掘諸卵,揀近根先生者,勿令傷損,用軟草苞之,掛通風處陰乾,至春分後種之.其一傳藤,八月中揀近根老藤,剪取長七八寸.【按玄扈疏所言尺度,皆周尺也.】每七八條,作一小束,耕地作埒,將藤束栽,種如畦韭法.過一月餘,卽每條下生小卵,如蒜頭狀.冬月畏寒,稍用草籠蓋,至來春分種.若原卵在土中者,冬至後無不壞爛也.【按此所云傳卵之法,宜南而不宜北.北土氣寒,露掛通風,輒患凍死也.若剪藤畦種之法,南北俱宜,然恐野鼠掘,須四圍砌石,如今種竄蔘之法,而上鋪鼠粘子可也.】○甘藷疏

고구마 뿌리는 아주 연하고 부드러워서 땅속에 있으면 매우 쉽게 문드러진다. 바람에 말려 거두어 저장하고 땅속에 넣어서는 안 되며 또 어는 것도 견디지 못한

藷根極柔脆,居土中甚易爛.風乾收藏,不宜入土,又不耐氷凍也.余從閩中,市種北來,秋時

다. 내가 민중(閩中)으로부터 종자를 사서 북쪽으로 가져와 가을에 넝쿨을 전하여 심는 방법으로 나무통 하나를 만들어 그 속에 고구마 줄기를 심었다가 봄이 되자 통 채로 가지고 대관령을 넘어가서 나누어 심었더니 반드시 살았다. 봄 사이에 종자를 가져오려면 뿌리를 전하는 방법으로 가져오며, 어떤 때는 넝쿨을 가져 오더라도 간혹 문드러지는 경우가 있고 문드러지지 않는 경우가 있으니 살더라도 발육이 더디다. 오직 뿌리가 붙은 것이 힘이 넉넉하여 쉽게 살고 씨알도 매우 일찍 생긴다. 『감저소』

用傳藤法, 造一木桶, 栽藤種于中, 至春, 全桶携來, 過嶺分種, 必活. 春間携種, 卽擇傳根者持來, 有時傳藤, 或爛壞不壞者, 生發亦遲. 惟帶根者, 力厚易活, 生卵甚早也. 同上

종자를 저장하는 방법에는 세 가지가 있다. 그 한 가지 방법은 상강 이전에 집의 동남쪽으로 서풍이 없으면서 동쪽에 해가 드는 곳을 선택하여 사방 너비 1길 남짓, 높이 2자 정도 되게 하여 짚으로 바닥을 겹겹이 싼다. 그 위에 다시 사방 주위를 따라 2자 높이로 싸서 그 가운데를 비게 하고 사방 너비는 2자 정도 되게 한다. 그리고 바닥을 짚으로 안온하게 깐 다음 종자를 그 안에 놔둔다. 그리고 다시 대나무를 묶어 틀을 만들어 위에 얹어놓고 그 위를 짚으로 덮는다. 맨 위에는 짚으로 높은 날개를 만들어 덮고 바람기운과 눈비를 맞지 않을 정도에서 그친다. 또 한 가지 방법은 짚을 밑바닥에 1자 정도 깔고 위에다 풀을 태워 만든 재를 가득 채우고 그 가운데에다 종자를 놓고 다시 재로 두텁게 덮는다. 그 위는 짚으로 비스듬하게 덮되 매우 두텁게 한다. 두 가지 방법은 넝쿨과 씨알을 저장하기에 모두 적합하고 동시에 넝쿨과 씨알을 안치하더라도 상하지 않으나 씨알을 저장하는 것이 비교적 낫다. 또 8월 중에 자기로 만든 동이로 옮겨 심었다가 상강

藏種三法. 其一, 以霜降前, 擇於屋之東南無西風有東日處, 以稻草疊基, 方廣丈餘, 高二尺許. 其上更疊, 四圍高二尺而虛其中, 方廣二尺許, 用稻穩襯之, 置種焉. 復用稻覆之, 縛竹爲架, 籠罩其上, 以支上覆也. 上用稻草, 高垜覆之, 度令不受風氣雨雪乃已. 又一法, 稻隱襯底一尺餘, 上加草灰盈, 凡置種其中, 復以灰穢厚覆之, 上用稻草斜苫之, 令極厚. 二法, 藤卵俱合, 幷安置俱得不壞, 而卵較勝. 又以磁盆, 於八月中移栽, 至霜降, 如前二法藏之亦活. 其窖藏者, 仍壞爛也. 同上

이 되면 앞의 두 가지 방법대로 저장하여도 산다. 움에다 저장할 경우에는 썩는다.『감저소』

종자를 저장하기가 어려운 점은 하나는 습기 찰까 두렵고, 하나는 얼어버릴까 두려운 것이다. 땅속에 묻어두면 얼지는 않지만 습기가 차고 땅속에 묻지 않으면 습기는 차지 않지만 얼어버린다. 앞의 두 방법은 반드시 습기도 차지 않고 얼지도 않기 때문에 온전히 저장할 수 있다. 북방 같은 경우에는 바람이 세차고 추워서 거적으로 덮어두는데 이것은 어느 것을 면하지 못할까 염려해서이나 움집의 습기는 반대로 적어진다. 그러므로 북방 아래 지방에서 움집에다 저장하는 방법을 쓴다면 나의 설명에 가감을 하여 사용하기 바란다.『감저소』

藏種之難,一懼濕·一懼凍.入土不凍而濕;不入土不濕而凍.向二法,令必不受濕與凍,故得全也.若北土風氣高寒,卽厚草苫,蓋恐不免氷凍,而地窖中濕氣反少.以是下方仍著窖藏之法,冀因愚說消息用之.同上

북방에서 고구마를 심는 것이 복건·광동〔閩廣〕지역보다 못한 것은 겨울에 얼어서 종자를 남기기가 어렵기 때문이다. 어는 것을 피하려고 한다면 움집에 저장하는 것만한 것이 없다. 우리 고을에서 움집에 저장할 경우에는 또 습기를 꺼린다. 북방의 경우는 위도가 높으므로 땅을 1길 남짓 파더라도 습기가 차지 않으며 일단 움집에다 고구마를 넣으면 바로 어는 것을 면하여 싹이 날 수 있다. 그러므로 오늘날 경성에서는 겨울 3개월 동안 채소와 과일을 움집에 저장하여 봄, 여름과 다름이 없는 것이다. 또 한 가지 방법이 있으니 불을 쬐게 하여 겨울에도 꽃이 피고 열매를 맺게 하는 것이다. 그러니 고구마 종자를 저장하는 방법은 마땅히 강남보다 더욱 쉬울 따름이다.【按우리나라에서 종자를 저장함에 있어서 한강 이남에서는 마땅히 짚을 사용하여 덮는 저장법을 사용해야 하고, 한강 이북

北方種藷,未若閩廣者,徒以三冬氷凍,留種爲難耳.欲避氷凍,莫如窖藏.吾鄕窖藏,又忌水濕.若北方地高,掘土丈餘,未受水濕,但入地窖,卽免氷凍,仍得發生,故今京師窖藏菜果三冬之月,不異春夏.亦有用法,煨蒸,令冬月開花結蓏者.其收藏藷種,當更易於江南耳.【按我東藏種,漢南當用稻穩蓋藏法;漢北當用窖藏法.然須觀該地風氣寒暖,土地燥濕,而度通之,不可膠泥一法也.】○同上

에서는 마땅히 움집에 저장하는 방법을 사용해야 한다. 그러나 반드시 해당 지역 날씨가 춥고 더운가와 땅이 습한가와 건조한가를 살펴서 변통을 해야지 한 가지 방법에만 얽매여서는 안된다.】○『감저소』

또 복건〔閩〕지방 사람이 말한 종자 남기는 방법 한 가지가 있으니 상강 전에 늙은 넝쿨을 잘라내어 종자를 만드는 것이다. 먼저 큰 독을 깨끗이 씻어 햇볕에 말리거나 불을 쬐어 말린다. 그런 다음에 넝쿨을 잘라 7~8할 정도를 햇볕에 쬐어 말리고 마른 볏짚을 독에 깔고 그 말린 고구마 줄기를 둥글게 똬리를 틀어 볏짚 가운데에 놓아둔다. 그 다음에 볏짚으로 독 아가리를 봉한다. 먼저 땅을 파서 구덩이를 만들되 습기가 차지 않도록 습기와 깊이를 헤아려서 깊으면 2자 정도 하고 얕으면 평지와 같이 만든다. 우선 볏짚이나 왕겨를 바닥에 2~3치 정도 두께로 깔고 그 위에 독을 거꾸로 뒤집어 세운다. 그런 다음에 흙을 구덩이에 가득 채우고 나서도 좀 더 높이 채워 독 밑으로부터 4~5치 정도 높이까지 채운다. 그렇게 하여 이듬해 청명이 지난 다음에 흙을 걷어내면 독에서 이미 싹이 터 있을 것이다. 이 방법은 여러 지방에서 모두 쓸 수 있을 것 같아서 함께 기록한다.『감저소』

復有一閩人說留種法.於霜降前,剪取老藤作種.先用大罎洗淨,曬乾或烘乾.次剪藤曬至七八分乾,用乾稻草穀襯罎,將藤蟠曲置稻草中.次用稻草穀塞口.先掘地作坎,量濕氣·淺深,令不受濕,深或二尺許,淺或平地.先用稻草穀或礱糠鋪底,厚二三寸,將罎倒卓其上,次實土滿坎,仍壙高,令罎底土高四五寸.至來年清明後取起,卽罎中已發芽矣.是說疑諸方具可用,幷識之.同上

민중 지방에서 종자를 저장할 때에는 줄기와 씨알을 모두 7~8할 정도 햇볕에 말려 저장한다. 이후에 남북 지방에서는 줄기와 씨알을 거둬 저장할 때 모두 마땅히 마른 것을 사용해야 하는데 간혹 절반은 마르지 않은 것을 사용하고 있으니 두루 시험해 봐야겠다.【按『김씨감저보』에 이르기를 '말리면 말라 죽는데 어찌 종자로 쓸 수 있겠는가?'라고 하였는데 이것은 대개

閩中藏種,藤卵俱晒七八分乾,收之.向後南北收藏,俱宜用乾者,或半用不乾者,雜試之.【按金氏甘藷譜謂,'乾則枯死,寧可作種?'此恐未必然.今葉菜種子,燥曝經年,一入土中,生意蓋然,何謂乾便枯死

반드시 그런 것은 아니다. 오늘날 잎채소〔葉菜〕 종자는 햇볕에 말려서 1년이 지나도 일단 땅속으로 들어가면 생기가 넘쳐나니 어찌 말렸다고 해서 즉시 고사한다고 할 수 있겠는가? 그러나 남방 사람들이 반드시 말려서 저장하는 것은 습기 때문에 썩는 것을 두려워하기 때문이다. 만약 습기만 멀리 할 수 있다면 말리지 않아도 된다.】○『감저소』

乎?然南人所以必須乾收者,蓋懼濕敗也.苟可以遠濕,雖不乾亦可也.】○同上

한 가지 방법은 상강 전에 뿌리 가까이 있는 약간 단단한 씨알을 취하여 음지에서 말리고 부드러운 풀로 각각 싼 다음에 다시 부드러운 풀로 싸서 바람이 불지 않는 따뜻한 곳에 놓고 서리와 눈을 가까이 하지 않고 얼지 않는 곳에 둔다.【按이 방법은 서현호의 씨알을 전하여 심는 방법의 제1조와 비슷한데 '부드러운 풀로 각각 싼다.'는 네 글자의 말이 핵심이 된다. 대개 고구마의 씨앗은 서로 부딪치는 것을 가장 꺼리니 부딪치면 썩어 문드러진다.】○『군방보』

一法,霜降前取近根卵稍堅實者,陰乾,以軟草各襯,另以軟草裹之,置無風和暖·不近霜雪·不受氷凍處.【按此法,與徐玄扈傳卵法第一條相近,而'軟草各襯'四字,爲得肯綮.蓋藷卵最忌相磨戞,則輒壞爛也.】○羣芳譜

한 가지 방법은 상강(霜降) 전에 뿌리 넝쿨을 거두어 햇볕에 말려서 부뚜막 밑에 깊이 1자 5~6치 가량 되는 움집을 파고【按『군방보』에서 말하는 척도는 모두 주척이다.】 먼저 왕겨를 3~4치 깐 다음 그 위에 종자를 안치하고 다시 왕겨를 3~4치 정도 깔고 흙으로 덮는다.【按부뚜막 밑에 움집을 파면 어는 것과 습기를 가장 잘 방지할 수 있다. 지금 사람들이 파초 뿌리를 저장할 때 대부분 이 방법을 사용한다.】○『군방보』

一法,霜降前收取根藤,曝令乾,於竈下掘窖,約深一尺五六寸,【按羣芳譜所言尺度,皆周尺也.】先下稻糠三四寸,次置種其上,更加稻糠三四寸,以土蓋之.【按竈下掘窖,最禦凍濕.今人藏芭蕉根,多用此法也.】○同上

한 가지 방법은 7~8월에 늙은 넝쿨을 취하여 나무통이나 혹은 자기로 만든 그릇 속에 넣어둔다. 상강 이전에 풀로 만든 그릇에 넣어 왕겨를 깐 다음 양지쪽 불 가까운 근처에 놓아두었다가 춘분 이후에 심는다.『군방보』

一法,七八月取老藤,種入木筩或磁瓦器中,至霜降前,置草篅中,以稻糠襯,置向陽近火處,至春分後種之.同上

9월에 서리가 내리기 전에 채취하여 온전한 것을 골라 종자로 만든다. 양지쪽 땅에 구덩이를 파고 짚 또는 메밀대와 보릿대를 깐 뒤 다시 황토를 체에 쳐서 섞어 넣고 고구마 종자를 저장함으로써 서로 부딪치지 않게 한다. 거적으로 구덩이 위를 두텁게 덮어서 빗물이 침투하여 얼어 손상되는 것을 방지한다. 『일본종저방』

九月霜降前採取，揀其完好者作種子.掘坑於向陽之地，鋪以稻草及蕎麥稭，又將黃土篩下攪和，將藷種藏掩，毋令相戛，用藁笘厚覆坑上，以防雨滲凍損.日本種藷方

고구마의 성질은 매우 부드럽고 연하므로 조금만 얼어도 취하여 종자로 저장하기가 매우 어렵다. 어떤 사람은 움집에 저장하면 실패하지 않는다고 하였으나 시험해보니 또한 부패하고 상하여 종자로 쓸 수가 없었다.【按움집에 저장할 때는 마땅히 먼저 그 땅의 습도를 살펴야 한다. 만약 낮고 습한 땅에 저장한다면 어찌 묶어 쌓아서 불가에 놓는 것과 다르겠는가. 이와 같이 하고서 움집은 해로워서 저장할 수 없다고 한다면 통론이 아니다.】『강씨감저보』

藷性極軟脆，少凍輒取藏種最難.或云，窖藏則不敗，然試之，亦腐傷不可爲也.【按窖藏，當先觀其地燥濕，苟藏之下濕之地，何異束緼而就焰也.如是而曰害不可藏，則非通論也.】○姜氏甘藷譜

한 가지 방법은 상강 이전에 껍질이 온전하고 육질이 단단한 것을 택하여 먼저 깨끗이 손질해 놓고 마른 볏짚을 엮어 둥우리를 만든다. 다시 짚을 썰어서 고구마 종자와 섞어 둥우리에 저장하고 사람이 사는 따뜻한 집 벽에다 걸어놓으면 겨울을 나도 껍질이 상하지 않으며 껍질이 조금 마르더라도 상관이 없다. 이는 오늘날 토란 종자를 저장하는 방법과 같다. 『강씨감저보』

一法，霜降前擇皮完肉實者，先淨，以乾稻草編作苞篅.又剉稻草，和藷種藏於苞篅中，掛人居煖屋壁上，可經冬不傷皮.雖小乾，亦無妨.與今藏芋種法同.同上

한 가지 방법은 동이에다 흙을 담아서 고구마를 겹겹이 포개어 빽빽하게 꽂아두고 동이 밑바닥에 나무판자를 깔고서 따뜻한 방에 놓는다. 동이 위의 흙이 마르면 새 흙으로 바꿔준다. 이렇게 하면 겨울이 지나도 썩지 않는다. 『강씨감저보』

一法，用瓦盆盛土，以藷卵層疊密揷，以木板承盆底，置煖屋中.盆上土若乾燥，易以新土，亦經冬不敗.同上

한 가지 방법은 고구마 종자를 깨끗이 씻어 깨끗한 항아리에 넣고 입구를 단단히 밀봉하여 따뜻한 방에 놓아두면 또 겨울을 나도 썩지 않는다.【按『김씨감저보』에 '고구마는 물로 씻어서는 안 되니 그것이 습기를 꺼리기 때문이다.'라고 하였다. 그러나 깨끗이 씻고 나서 재빨리 다시 햇볕에 말린다면 또한 해는 없다.】 ○『강씨감저보』

一法,洗淨諸種,納于淨潔缸中,堅封其口,置之煖屋中,亦經冬不敗.【按金氏甘藷譜云:'諸種不可水洗,爲其忌溼也.'旣洗淨旋復晾乾,則亦無害.】○同上

먼 곳으로부터 종자를 가져올 때는 서로 닿아 부딪치는 것을 꺼리니 서로 부딪치게 되면 껍질이 손상되고, 눌러서 쌓는 것을 꺼리니 눌러서 쌓게 되면 기운이 푹푹 찌게 된다. 그러므로 반드시 부드러운 풀을 넣어 서로 격려시키기를 제주도 사람들이 귤을 싸는 것처럼 하고 또 반드시 기운이 소통되게 하여야 한다.『강씨감저보』

其自遠取種而來也,忌相觸戛,觸則皮損;忌壓積,壓積則氣蒸.必用軟草相隔褁之,如耽羅人褁柑然,又必使疏通其氣.同上

종자를 저장함에 있어서는 크기에 상관없이 신선한 씨알로 껍질이 온전하고 단단한 것을 택한다. 먼저 두꺼운 항아리나 단지를 물로 깨끗이 씻은 다음 다시 불을 쬐거나 혹은 햇볕에 말려서 물기를 깨끗이 없앤 뒤 비로소 고구마를 담는다. 그리고 나서 질기고 두터운 기름종이로 입구를 여러 겹 봉한 다음 따뜻한 방안에 놓고 바깥공기가 들어가지 않게 한다. 큰 추위를 당하면 짚으로 단지를 싸서 조금이라도 얼지 않게 하여야 하니 얼면 반드시 썩기 때문이다. 또 한 가지 방법은 한 길 정도의 움집에 오늘날 토굴에 사는 것처럼 서까래를 엮고 이엉을 덮고 고구마 종자를 그 속에 넣어두면 또 겨울이 지나도 상하지 않는다. 이상의 두 가지 방법은 모두 6~7일마다 한 번씩 점검을 하여 혹시라도 부패된 곳이 있으면 칼로 깎아 제거하고 불로 지져

凡藏種,不論大小,擇新卵皮完堅實者.先用質厚瓦缸或瓮罈,以水洗之,復火烘或晒乾,令水氣淨盡,始貯諸種,以堅厚油紙封口數重,置諸煖屋內,使外氣不得入.當祁寒則以草藁褁缸,勿令小凍,凍則必敗.又法,窨地丈餘,搆椽苫蓋,如今人所居土窟,置諸種其中,亦經冬不傷.已上二法,俱於六七日一點閱,或有腐敗處,以刀刮去,以火烙之,勿令漸染敗羣.蓋諸性畏寒惡濕,故一根腐傷,則其汁傳染旁根,久久漸染,必盡壞而

서 다른 많은 고구마에까지 점차 전염되지 않게 한다. 고구마의 성질은 추위를 두려워하고 습한 것을 싫어하기 때문에 고구마 하나가 부패되어 상하면 그 즙이 옆에 있는 고구마까지 전염시켜 차례로 점차 전염을 시킨 다음 반드시 다 썩은 뒤에 그친다. 그러니 반드시 날씨가 화창하고 맑은 날을 가려 점검하는 것이 좋다.『김씨감저보』

後已也.然必擇日氣晴和時,點閱可也.金氏甘藷譜

고구마 종자를 전할 때는 습기와 어는 것을 꺼린다. 겨울에 집안에서 흙을 동이 속에 안치하고 고구마를 며칠 흙속에 묻어두었다가 며칠 후에 다시 뽑아내거나 하면 모든 고구마가 일시에 썩어버린다는 사실을 절대 놓쳐서는 안된다.『북학의』

甘藷傳種,忌濕忌凍.冬天屋裡置土於盆中,埋之數日,拔之數日,切勿放過,以致萬顆之一時壞了也.北學議

고구마는 종자를 저장하는 것이 가장 어렵다. 습하면 문드러져 죽고 건조하면 말라 죽고 뜨거우면 떠서 죽고 추우면 얼어 죽는다. 오직 콩을 타작하고 난 콩깍지 흙이 습하지도 건조하지도 않고 뜨겁지도 차갑지도 않아서 고구마 종자를 저장할 수 있다.『행포지』

甘藷最難藏種.濕則爛死;燥則枯死;熱則蒸死;寒則凍卵.惟輾豆場坌,不濕·不燥·不熱·不冷,可藏諸種.杏蒲志

【5. 심고 가꾸기】

【種藝】

12월에 땅을 갈아서 인분으로 북돋아주고 춘분 이후에 파종을 한다. 먼저 재와 볏짚 자른 것, 혹은 소와 말의 똥거름을 흙과 섞어서 땅을 포소포송하게 하여 뿌리가 잘 뻗어나갈 수 있게 한다. 다시 땅을 2자 정도 깊이로 갈고 고구마 종자를 2~3치가량씩 잘라서 심고 나서 흙을 반 치 정도 두께로 덮는다. 대략 마를 심는 방법과 같이 포기 사이의 거리는 몇 자로 한다.【按남방은 기온이 따뜻하여 12월에 밭을 갈 수 있다. 북방 같으면 오직 가을에 갈아야 한다.】○『감저소』

臘月耕地,以大糞壅之,至春分後下種.先用灰及剉草或牛馬糞和土中,使土脈散緩,可以行根.重耕地二尺許深,將諸種栽斷,每長二三寸種之.以土覆深半寸許.大畧如種薯蕷法,每株相去數尺.【按南方氣暖,可以臘月耕.若北土,只宜秋耕耳.】○甘藷疏

집에 빈 땅이 있으면 모두 고구마를 심을 수 있다. 만약 고구마를 심을 땅이 모래땅이 아니라면 나뭇재를 많이 섞어 섞어 그 포송포송한 정도가 모래땅과 같게 만든다. 민가의 낮고 구석진 곳에 햇볕이 드는 몇 자의 땅만 있으면 고구마를 심어서 한 섬 정도를 수확할 수 있다. 그 심는 방법은 똥거름과 흙을 섞어 햇볕에 말린 뒤 나뭇재를 섞어서 대나무 광주리에 담아서 심는 법대로 심는다.【按『행포지』에 표전법(俵田法)이라는 것이 있는데 일본 사람들은 짚을 엮어서 곡식을 담는 그릇을 표(俵)라고 하며 우리나라에서는 속칭 공석(空石)이라고 하는데 현호(玄扈)가 말한 대나무 광주리에 감자를 심는 방법과 서로 비슷하다. 대개 좁은 고을에서 밭이 없는 사람들이 대나무 광주리를 설치한다. 빈한한 집에서 만약 대나무 광주리를 많이 얻기가 어렵다면 버린 표(俵)를 사용하여 심어도 된다.】○『감저소』

人家凡有隙地,悉可種藷.若地非沙土,可多用柴草灰雜入其土,其浮虛與沙土同矣.卽市井湫隘,但有數尺地,仰見天日者,便可種得石許.其法,用糞和土曝乾,雜以柴草灰,入竹籠中,如法種之.【按杏蒲志有俵田法,日本人謂編稻藁,盛穀曰俵,我東俗名空石.與玄扈所言竹籠種藷法相似,蓋爲狹鄕無田者,設也.貧寒之家,如難多得竹籠,只用退俵種之可也.】○同上

고구마 밭은 반드시 똥거름과 재를 많이 넣어서 매우

藷田,必多入糞灰,令極肥腴,

비옥하게 한 연후에 무성하기를 바랄 수 있다. 『강씨감저보』

然後可責滋茂.姜氏甘藷譜

고구마 밭은 두 가지가 있다. 하나는 앙전(秧田)인데 가을과 겨울 사이에 갈고 이듬해 청명 이후와 곡우 이전에 다시 3~4차례 갈아서 뒤집어엎어 두둑을 만드는데 포백척(布帛尺)으로 한 자 정도 높이로 만든다.【按이하의 『김씨보』에서 말한 척도는 모두 포백척을 사용한다.】두둑에 고구마를 심고 싹이 나서 뻗어 가면 벼를 앙전에 심듯이 잘라서 다른 밭에 옮겨 심는다. 또 한 가지는 종전(種田)이라고 한다. 역시 가을과 겨울 사이에 밭을 갈고 이듬해 5월 15일 전에 다시 3~4차례 가는데 반드시 깊이 갈 필요는 없고 쟁기 하나의 깊이로 척도를 삼는다. 햇볕에 말리거나 똥거름을 주는 것은 위의 방법대로 한다. 그리고 다시 쇠갈퀴가 있는 가래로 갈아 모아서 너비 1자 7~8치 정도의 두둑을 만들고 줄기를 끊어서 옮겨 심되 벼를 종전에 옮겨 심는 것과 같이 한다. 고구마가 씨알을 맺는 것은 전적으로 종전을 얼마나 적절히 갈고 다스리느냐에 달려 있다. 여러 번 갈고 나서 햇볕에 말리고 똥거름을 주어 다스리면 토질이 부드러워지니 쟁기질을 하지 않은 생땅과는 차이가 난다. 그러므로 고구마 뿌리가 흙속으로 뚫고 들어갈 수 있고 생땅에 이르러서는 뚫고 들어갈 수 없게 되어 마침내 씨알이 크게 되는 것이다. 그러므로 쟁기 하나의 깊이로 가는 것을 척도를 삼는 것이고 지나치게 깊이 갈면 뿌리가 가늘어지게 되는 것이다. 『김씨감저보』

藷田有二.一曰秧田,秋冬耕之,明年淸明後·穀雨前,又耕三四次,起脊作壠,高可布帛尺一尺.【按此下金氏譜所言尺度,皆用布帛尺.】種藷壠上,苗生延蔓,則剪斷移插他田,如稻之有秧田也.一曰種田,亦秋冬耕之,明年五月望前,更耕三四次,不必深耕,只以一犁深爲度,晒曝糞治,如法.更以鐵鐵刃杴聚壒作壠,廣可一尺七八寸,以備剪莖移揷,如稻之有移種田也.大抵藷之成卵,全在種田耕治之得宜,旣屢耕之,且晒曝糞治,則土脉柔緩,與不受犁生土逈異,故藷根能鑽入於土中,及至生土,乃不能鑽入,遂磅礴碩大,故以一犁深爲度,過深則根細也.金氏甘藷譜

이미 법대로 앙전을 다스렸다면 고구마 종자를 두둑에다 눕혀 심고 1치 깊이로 흙을 덮는다. 포기 사이 거

旣治秧田如法,將藷子橫種于壠上,覆土深一寸許,每科相

리도 1자 정도를 척도로 삼는다. 심은 뒤 1개월 전후가 되면 싹이 나는데 줄기가 자라서 한 자 정도 되면 끊어서 옮겨 심는다. 고구마 종자가 만약 아주 길면 비록 끊어서 심더라도 산다. 『김씨감저보』

去,亦以一尺爲度.種後一月左右,始生芽,待莖長合尺度,乃剪斷移種.藷子若太長,則雖截斷種之,亦生.同上

2월에 재와 자른 볏짚을 소나 말똥 거름과 섞어서 햇볕에 말린 뒤 문질러 가늘게 부수어서 밭에 뿌린다. 여러 번 갈아서 잘 다스려 토질을 가늘면서 부드럽고 포송포송하게 만드는데 힘써야만이 뿌리가 잘 뻗어 갈 수 있다. 【按서현호가 말한 오(吳)지방 사람들이 유채를 심는 방법: 우선 백로 전 한낮에 풀뿌리를 흙이 묻은 채로 호미질하여 캐내어 햇볕에 말려서 무더기를 만들고 짚에 불을 붙여 풀뿌리를 태운다. 다음 농분(濃糞)과 섞어서 강의 진흙처럼 만들어 다시 쌓아 두었다가 꼭대기에 우물 입구처럼 움집을 만들고 가을에서 겨울 사이에 농분을 세 번 정도 부어준다. 이 분회흙(糞灰泥)이 야채를 심을 때 사용할 비료가 된다. 이듬해 9월에 땅을 2~3번 갈고 호미질을 하여 흙을 매우 부드럽게 만들고 앞서 만든 분회흙을 땅 위에 골고루 뿌려준다. 12월에는 또 농분을 준다. 1~2월 중에 땅의 비옥도와 습도를 살펴보고 가감하여 4차례 정도 거름으로 북돋아준다. 순무를 심는 방법도 마땅히 이와 비슷하다. 나는 고구마 종자를 심는 방법도 이 방법을 사용해야 한다고 생각한다.】 ○『증보산림경제』

二月,用灰及剉藁,成牛馬糞,晒乾揉細,撒田上,屢耕熟治,務令土脉細軟散緩,可以行根.【按徐玄扈言吳下人種油菜法:先于白露前,日中鋤連泥草根,晒乾成堆,用穰草起火,將草根煨過,約用濃糞攪和,如河泥,復堆起,頂上作窩,如井口,秋冬間,將濃糞再灌三次.此糞灰泥,爲種菜肥壅也.到明年九月,耕地再三,鋤令極細,用前糞灰泥,勻撒土面.臘月又如濃糞.正二月中,視田肥瘦燥濕,加減糞壅四次.種蔓菁法,宜倣此.余謂種藷子,亦宜用此法.】○增補山林經濟

고구마를 심을 때는 본줄기가 이어진 부분은 흙 위로 올라오게 하고 가는 수염뿌리가 있는 부분은 땅 밑으로 들어가게 하고서 비스듬히 눕혀 심는다. 『증보산림경제』

凡種藷,其本莖所接處居上,其有細鬚處居下,偃臥種之.同上

땅을 갈아서 1자 정도 높이로 이랑을 만들고 그 이랑

耕地起脊尺餘,種在脊上.將藷

위에 심는다. 고구마 줄기뿌리는 매 줄기뿌리 당 3~4치 정도의 길이로 자르고 흙은 반 치 정도 깊이로 덮는다. 포기 사이 간격은 7~8자, 이랑 사이 간격은 2~3자로 한다. 『군방보』

根每斷截三四寸長,覆土深半寸許,每株相去,縱七八尺,橫二三尺.羣芳譜

【6. 물주고 북돋우기】

【澆壅】

고구마는 2~3치에 한 마디를 만든다. 마디가 땅 위에 있으면 줄기를 만들고 땅 밑에 있으면 뿌리가 나게 된다. 심는 방법은 넝쿨이 뻗기를 기다렸다가 반드시 흙으로 그 마디를 치밀하게 북돋아주면 마디마다 3~5개의 뿌리줄기가 나오고 흙을 덮어주지 않으면 모두 가지와 잎이 되어 그 위로 층층이 쌓여가니 많기만 할 뿐 이익이 없다. 지금 심는 방법을 헤아려보니 매 포기는 1묘 가운데에서 가로로 2~3자 정도 사이 두고 세로로 7~8자 정도 사이 두어야 넝쿨이 뻗어나가고 마디를 북돋우는데 편리하며 온 밭에서 씨알을 거둘 수 있다.『감저소』

藷每二三寸作一節,節居土上,卽生枝;節居土下,卽生根.種法,待延蔓時,須以土密壅其節,每節可得三五枚,不得土,卽盡成枝葉,層疊其上,徒多無益也.今擬種法,每株居畝中,橫相去二三尺,縱相去七八尺,以便延蔓,壅節,卽遍地得卵矣.甘藷疏

고구마 싹 넝쿨이 뻗으면 흙으로 마디를 북돋아준 뒤에 마디마다 뿌리가 나온다. 그러면 바로 그 이어진 곳으로부터 잘라내어 각각 뿌리 싹이 되게 하고 힘이 분산되지 않도록 하여야 하니 이것이 가장 중요한 방법이다.『감저소』

藷苗延蔓,用土壅節後,約各節生根,卽從其連綴處剪斷之,令各成根苗,不致分力,此最要法.同上

고구마가 넝쿨을 뻗어나갈 때는 반드시 3~4마디로 한정하여 뿌리줄기를 잘라내고 마디마다 땅에 묻힌 후에야 매 마디 밑에서 씨알이 비로소 배태한다.【按 서씨의 『감저소』에 근거하면 먼저 마디를 북돋운 뒤에 잘라낸다 하였고 강씨의 『감저보』에 근거하면 먼저 줄기를 잘라낸 뒤에 묻어준다고 하였는데 두 가지 방법을 병행하여 시험해봤다. 그러나 서씨의 설이 비교적 나았다.】○『강씨감저보』

藷延蔓時,必限三四節剪斷,節節埋土,然後每節之下,卵始胚胎耳.【按據徐氏之疏,先壅而後斷;據姜氏之譜,先剪而後埋.二法當並試之,然徐說較勝.】○姜氏甘藷譜

고구마 밭에 주는 거름으로는 말린 말똥 거름이 가장 좋다. 말린 말똥 거름이 없다면 짚을 잘라 흰재와 섞

糞藷田,乾馬糞最好.無則用剉草白灰亦可.金氏甘藷譜

어 만든 비료도 된다. 『김씨감저보』

싹이 나서 점점 넝쿨이 지면 날마다 줄기 근처의 땅을 김매주어 항상 포송포송하게 해주고 줄기 아래를 북돋아준다. 5월 이후에 큰 비가 때때로 내리면 반드시 날씨가 맑기를 기다려 2~3일 뒤에 흙 표면이 하얗게 마르면 비로소 마디를 북돋아줄 수 있다. 7~8일 이후에 뿌리가 내렸는가를 살펴본 후에 4마디씩 건너서 그 뿌리줄기를 끊으면 뿌리가 크면서 땅속에 깊이 들어가서 마디마다 고구마를 3~5개 정도 얻을 수 있다. 『증보산림경제』

苗生漸蔓,則逐日鋤耘近莖之土,常令柔鬆,以壅培莖下.五月以後,大雨時行,必待晴二三日土白背,始可壅節.七八日後,審已下根,然後每越四節剪其莖,則根大深入,每節可得三五枚.增補山林經濟

【7. 옮겨심기】

【移揷】

넝쿨이 생겨서 왕성하게 자라기를 기다렸다가 줄기를 잘라서 다른 곳에 꺾꽂이하면 즉시 살아나서 원래 종자와 차이가 없게 된다. 『감저소』

俟蔓生盛長, 剪其莖另揷他處, 卽生, 與原種不異. 甘藷疏

줄기를 잘라 분종(分種)하는 방법: 싹이 무성하고 줄기가 번성하기를 기다렸다가 가지가 3자 이상 되는 것을 잘라서 부드러운 머리 부분을 몇 치 잘라버린다. 양끝을 땅속에 각각 3~4치 정도 묻고 가운데 부분은 흙을 파내어 그 흙으로 눌러주면 며칠 만에 넝쿨이 뻗어나간다. 『감저소』

剪莖分種法: 待苗盛枝繁, 枝長三尺以上者剪下, 去其嫩頭數寸, 兩端埋入土各三四寸, 中以土撥壓之, 數日延蔓矣. 同上

넝쿨이 자라서 무성해지기를 기다려 싹이 1길 정도 자라면 2자 정도를 남겨서 늙은 뿌리로 만들고 나머지는 3잎을 기준으로 한 줄기씩 잘라서【按고구마는 반드시 한 마디에서 한 잎이 나온다. 여기서 말하는 3잎을 잘라 1단(段)을 만든다고 한 것은 3마디를 잘라서 취한다는 것이다. 고구마 넝쿨은 3~4치마다 한 마디가 생기니 3마디의 길이를 총계하면 주척(周尺)으로 1자 정도가 되니 너무 짧다는 것을 느낄 수 있다. 『김씨감저보』에서는 그 기운이 약하여 씨알을 맺을 수 없다고 지적하였다. 씨알을 맺을 수 있다고 한다면 의심컨대 3잎〔三葉〕이라는 글자는 마땅히 3자〔三尺〕라는 글자로 되어야 할 것이다.】 땅에다 꺾꽂이하는데 포기 사이 간격은 1자 정도로 하고 대략 3분의 2는 땅속으로 꽂아 넣고 3분의 1은 땅 밖으로 드러나게 한다. 바로 또 고구마 싹이 나오면 자라는 대로 잘라주고, 심는 대로 나와서 넝쿨이 뻗어 원래 뿌리와 다름이 없게 된다. 심을 때는 반드시 자란 방향대로 심어

俟蔓生旣盛, 苗長一丈, 留二尺作老根, 餘剪三葉爲一段,【按藷必一節生一葉. 此所云剪三葉爲一段者, 卽限三節剪取之謂也. 凡藷藤每三四寸作一節, 通計三節之長, 不過周尺一尺, 殊覺太短. 金氏譜斥其氣單薄, 不能生卵者. 生是疑三葉當作三尺.】揷入土上, 每栽苗相去一尺, 大約二分入土, 一分在外. 卽又生藷, 隨長隨剪隨種隨生, 蔓延與原根者不異. 凡栽須順栽, 若倒栽則不生. 羣芳譜

야 하고 만약 거꾸로 심으면 살지 못한다. 『군방보』

줄기가 1자 7~8치 정도 자라면 3~4치 정도를 남겨서 늙은 뿌리를 만들고 잘라낸 1자 3~4치에서 칼로 연한 끝 부분을 1치 정도 잘라내면 그 끝에서 사람 젖 같은 흰 즙이 나온다. 즉시 심을 밭 두둑에 호미를 사용하여 가로로 작은 두둑을 전부 만든다. 작은 두둑 안에다 줄기를 넓게 눕혀 심는다. 두둑의 넓이는 1자 7~8치이고 고구마 줄기의 길이는 1자 2~3치이니 두둑 양끝에 각각 2~3치 여유가 있어서 마침 고구마 줄기의 양쪽 끝이 노출되지 않을 수 있다. 흙으로 줄기를 덮을 때에는 줄기에 붙어 있는 잎이 흙 밖으로 나오는 것을 기준으로 하고 한 줄기는 머리를 동쪽으로 하고 꼬리를 서쪽으로 하며 한 줄기는 머리를 서쪽으로 하고 꼬리를 동쪽으로 한다. 포기 사이 간격은 세로로 4~5치 정도로 한다. 한 줄기에 두 갈래 진 것이 있으면 한 가지를 잘라서 따로 심는다. 『김씨감저보』

俟莖長一尺七八寸, 留三四寸作老根, 以刀剪一尺三四寸, 斷去軟頭一寸, 則斷頭出白汁, 如人乳汁, 卽就種田壠上, 以鋤橫作小疇盡壠之, 廣臥莖于疇中而種之. 蓋壠廣一尺七八寸, 莖長一尺二三寸, 兩頭餘各二三寸, 恰可以不露梢尾矣. 其覆土則以吐葉爲準, 而一莖東首西尾, 一莖西首東尾, 每科縱相去四五寸, 其有一莖兩岐者則剪一枝另種. 金氏甘藷譜

고구마의 성질은 잘 살기 때문에 비록 5리, 10리가 떨어진 곳이라 하더라도 줄기를 끊어다가 옮겨 심을 수 있다. 다만 줄기와 잎을 짚으로 만든 둥우리 속에 넣어 햇볕에 쬐지 않게 한다. 햇볕을 쬐어 시들어 상하면 쇠잔하여 자라지 못한다. 『김씨감저보』

藷性易生, 雖相距五里十里, 可以剪莖移揷. 但將莖葉貯之藁篅中, 勿令暘曝, 萎傷則蔑不成也. 同上

곡식과 채소는 꺾꽂이할 때 반드시 비오기를 기다려야 하지만 고구마는 그렇지는 않는다. 비록 해가 쨍쨍한 맑은 날이라 하더라도 줄기를 끊어 꺾꽂이할 수 있다. 그러나 반드시 해가 기울고 더위가 물러가기를 기다렸다가 줄기와 잎이 시들지 않게 해야만 온전할 수 있다. 고구마 씨알은 반드시 잎 밑의 마디에서 생기는데 한 잎사귀가 시들어 죽으면 그 밑에는 씨알이 생길

凡穀菜移揷, 必須待雨, 惟藷則不然. 雖烈日晴天, 亦可剪莖移揷. 然須待日斜炎退, 勿使莖葉乾枯, 乃爲萬全. 蓋藷卵必生於葉下之節, 一葉枯死則其下不得成卵也. 同上

수 없다.『김씨감저보』

앙전(秧田)의 늙은 뿌리를 잘라낸 뒤에 새로운 줄기가 나왔다면 1자 7~8치 정도 자라기를 기다렸다가 다시 앞의 방법대로 끊어서 종전(種田)에 꺾꽂이하여 심는다. 자라는 대로 잘라서 또 두세 번 정도 심고서 7월 초순이 되면 그친다. 7월이 지나면 비록 끊어 심더라도 씨알이 박히지 않기 때문이다.『김씨감저보』

종전(種田)에 꺾꽂이하여 심은 뒤에는 줄기가 2~3자 자라기를 기다렸다가 앙전에서 줄기를 자르는 방법과 같이 줄기를 잘라서 꺾꽂이를 하되 다만 앙전에서 줄기를 자를 때는 3~4치 정도만 남겼는데 종전에서 줄기를 자를 때는 반드시 2~3개 잎을 남기고 자른다. 대개 앙전에서는 묘싹만을 기르고 씨알을 기를 필요는 없기 때문에 3~4치 정도의 늙은 뿌리만 남겨도 다시 새로운 싹을 뽑아낼 수 있다. 종전에서는 반드시 전적으로 씨알을 키워야 한다. 그러므로 잎을 2~3개 남기지 않으면 씨알이 생기지 않는다. 종전에서 줄기를 자르는 것은 5월 그믐부터 시작하여 자라는 대로 잘라서 세 번 정도 줄기를 자르면 마침 7월 초순에 이르게 된다. 이 때가 지나가면 줄기의 길이에 상관없이 잘라서 꺾꽂이를 하는데 꺾꽂이한 줄기에서 고구마 씨알을 구하기 위한 것이 아니라 원래 줄기의 기운이 밖으로 새어나가지 않고 힘이 뿌리에 모이도록 하기 위한 것이다. 그 꺾꽂이하여 심은 줄기에서 씨알이 생겨 마늘통만 한 크기가 된다면 남겨서 이듬해 종자로 쓰면 된다.【按종전의 넓이와 길이는 앙전에 비하여 10배 또는 20배 크게 할 수 있다. 가령 처음 꺾꽂이할 때, 밭의 10분의 1~2를 차지하였다면 나머지 10분

秧田老根既剪之後,又生新莖,則待長一尺七八寸,復依前法剪取,移揷於種田.隨長隨剪,至再至三至,七月初旬而止.過七月則雖揷亦不抱卵矣.同上

種田移揷後,待莖長數三尺,亦剪莖移揷,如秧田剪莖法,而但秧田剪莖只留三四寸,種田剪莖必留二三葉而斷之.蓋秧田所以養秧而不責卵,故只留三四寸老根,亦可以更抽新秧矣.種田專須抱卵,故不留二三葉則不生卵也.種田剪莖,始自五月晦間,隨長隨剪至三剪莖,則恰至七月初旬矣.過此以往不論莖之長短,並剪斷移揷,非以求卵於移揷之莖也.欲使原莖氣不外泄而力迸于根也.其移揷之莖生卵堇如蒜頭大,此則留作明年之種可也.【按種田廣袤視秧田可十倍二十倍.假令初次移揷,占地十之一二則餘八九分留,待秧田再剪三剪,種田再剪三剪可也.】○同上

의 8~9를 남겼다가 앙전에서 2~3번 잘라 심고 종전에서 2~3번 잘라 심는 것에 대비하면 된다.】○『김씨감저보』

꺾꽂이하여 심은 초기에는 짚으로 길이와 너비가 이랑과 맞는 거적을 엮어서 해가 뜨면 덮어주어 햇볕을 막고 해가 지면 거두어서 이슬 맞으며 자라도록 한다. 4~5일을 이와 같이 하면 시들어 말랐던 잎사귀들이 모두 소생한다. 만약 큰 가뭄을 만난다면 매일 황혼에 물을 길어다 뿌려준다. 잎이 살아났다면 오래지 않아 잎사귀 아래에서 새싹이 돋아나고 새싹이 돋아난 아래에서는 씨알이 성장하게 된다. 싹이 자라서 4~5치가 넘으면 6~7개의 잎을 남기고 그 순을 꺾어냄으로써 기가 밖으로 새어나가지 않게 하면 씨알이 생겨서 1~2개 혹은 3~4개가 끝까지 충실하게 자라고 새순을 잘라내지 않으면 줄기가 몇 길로 자라더라도 그 밑에서는 씨알이 생기지 않는다. 순을 꺾어내고 나서 잎 사이에서 싹이 또 나온다면 한 잎사귀만 남기고 꺾어내고 남긴 한 잎 사이에서 또 싹이 나온다면 또 한 잎사귀만 남기고 꺾어낸다. 나오는 대로 꺾어내면서 9월 초순에 이르게 되면 싹도 그다지 번성하지 않고 씨알을 수확할 계절이 된다.『김씨감저보』

移揷之初,編稻草作苫,長廣準壠之尺度.日出覆之,以遮暘曝;日入捲起,以受露滋.如是五六日,則萎捲之葉箇箇蘇醒矣.若遇亢旱,每日黃昏時,負水澆之.葉旣蘇醒,則非久葉下吐出新芽,新芽之下卽成卵矣.芽長過四五寸,卽留六七葉折其笋,使氣不外泄則成卵,或一二箇或三四箇到底充實;不折笋則莖長至數丈,而其下不成卵矣.旣折笋而葉間又生芽,則只留一葉而折之,所留一葉間又又芽,則又留一葉而折之.隨生隨折,至九月初旬,則芽亦不甚盛,而近於收卵之節矣.同上

7월 초순이 되어 앙전에서 줄기를 다 잘라냈다면 남겨놓은 늙은 뿌리 잎 사이에서 다시 새싹이 나온다. 나오는 대로 종전에서 새순을 잘라내는 방법과 같이 잘라낸다.『김씨감저보』

秧田至七月初旬,剪莖旣盡,則所留老根葉間,又生新芽.隨生隨折,如種田折笋法.同上

【8. 넝쿨 자르기】

일찍 심어서 빽빽한 경우에는 마땅히 잘 살펴서 그 엉킨 넝쿨들을 제거한다. 『감저소』

만약 줄기와 가지가 이미 펴졌다면 유등(游藤)이 생겨나기를 기다렸다가 잘라버려야 한다. 『감저소』

줄기와 마디가 땅에 두루 펴져서 수용할 수 없는 것이 유등이 되니 마땅히 잘라버려야 한다. 『군방보』

봄, 여름의 넝쿨은 바로 자르는 대로 꺾꽂이하여야지 버려서는 안된다. 옛말에 이른바 유등을 잘라버린다는 것은 대개 가을 이후에 남은 줄기를 가리키는 것이다. 『강씨감저보』

반드시 가을이 되기를 기다릴 필요는 없다. 비록 한여름이라도 또한 제거해야 할 유등이 있는 경우에 앙전이나 종전 할 것 없이 여러 차례 새순을 꺾어 버리면 마디 위에서 마디가 나오게 되어 기가 너무 새나가게 된다. 그러므로 그 성김과 조밀함을 살펴서 유등을 잘 제거한다면 씨알이 매우 충실하게 자랄 것이니 이것은 오직 눈과 마음으로 잘 살피는 교묘함에 달려 있을 뿐이다.【按5~6월 사이에 비가 빈번히 내릴 때 여전히 잘라내면 뒤에 나오는 싹들이 갑자기 막 돋아서 넝쿨이 땅에까지 미치지 않았을 때 갑자기 서로 얽혀서 옆의 줄기와 나머지 싹들은 기를 온전히 받지 못하니 꺾꽂이를 하더라도 쉽게 씨알이 생기지 않는다. 이를 놓아두면 기력만 분산시키는데 이것을 교등(交藤)이라고 한다. 9월 이후에 꺾꽂이하고 북돋아준 싹들이 끝없이 두루 펴져 수용할 땅이 없다보니 멋대로 뻗은 넝쿨이 귀속할 데가 없어 좌우로 휘날리는데 이것을

【剪藤】

早種而密者,宜謹視之,去其交藤.甘藷疏

若枝節已遍,待生游藤者,宜剪去之.同上

枝節已遍地,不能容者,卽爲游藤,宜剪去之.羣芳譜

春夏之藤,正宜隨剪隨插,不宜去之.舊說所謂剪去游藤者,蓋指秋後剩藤也.姜氏甘藷譜

不必待秋後,雖深夏,亦有游藤可去者,毋論秧田與種田,屢度折筍,則節上生節,亦太泄氣,觀其疎密剪去游藤,則卵甚充實.此惟在心目之巧耳.【按五六月之間,雨澤頻仍剪,後向萌倏爾駢,苗蔓不及地,遽相纏縛而旁莖餘蘖受氣不全,移插未易生卵.置之,徒分氣力,是名交藤.九月以後,插壅旣遍而蘖芽未已,地不能容,游蔓無屬,左右飄颺,是名游藤.游藤惟深秋有之;交藤雖伏秋之際,亦有之.玄扈疏曰'早種而密者,去其交藤',又曰'枝節已遍,待生游藤者,剪去之',固已分言之

유등(游藤)이라고 한다. 유등은 한가을에만 생기고, 교등은 비록 삼복이나 가을이라 하더라도 있다. 현호의 『감저소』에서 '일찍 심어서 빽빽한 것은 그 교등을 제거해야 한다.'고 했고 또 '줄기와 마디가 이미 땅에 두루 퍼져서 유등이 생기기를 기다려 마땅히 잘라버려야 한다.'고 하였는데 이미 유등과 교등을 나누어서 말한 것이다.】 ○『김씨감저보』

矣.】○金氏甘藷譜

【9. 치료하기】

고구마 뿌리는 맛이 달다. 그러므로 땅속에서 벌레가 먹는 것이 가장 괴롭다. 그러므로 반드시 겨울에 밭을 2~3차례 갈아서 먼저 벌레 알을 죽여야 한다.『김씨 감저보』

【醫治】

藷根味甘,故土中最苦蟲蝕,必冬耕二三次,先殺蟲卵.金氏甘藷譜

【10. 저장하기】

고구마는 10월이 되어야 씨알이 생긴다. 『남방초목장』

가을과 겨울 사이에 캐서 날것으로나 익히거나 찌거나 삶아서 먹을 수 있다. 『감저소』

씨알은 8~9월에 비로소 생기는데 캐어 먹거나 팔 수가 있다. 만약 필요하지 않은 경우에는 땅속에서 날마다 크고 있는 것을 갑자기 캐지 말아야 한다. 남방에서는 동지에, 북방에서는 상강이 되면 반드시 모두 캐야 한다. 그렇게 하지 않으면 썩어 문드러진다. 『감저소』

가벼운 서리가 1~2차례 내린 뒤에 나무 막대기로 캐내고 호미를 사용해서는 안된다. 뿌리와 껍질이 닿아 상하면 다음 해 씨로 삼을 수 없기 때문이다.【按서현호의 『농정전서』에 '강남에서 마를 채취하는 방법은 두둑 한 끝에서 먼저 깊이 2자 되는 도랑 하나를 파서 점점 흙을 파내면서 캐낸다.'라고 하였다. 또 맹기의 『농상집요』에 '순무 뿌리를 채취하는 방법은 소 쟁기로 갈아서 캔다.'고 하였으니 이 두 가지 방법을 섞어 시험할 수 있다.】○『김씨감저보』

【收採】

甘藷至十月,乃成卵.南方草木狀

至秋冬掘起,生熟蒸煮任用.甘藷疏

卵八九月始生,便可掘食或賣.若未須者,勿頓掘居土中日漸大.南土到冬至,北土到霜降,須盡掘之,不則爛敗矣.同上

輕霜一二次後,用木橛採之,不可用鋤,恐觸傷根皮,不堪作明年種也.【按徐玄扈農政全書云,'江南採薯蕷法,向畦一頭先掘一溝,深二尺,漸削去土取之',又孟祺農桑輯要云,'採蔓菁根法,牛犁耕出之',此二法,可雜試之.】○金氏甘藷譜

【11. 제조】

생것으로 먹을 수 있고, 쪄서도 먹을 수 있고, 삶아서도 먹을 수 있고, 구워서도 먹을 수도 있고, 말려서도 먹을 수 있고, 쌀처럼 잘게 썰어 햇볕에 말려 죽이나 밥을 만들어 먹을 수도 있고, 햇볕에 말려 갈아서 가루를 내어 떡이나 경단을 만들 수도 있고, 그 가루로 멥쌀처럼 만들어 검게 볶아서 먹을 수도 있고, 가루를 가지고 환을 만들면 진주사곡미(珍珠沙谷米)와[1] 비슷하며, 술을 만들 수도 있다. 다만 식초와 함께 사용하는 것을 꺼린다. 『군방보』

고구마가루 만들기: 고구마 뿌리를 취하여 거친 베로 껍질을 문질러 제거하고 물로 깨끗이 씻는다. 물과 섞어 가늘게 간 뒤 물속에 넣고 뜨는 찌꺼기를 일어 제거하고 맑게 가라앉은 가는 전분만 취하여 햇볕에 말려서 콩가루와 함께 쓴다. 가루에 물을 뿌려 환을 만들면 진주사곡미와 차이가 없다. 『군방보』

고구마가루 만드는 방법: 고구마 알뿌리를 맷돌에 갈아서 깨끗하게 일어내어 전분만 취하는데 오늘날 생강가루를 만드는 방법과 같다. 혹은 조각으로 썰어 햇볕에 말려 찧어 가루를 만들어도 된다. 『김씨감저보』

고구마가루는 오래 되어도 변하지 않는다. 밀인차(蜜印茶)와 섞어 먹거나 혹은 찰쌀가루와 섞어 떡이나 경

【製造】

可生食, 可蒸食, 可煮食, 可煨食, 可切米晒乾, 收作粥飯, 可晒乾磨粉作餅餌, 其粉可作粳子, 炒煤子食, 取粉可作丸, 似珍珠沙谷米, 可造酒. 但忌與醋同用. 羣芳譜

造粉: 取藷根, 粗布拭去皮, 水洗淨, 和水磨細, 入水中, 淘去浮渣, 取澄下細粉晒乾, 同豆粉用. 此粉酒[①]水作丸, 與珍珠沙谷米無異. 同上

造粉法: 取藷卵, 磨於砂石上, 淘澄取粉, 如今造薑粉法. 或切作片晒乾, 搗作屑亦可. 金氏甘藷譜

藷粉可經久不敗. 或和蜜印茶食, 或和糯米屑作餅餌, 或和

---

1 진주사곡미(珍珠沙谷米)_사금미(沙金米), 사감미(沙甘米), 진주분(眞珠粉), 진주미(珍珠米)라고도 부르는데 서미(西米)의 일종이다. 서미(西米)는 열대 뿌리채소인 타피오카를 갈아 만든 식재료로 동글동글한 모양에서 서쪽의 쌀이라는 명칭이 붙었다. 사곡미(沙谷米)는 옛날에 남양(南洋, 지금의 인도네시아·싱가폴·말레이시아 일대)에서 서미(西米)의 전분으로 만든 쌀이다.

[①] 酒_『군빙보』에 근거하여 灑로 교정함.

단을 만들고, 혹은 보릿가루, 메밀가루와 섞어서 면을 만들면 모두 별미이다.【按 고구마가루를 만들 때는 반드시 물에 일어서 깨끗한 가루를 취해야 한다. 햇볕에 말린 뒤 찧어서 가루를 만들면 겨나 쭉정이 냄새가 난다.】○『김씨감저보』

小麥屑·蕎麥屑作麪,俱爲異味.【按作藷粉,必須水淘取澄粉.其乾曝,搗作屑者,輒作糠粃氣味也.】○同上

고구마를 말려 잘라서 멥쌀과 함께 밥을 지으면 맛이 달고 오래도록 배가 불러 배고프지 않다. 또 가늘게 부수어 콩죽에 넣는 심을 만들어도 좋다.『김씨감저보』

甘藷晒切,同粳米作飯,味甘且久飽不飢.又細碎之,入豆粥作心,亦佳.同上

【12. 용도】	【功用】
남방 사람들은 특별히 고구마를 잘 먹는데 쌀 삼아 먹는다. 『이물지』	南人專食,以當米穀.異物志
고구마는 남방에서 쌀 삼아 먹으며 손님상에도 차려낸다. 『광지』	甘藷,南方以當米穀,賓客亦設之.廣志
해중(海中) 사람들은 곡식 농사짓는 것을 업으로 삼지 않고 오직 땅을 파서 고구마를 심는데 가을에 여물면 수확을 하여 쪄 말린 뒤 쌀알처럼 썰어서 밥을 만들어 먹으며, 저장하였다가 요기하는데 이것을 고구마 양식〔藷糧〕이라고 한다. 북방 사람들이 남방에 오면 간혹 소와 돼지를 구운 맛있는 음식으로 성대하게 차려주지만 여러 맛있는 음식 중에 고구마를 멥밤 같다고 하면서 추천한다. 그러나 해중(海中) 사람 중에 백여 세까지 장수한 사람들은 고구마를 먹었기 때문일 뿐이다. 『패사류편』	海中人不業耕稼,惟掘地種甘藷,秋熟收之,蒸晒切如米粒,作飯食之.貯之以充飢,是名藷糧.北方人至者,或盛具牛豕膾炙,諸味以甘藷薦之,若粳栗.然海中之人壽百餘歲者,由食甘藷故耳.稗史類編
민광 사람들은 고구마를 수확하여 식량으로 충당하는데 10월부터 4월까지 보리가 익을 때까지 먹는다. 소동파가 '해남(海南)은 고구마를 식량으로 삼는데 거의 쌀의 10분의 6을 차지한다.'고 하였는데 지금은 해북(海北)도 그렇다. 『감저소』	閩廣人收藷以當糧.自十月至四月,麥熟而止.東坡云'海南以藷爲糧,幾米之十六.'今海北亦爾矣.甘藷疏
고구마가 있는 곳에 사는 사람들은 고구마로 반년의 식량을 충당할 수 있기 때문에 민간에서 점점 널리 심게 되었으니 쌀값이 정말로 오르지 않을 수 있겠는가. 『감저소』	甘藷所在居人,便足半年之糧,民間漸次廣種,米價諒可不至騰踊?同上
옛 사람들이 순무는 여섯 가지 이익이 있고, 감에는 일곱 가지 뛰어난 점이 있다고 했는데 나는 여기에 이어서 고구마에 열세 가지 뛰어난 점이 있다고 하겠다.	昔人云,蔓菁有六利.又云,柿有七絶.余續之以甘藷十三勝.一畝收數十石,一也;色白

1묘에서 수십 석을 수확할 수 있는 것이 첫째요, 색깔이 희고 맛이 단 것이 여러 땅에 심는 작물 중에서 특별히 뛰어난 것이 둘째요, 사람에게 이익을 주는 공이 마와 같은 것이 셋째요, 어디에서나 넝쿨을 뻗으며 자라고 줄기를 잘라 종자를 삼으면 금년의 한 줄기로 이듬해에는 수백 묘에 심을 수 있다는 것이 넷째요, 가지와 잎은 땅에 붙어 자라고 마디를 따라 뿌리가 내리면 비바람도 침범하여 손상시킬 수 없는 것이 다섯째요, 쌀 삼아 먹을 수 있어 흉년에도 재해를 입지 않는 것이 여섯째요, 제기에 올릴 수 있는 과실로 충당할 수 있는 것일 일곱째요, 술로 빚을 수 있는 것이 여덟째요, 말려서 오래도록 저장하였다 가루를 빻아 수시로 떡이나 경단을 만들 수 있으며 석밀〔錫蜜, 조청〕로도 쓸 수 있는 것이 아홉째요, 생으로나 삶아서 모두 먹을 수 있는 것이 열째요, 작은 땅에 심어서 이익을 많이 내고 물주기도 쉽다는 것이 열한 번째요, 봄 · 여름에 심어서 초겨울에 수확하고 가지와 잎이 매우 무성하여 잡초가 그 사이에 자라는 것을 용납하지 않으며 그 사이에 흙만 북돋아 주고 김을 매지 않아도 되기 때문에 농사에 공을 들이지 않아도 되는 것이 열두 번째요, 뿌리가 깊은 땅속에 있어 싹을 다 먹어도 여전히 다시 돋아나므로 메뚜기들도 어찌할 수 없다는 것이 열세 번째이다. 『감저소』

味甘, 于諸土種中, 特爲夐絶, 二也; 益人與薯蕷同功, 三也; 遍地傳生, 剪莖作種, 今歲一莖, 次年便可種數百畝, 四也; 枝葉附地, 隨節作根, 風兩不能侵損, 五也; 可當米穀, 凶歲不能災, 六也; 可充籩實, 七也; 可以釀酒, 八也; 乾久收藏, 屑之, 旋作餅餌, 勝用錫蜜, 九也; 生熟皆可食, 十也; 用地少而利多, 易于灌漑, 十一也; 春夏下種, 初冬收入, 枝葉極盛, 草薉不容, 其間但順壅土, 勿用耘鋤, 無防農功, 十二也; 根在深土, 食苗至盡, 尙能復生, 蟲蝗無所奈何, 十三也. 同上

잘라낸 유등은 오히려 소와 양을 먹이기에 알맞다. 『감저소』

剪去游藤, 猶中飼牛羊. 同上

뿌리를 캘 때는 넝쿨을 말아 거두어 소·양·돼지를 먹일 수 있다. 혹은 햇볕에 말려 겨울에 먹여도 소·양·돼지를 살찌게 할 수 있다. 『군방보』

掘根時, 捲去藤蔓, 可飼牛羊豬, 或晒乾, 冬月喂, 亦能令肥腯. 羣芳譜

고구마는 성질이 평온하고 독이 없어 비장과 위장을 건강하게 하고 양(陽)의 정기를 증가시키고 근골을 튼튼하게 하고 다리 힘을 건강하게 하고 피를 보충하며 온갖 병을 치료하여 수명을 연장시키며, 또 고구마를 먹으면 배가 고프지 않다. 『김씨감저보』

性平溫·無毒,健脾胃·益陽精·壯筋骨·健脚力·補血和中治百病,延年益壽,服之不饑.金氏甘藷譜

잎은 성질이 평온하고 맛이 담백하여 국을 끓이면 명아주나 콩잎과 같은데 남방 사람들은 이것으로 산모〔産婦〕를 치료할 때 쓴다. 만약 햇볕에 말려 국을 끓이면 맛이 산콩잎〔山藿〕과 같다.【按고구마 잎을 쪄서 밥을 싸서 먹으면 향기와 맛이 곰취와 상대할 수 있다.】○『김씨감저보』

葉性平·味淡,作羹與藜藿同,南人以救療産婦.若曝乾作羹,味與山藿同.【按甘藷葉蒸熟裹飯而茹,香美可敵熊蔬.】○同上

【13. 구황】

【救荒】

고구마[番藷]는 땅에 붙어 넝쿨을 뻗어가면서 살며 줄기와 잎이 매우 무성하다. 만약 높은 모래땅이라면 깊이 갈고서 두텁게 북돋아주며, 큰 가뭄이 들면 물을 길어 대주면 여물지 않을까 걱정하지 않아도 된다. 민광(閩廣) 사람들은 고구마에 의지하여 배고픔을 해소하는데 그 이로움이 매우 크다. 만약 가뭄 드는 것이 염려될 경우, 고구마를 1묘 심으면 수십 섬을 거둘 수 있으니 몇 식구 되는 집이 1묘만 심어도 설사 재해가 심하더라도 물을 길어 관개해주어 한번 여물게 되면 한 해 동안 충분히 먹을 수 있다. 『감저소』

番藷撲地傳生,枝葉極盛.若于高仰沙土,深耕厚壅,大寒[1]則汲水灌之,不患不熟.閩廣人賴以救飢,其利甚大.倘慮天旱,則此種畝,收數十石,數口之家,止種一畝,縱災甚而汲井灌溉,一至成熟,終歲足食.甘藷疏

고구마는 높은 땅에 심어야 한다. 한재(旱災)를 만나면 강물을 끌어 대거나 우물물을 길어서 관개해준다. 저지대 물가 마을에서도 집 주변의 높은 곳에 있는 원포(園圃)로 평소엔 남새밭을 만들어 채소를 심던 밭에 모두 고구마를 심는다면 수재로부터 구할 수 있다. 『감저소』

其種宜高地.遇旱災可導河·汲井灌溉之.在低下水鄉,亦有宅地園圃高仰之處,平時作場種蔬者,悉將種藷,亦可救水災也.同上

그 심어놓은 곳이 고지대라고 한다면 수재로부터 구할 수 있다. 만약 가뭄이 든 해에 큰 장마가 졌다가 물이 물러가면 7월 중순 이후에 그 밭에 오곡을 심기에는 늦어서 메밀과 보리를 심을 수 있다고 하더라도 수확이 적어서 사람에게 이익이 없다. 헤아려보건대 오직 고구마 줄기를 잘라 심어야만이 쉽게 자라고 수확도 많다. 『감저소』

其種既在高地,可救水災.若旱年得水澇年水退,在七月中氣後,其田遂不及藝五穀,蕎麥可種,又寡收而無益于人,計惟剪藤種藷,易生而多收.同上

---

[1] 寒_원문에 근거하여 旱으로 교정함.

메뚜기 피해를 입으면 초목을 하나도 남기지 않기 때문에 여러 재해 중에 메뚜기 재해가 가장 혹독한데 비바람처럼 왔다가 다 먹어치운 뒤에 떠난다. 고구마 뿌리는 땅속에 있어서 메뚜기가 거듭 뜯어먹더라도 뿌리까지는 미치지 못한다. 설령 줄기와 잎을 다 먹는다 하더라도 아직 싹이 나올 수 있어 수확을 하는 데는 지장이 없다. 만약 메뚜기가 올 것이라는 소식이 있으면 인력을 많이 모아 땅을 더 파서 뿌리마디와 큰 줄기를 북돋아주면 메뚜기가 떠난 뒤에 더욱 쉽게 자라날 수 있으니 이것이 메뚜기라도 해를 끼칠 수 없는 것이다. 그러므로 농가에서는 한 해라도 고구마를 심지 않으면 안 되니 고구마는 그야말로 잡식(雜植) 중에서 제일 좋은 품종이며 또한 구황작물 중에서도 으뜸이다. 『감저소』

蝗蝻爲害，草木無遺，種種災傷，此爲最酷．乃其來如風雨，食盡卽去．惟有藷根在地，薦食不及，縱令莖葉皆盡，尙能發生，不妨收入．若蝗信到時，能多幷人力，益發土遍壅其根節枝幹，蝗去之後，滋生更易，是蟲蝗亦不能爲害矣．故農人之家不可一歲不種此，實雜植中第一品，亦救荒第一義也．同上

오(吳)지방에서 길패(吉貝)를[1] 심고 우리나라 바닷가와 연천에서는 더욱 많이 심어서 이익을 상당히 얻는다. 그러나 이 품종은 해풍을 매우 두려워하고 가을이 되어야 비로소 꽃과 열매가 생기는데 한번 비바람을 만나면 바로 손해를 입는다. 만약 큰 바람이 분 뒤에 다시 환풍(還風)【환풍이란 하루는 동남풍이 불었다 하루는 서풍이 불었다 하는 바람을 말한다.】을 만나면 뿌리가 뽑히고 열매가 떨어져서 크게 수확하지 못한다. 만약 길패를 심는 땅에 고구마를 10분의 2~3만 심으면 해풍과 조수가 밀려든다 하더라도 손해가 없게 된다. 고구마는 땅에 붙어 넝쿨을 뻗어가면서 자라므로 바람도 그 위력을 펼칠 데가 없다. 『감저소』

吳下種吉貝，吾海上及練川尤多，頗得其利．但此種甚畏風潮，每至秋間，纔生花實，一遇風雨，便受其損．若大風之後，更遇還風，【還風者，一日東南，一日西風之類也】則根撥實落，大不入矣．若將吉貝地，種藷十之一二，雖風潮不損，此種撲地成蔓，風無所施其威也．同上

1 길패(吉貝)_ 목화(木花). 공예(工藝) 작물(作物)로 가꾸는 한해살이풀의 하나이다.

【14. 북저를 덧붙임】

최근에 관북(關北)에서[1] 들어왔다. 잎은 무가 새로 잎이 나왔을 때와 같으면서 가늘고 가지와 싹은 무더기로 나서 몇 자까지 자라면 위쪽이 무거워 땅으로 가지가 휘어진다. 6~7월에 꽃이 피고 열매가 맺는데 꽃은 고추 꽃과 비슷하고 열매는 다래〔軟棗〕와 비슷하다. 열매가 가지에 달려 있을 때는 가지가 휘어 땅에 붙는다. 이때에 흙을 쌓아서 그 가지를 묻으면 마디마디에 씨알이 생기는데 큰 것은 어린아이 주먹만 하다. 또 그 열매를 취하여 땅에 묻어도 씨알이 생기며 9~10월에 캐내어 찌거나 삶아서 먹을 수 있다. 고구마〔番藷〕와 비교하면 특별히 쉽게 번식한다. 속세에서는 삼복날〔庚伏日〕에[2] 가지를 묻어두면 쉽게 씨알이 생긴다고 전한다. 『행포지』

【附北藷】

近自關北來.葉似菜菔新生葉而細,枝芽叢生長及數尺,則上重而俛地.六七月開花結實,花似番椒花,實似軟棗,實方其枝俛而附地也,輒堆土埋之,則節節生卵,卵大如小兒拳;又取其實埋地,則亦輒成卵,九十月掘取,蒸煮皆可食.較番藷特易滋胤.俗傳庚伏日埋枝,則易生卵.杏蒲志

---

1 관북(關北)_ 마천령의 북쪽 지방. 함경북도 일대를 이르는 말이다.

2 삼복일〔庚伏日〕_ 삼복의 세 복날(伏日)을 말한다. 하지 이후의 세 번째 경일(庚日), 네 번째 경일, 입추 이후의 첫 번째 경일이 각각 초복, 중복, 말복이기 때문에 붙여진 이름이다.

【15. 땅콩을 덧붙임】

【附落花生】

넝쿨과 줄기, 잎은 강낭콩[萹荳]과 비슷하고 꽃이 피면 땅에 떨어지는데 꽃 하나가 땅에 떨어지면 열매 하나를 맺으며 그 모양은 향여(香蕷)와 비슷하다. 또 2월 안에 심으며 포송포송한 땅을 좋아하므로 1년 묵은 비옥한 재거름으로 북돋아주고 양지쪽에다 심어야 한다. 가을이 다 가고 초겨울이 되면 땅콩을 캐는데 만약 서리를 맞지 않으면 맛이 써서 맛은 향여나 마[山藥]와 비슷하다. 가정(嘉定)의 바닷가에서 나는 것이 맛이 달고 담백하다. 땅콩은 오장에 이롭고 기를 내려 정신을 맑게 한다. 『증보치부기서』

藤蔓莖葉似萹荳,開花落地,一花就地結一果.其形與香蕷相類,亦二月內種,喜鬆土,用隔年肥灰壅,宜栽背陰處.秋盡冬初取之,若未經霜,則味苦,與香蕷·山藥相類.產嘉定瀕海之地,味甘平.利五臟,下氣淸神.增補致富奇書

땅콩은 초본식물로 넝쿨을 뻗으며 산다. 심은 것을 모래로 그 가지를 옆으로 눌러주면 넝쿨에서 꽃이 핀다. 꽃은 실을 토해내지만 꼬투리를 맺지 못하고 그 꼬투리는 따로 뿌리줄기 사이에서 맺는다. 모래땅을 파서 땅콩을 캐내는데 알맹이의 길이는 1치 남짓 되고 쪼글쪼글한 껍질 속에 열매가 3~4개 들어 있는데 모양이 누에콩과 같다. 맛은 달면서 맑고 약간 인삼 맛이 나므로 또한 땅콩삼이라고도 한다. 무릇 초목의 열매는 모두 꽃에서 이루어지는데 땅콩은 꽃은 꽃이고 꼬투리는 꼬투리여서 꽃에서는 꼬투리가 생겨나지 않고 꼬투리에는 꽃이 맺혀 있지 않으니 또 매우 특이하다. 『남월필기』

落花生,草木[1],蔓生.種者以沙壓橫其枝,則蔓上開花.花吐成絲而不能成莢,其莢乃別生根莖間.掘沙取之,殼長寸許,皺紋中有實三四,狀如蚕豆.味甘而淸,微有蔘氣,亦名落花蔘.凡草木之實皆成於花,此獨花自花而莢自莢.花不生莢,莢不蒂花,亦異甚也.南越筆記

---

* 땅콩[落花]_콩과의 한해살이풀. 학명은 Arachis hypogaea이다.

[1] 木_원문에 근거하여 本으로 교정함.

연밥

蓮子

【1. 명칭과 품종】

【名品】

일명 우실(藕實), 일명 택지(澤芝)이다.

【『본초강목』: 연밥은 적(菂)이라고 한다. 적은 방 속에 있는데 벌이 벌집 속에 있는 모양과 같다. 6~7월에 연한 것을 따서 생으로 먹으면 아삭하고 맛있다. 가을에 방이 마르고 씨가 까맣게 되면 돌같이 단단해지는데 그것을 석련자(石蓮子)라고 한다. 겨울에서 봄까지 연뿌리를 캐어 먹는다. 야생하는 것과 붉은 꽃이 피는 것은 연꽃이 많고 연뿌리가 좋지 않으며 집에서 심거나 흰 꽃이 피는 것은 연꽃이 적고 연뿌리가 좋다.

『비아』: 연뿌리는 달에 응하여 생겨 한 달에 한 마디씩 자라는데 윤달을 만나면 갑자기 한 마디 더 자란다.】

一名藕實, 一名澤芝.

【本草綱目:蓮子名菂.菂在房, 如蜂子在窠之狀.六七月來[1]嫩者,生食脆美.至秋,房枯子黑,其堅如石,謂之石蓮子.冬月至春掘藕食之,野生及紅花者,蓮多藕劣;家種及白花者,蓮少藕佳也.

埤雅:藕其生應月,月生一節,遇閏輒益一節.】

---

[1] 來_『본초강목』에 근거하여 採로 교정함.

【2. 적합한 토양】

관자에 이르기를 "상등의 비옥한 땅에서 연이 산다. 그러므로 반드시 건실한 땅에 심어야 한다. 그러나 좋은 거름을 많이 주어서는 안 되니 오히려 열이 나서 연뿌리를 해치게 되기 때문이다."라고 하였다. 『농정전서』

【土宜】

管子曰:五沃之土生蓮,故栽宜壯土,然不可多加壯糞,反致發熱壞藕.農政全書

【3. 심고 가꾸기】

【種藝】

연밥 심는 법: 8월이나 9월 중에 단단하고 검은 연밥을 따다가 기와 위에다 놓고 연밥의 껍질이 얇아지도록 윗부분을 간다. 점토를 짓이겨 진흙을 만들어 세 손가락 크기만 하고 길이는 2치 되도록 연밥을 감싸준다. 연밥의 꼭지머리는 평평하고 무겁게, 기와에 간 쪽은 뾰족하게 만든다. 진흙이 마를 때 못 속에 던져 넣으면 무거운 쪽이 자연스럽게 반듯하게 가라앉는다. 껍질이 얇으면 싹이 쉽게 터서 잠깐 사이에 싹이 나온다. 연밥 윗부분을 갈지 않는 경우에는 껍질이 단단하고 두터워서 창졸간에 싹이 트지 않는다. 연뿌리 심는 법: 초봄에 마디가 있는 연뿌리를 파내어 물고기 기르는 못의 진흙 속에 심으면 그 해에 바로 연꽃이 핀다.『제민요술』

種蓮子法:八月九月中,收蓮子堅黑者,于瓦上磨蓮子頭,令皮薄.取墐土作熟泥,封之,如三指大,長二寸.使蔕頭平重,磨處尖銳,泥乾時,擲于池中,重頭沉下,自然周正.皮薄易生,少時卽出.其不磨者,皮旣堅厚,倉卒不能生也.種藕法:春初掘藕根節頭,著漁池泥中種之,當年卽有蓮花.齊民要術

못의 연뿌리는 2월 중에 작은 연뿌리를 진흙 채로 캐어서 못의 얕은 물에 심는다. 깊은 물에 심으면 안 되나 무성하게 자란 뒤에는 깊어도 상관없다. 거름이나 두병거름으로 북돋아주면 더욱 무성해진다.『왕씨농서』

池藕,二月間取蒂泥中藕,[1]栽池塘淺水中.不宜深水,待茂盛,深亦不妨.或糞·或豆餠壅之,則益盛.王氏農書[2]

연을 심을 때는 반드시 진흙을 파서 뿌리를 심어야 한다. 만약 생흙을 진흙속에 넣어 연을 심는다면 며칠 후에 모두 물위에 떠서 물을 오염시키게 된다.『우산잡설』

種蓮,必爬掘淤泥植根,生土若植之淤泥中,後數日悉浮水面,成朽質矣.祐山雜說

깊은 못 속에 연뿌리를 심는 법은 지금 화분에 연을 심

深池中種藕,用今種盆荷法.橫

[1] 蒂泥中藕_『농정전서』에 근거하여 帶泥小藕으로 교정함.

[2] 이 부분은『왕씨농서』의 내용이 아니고『농정전서』의 내용이다.

는 방법을 쓴다. 숯을 나르는 깊은 대바구니 안에 가로로 연을 심어 노끈으로 묶은 뒤 물속에 놓아둔다. 삼오(三吳)[1] 사람들은 큰 연뿌리를 저지대 밭에 심는데 가장 무성하다. 『농정전서』

種炭簍內, 以繩放下水底, 三吳人用大藕, 于下田中種之, 最盛. 農政全書

춘분 전에 심으면 꽃이 잎 위로 나온다. 먼저 마르고 좋은 강의 흙을 반 항아리 정도 다져서 넣는다. 갈대자리를 다진 강흙 위에 얹고 그 위에 강의 흙을 반 자 정도 더 다져 넣고 비가 오면 덮어둔다. 진흙이 햇볕에 말라 조금 갈라지면 심는다. 연밥에서 뿌리가 나서 그 연밥을 감쌀 때쯤 되면 비로소 연대에서 꽃이 생긴다. 다음 방법으로는 세 마디가 튼실하고 크며 손상되지 않은 연뿌리를 순서대로 흙 위에 펴놓는다. 큰 것은 한 뿌리, 작은 것은 두 뿌리를 머리 부분이 남쪽을 향하고 싹눈이 위로 향하게 한다. 유황을 부수어 종이에 비녀자루처럼 말아서 연뿌리 마디를 대강 한두 줄 감는다. 다시 잘게 자른 돼지털을 조금 취하여 마디에 눌러 놓는다. 다시 비옥한 강 흙으로 차례로 4치 두께로 메워주고 싹은 햇볕에 노출되지 않게 한다. 진흙이 햇볕을 쬐어 갈라지면 강물을 조금 더해준다. 먼저 네 손가락 정도의 깊이로 물을 대주고 연이 올라와 커지면 다시 강물을 더해준다. 여름이 되면 물을 깊게 할 수 있다. 이렇게 심으면 당해에 꽃이 피고 또 무성해진다. 『군방보』

春分前栽則花出葉上. 先將好壯河泥乾者, 少半甕築實, 隔以蘆席, 上用河泥半尺築平, 有雨蓋之. 俟泥晒微裂, 方種. 蓋藕根上行遇實, 始生花也. 次將藕壯大三節無損者, 順鋪在上, 大者一枝, 小者二枝, 頭向南, 芽朝上, 用硫黃研碎紙撚簪柄, 粗纏藕節一二道, 再用剪碎猪毛少許, 安在藕節, 再用肥河泥次第塡四寸厚, 芽勿露日中. 晒淤泥迸裂, 方可少加河水, 先加水, 上可四指深, 候擎荷大發, 再加河水. 交夏, 水方可深. 如此種, 則當年有花, 且茂盛. 羣芳譜

1 삼오(三吳)_ 옛 지역 명칭이다. 옛날에 오군(吳郡), 오흥군(吳興郡), 회계군(會稽郡) 세 군은 오군(吳郡)이 나뉘어 이루어진 것이므로 병칭하여 삼오라 불렀다.

【4. 치료법】

못에 물을 가득 차게 해서는 안된다. 연잎이 물에 잠기면 반드시 검게 썩어버리게 되므로 즉시 물을 빼주어야 한다.『증보산림경제』

【醫治】

池水勿滿,浸蓮葉,必腐黑,須卽去水.增補山林經濟

【5. 금기】

연은 오동기름을 매우 꺼린다. 『거가필용』

연은 칡을 꺼린다. 연못에 칡을 담그면 씨가 마른다. 어떤 사람이 "연못가에 칡을 심으면 연이 무성해지지 않는다."라고 하였다. 『산림경제보』

【宜忌】

蓮極畏桐油.居家必用

荷忌葛,蓮池沈葛,則絶種.或云,池邊種葛,蓮亦不盛.山林經濟補

【6. 저장하기】

살찌고 희고 연한 연뿌리를 그늘지고 습한 곳에 묻어 두면 오래 지나도 새로 캐낸 것 같다. 오래도록 보관하려거든 흙에 싸서 두면 변하지 않는다. 『비아』

【收藏】

好肥白嫩藕,埋陰濕地,可經久如新.欲致遠,以泥裹之,則不壞.埤雅

【7. 용도】

연밥은 찧어서 밥을 할 수 있으니 몸을 가볍게 하고 기운을 돋우며 사람을 건강하게 만든다. 연뿌리는 갈증을 멎게 하고 산혈(散血) 작용을 하며 복식(服食)하는 데[1] 없어서는 안 될 것이다. 『왕씨농서』

【功用】

蓮子可磨爲飯,輕身益氣,令人强健.藕,止渴,散血,服食之不可闕者.王氏農書

1 복식(服食)_ 장생불로 하기 위하여 선약을 복용하는 것을 말한다.

【8. 쇄언】	【瑣言】
전하는 말에 의하면 도토리가 물에 떨어지면 연이 된다고 한다. 『유양잡조』	相傳橡子落水爲蓮.酉陽雜俎
계란 한 개에 작은 구멍을 내어 흰자와 노른자를 빼내고, 연밥을 가득 채워 넣고 종이로 3~4겹 붙여 닭에게 품도록 한다. 병아리가 부화하여 닭이 나오면 가져다가 따뜻한 곳에 놓아둔다. 시기에 관계없이 천문동, 유황가루를 거름진 흙이나 술단지에 발랐던 진흙과 섞어 동이 밑바닥에 담아 넣고 그 연밥을 심는다. 그리고 술과 물을 뿌려주면 동전 같은 꽃이 핀다. 『군방보』	用鷄子一枚,開一小孔,去青黃,將蓮子塡滿,紙糊孔三四層,令鷄抱之,鷄出,取放暖處.不拘時,用天門冬·末硫黃,同肥泥或酒罈泥,安盆底栽之.用酒和水澆,開花如錢.羣芳譜
연밥의 뾰족한 머리를 얇게 갈아서 남색물감이 들어있는 항아리에 담갔다가 다음해 청명에 꺼내어 심으면 푸른색 꽃이 핀다. 『군방보』	蓮子磨薄尖頭,浸靛缸中,明年清明取種,開青花.同上

마름

菱

【1. 명칭과 품종】

일명 기(芰), 일명 수율(水栗), 일명 사각(沙角)이라 한다.

【『본초강목』: 그 잎은 갈래져서 흩어졌으므로 '지(支)' 자를 따랐고 그 각은 모나서 뾰족하므로 '릉(菱)'이라 하였다. 왕안빈의 『무릉기』에 3각, 4각인 것을 기(芰)라 하고 2각인 것을 릉(菱)이라 하였다. 『좌전』에 '굴도가 기(芰)를 좋아하였다.'라고[1] 한 것이 바로 이것이다. 『이아』에는 마름을 '궐미(厥攈)'라고 하였다.

【名品】

一名芰, 一名水栗, 一名沙角.

【本草綱目: 其葉支散, 故字從支; 其角稜峭, 故謂之菱. 王安貧武陵記以三角·四角者, 爲芰; 兩角者, 爲菱. 左傳'屈到嗜芰', 卽此也. 爾雅謂之厥攈.】

---

* 마름[菱]_마름과의 한해살이풀. 학명은 Trapa japonica이다.

1 『좌전』에 나오는 고사로 굴도가 마름을 좋아하여 자신이 죽고 난 뒤에 반드시 마름을 가지고 제사를 지내 달라고 부탁하였다는 이야기이다.

【2. 적합한 토양】

【土宜】

마름[芰菱]은 호수가 있는 곳이면 있다. 마름[菱]은 진흙 속에 떨어지면 가장 쉽게 나온다. 『본초강목』

芰菱, 有湖濼處則有之. 菱落泥中, 最易生發. 本草綱目

【3. 종자 선택하기】

야생 마름과 집에서 재배하는 마름이 있다. 집에서 마름을 방죽에 심으면 잎과 열매가 모두 크다. 『본초강목』

【擇種】

有野菱·家菱.家菱種于陂塘,葉實俱大.本草綱目

【4. 심고 가꾸기】

가을에 씨가 검게 여물 때 거두어다가 못 속에 흩어 뿌리면 저절로 자란다.『제민요술』

심는 법: 중양절 후에 묵은 마름 열매를 취하여 바구니에 담아 강물에 담가두면 2~3개월 후에 싹이 나온다. 물의 깊이에 따라 길이가 3~4자 남짓한 대나무 한 대를 화통구(火通口) 모양으로 깎아 만들어 묵은 마름을 집어서 물 밑에 꽂아 넣는다. 만약 거름을 주려면 큰 대나무의 마디를 뚫어 통하게 하여 거름을 준다.『농정전서』

【種藝】

秋上，子黑熟時，收取，散着池中，自生.齊民要術

種法：重陽後，取老菱角，用籃盛浸河水內，待二三月，發芽.隨水淺深，長約三四尺許，用竹一根，削作火通口樣，箝住老菱挿入水底.若澆糞，用大竹打通節，注之.農政全書

【5. 물주고 복돋우기】

여름에 거름물을 그 잎에 주면 열매가 더욱 살찌고 맛있다.『본초강목』

【澆壅】

夏月,以糞水澆其葉,則實更肥美.本草綱目

【6. 금기】

모든 물속의 열매는 소똥 거름만 주어야 하고 오동나무 기름을 매우 꺼린다. 만약 오동나무 기름병이나 항아리를 물속에 던져 넣으면 물속의 과일들이 모두 죽어버린다. 『고금의통』

【宜忌】

凡種水果，只以牛糞，大忌桐油.若桐油瓶罐投池中，卽水果絶死.古今醫統

【7. 용도】

연할 때 껍질을 벗겨 먹으면 껍질이 아삭하고 속살이 맛있으며 늙으면 삶아서 먹는다. 야인들은 바짝 말려서 잘라 쌀과 함께 밥이나 죽을 만들고, 떡을 만들고 과일을 만들며 그 줄기는 또 말려 거두어 쌀과 섞어 밥을 만들 수 있어 구황을 할 수 있다. 그러니 마름은 농사꾼들에게 덕을 베푸는 유리한 작물이다. 『본초강목』

부드러운 줄기로는 또 나물을 만들어 먹을 수 있다. 『농정전서』

【功用】

嫩時剝食,皮脆肉美;老則蒸煮食之.野人暴乾,剁米爲飯爲粥·爲糕爲果.其莖亦可暴收,和米作飯,以度荒歉,蓋澤農有利之物也.本草綱目

莖之嫩者,亦可爲菜茹.農政全書

가시연

芡

【1. 명칭과 품종】

【名品】

일명 계두(鷄頭), 일명 연훼(雁喙)라고 한다.
【『도경본초』: 그 꽃망울이 닭과 기러기의 머리와 비슷하므로 검(芡)이라 이름하였다.
『본초강목』: 흉년을 구제할 수 있기 때문에 검(芡)이라 한다. 장자는 가시연을 계옹(鷄雍)이라 하였고, 관자는 묘릉(卯菱)이라 하였다. 양웅의 『방언』에 '남초(南楚)에서는 계두(鷄頭)라 하고 유주(幽州), 연주(燕州)에서는 안두(雁頭)라고 하며 서주(徐州), 청주(青州), 회수(淮水), 사수(泗水)에서는 검자(芡子)라 한다.'고 하였다. 그 줄기를 위(蔿)라 하고 역(蔎)이라고도 한다.】

一名鷄頭,一名雁喙.
【圖經本草:其苞形類鷄雁頭,故名.
本草綱目:可濟儉歉,故謂之芡.壯子謂之鷄雍,管子謂之卯菱.楊雄方言云,'南楚謂之鷄頭,幽燕謂之雁頭,徐·青·淮·泗,謂之芡子'.其莖謂之蔿,亦曰蔎.】

---

* 가시연[芡]_ 수련과의 한해살이풀. 학명은 Euryale ferox이다.

【2. 심고 가꾸기】

【種藝】

8월 중에 열매를 따서 거두어 쪼개어 씨를 꺼낸 다음 못 속에 흩어 뿌리면 저절로 자란다. 『제민요술』

심는 법: 가을에 열매가 여물 때, 익은 씨를 거두어 부들꾸러미에 싸서 물속에 담군다. 3월에 얕은 물에 흩뿌리고 잎이 물위에 뜨기를 기다렸다가 옮겨 심는다. 깊은 물에는 포기 사이의 거리를 5자【按『군방보』에는 2자라고 하였다.】 남짓이 한다. 먼저 마병(麻餠)거름이나 두병(豆餠)거름을 강의 진흙과 골고루 섞어 놓는다. 심을 때에 갈대를 뿌리 부분에 꽂아 표시해두고 10여 일 후에 포기마다 섞어놓은 강의 흙 3~4 사발 정도로 북돋아준다. 『농정전서』

八月中採取,擘破取子,散着池中,自生.齊民要術

種法:秋間熟時,收取老子,以蒲包包之,浸水中.三月間,撒淺水內,待葉浮水面,移栽.深水,每科離五尺【按羣芳譜作二尺.】許.先以麻餠或豆餠拌匀河泥.種時,以蘆揷記根處,十餘日後,每科用河泥三四碗壅之.農政全書

【3. 저장하기】

가시연 열매를 거두어 햇볕에 말려 병에 넣은 뒤 종이에 싸서 땅 속에 묻어둔다. 『물류상감지』

【收藏】

收鷄頭晒乾,入瓶,紙蒙了復埋之地中.物類相感志

【4. 용도】

가시연은 가루를 내어 양식을 대신할 수 있다. 공수(龔遂)가 발해(渤海) 태수를 지낼 때 백성들에게 가을과 겨울에 마름과 가시연을 많이 거두도록 권하였으니 그것으로 요기를 할 수 있음을 말한다. 그 연한 줄기는 경(葝)이라고 하며 사람들이 따서 나물을 만들어 먹는다. 『왕씨농서』

【功用】

鷄頭作粉, 可以代糧. 龔遂守渤海, 權民秋冬益畜菱芡, 蓋謂其能充飢也. 其莖之嫩者, 名爲葝, 人採爲菜茹. 王氏農書

올방개

烏芋

【1. 명칭과 품종】

일명 부자(鳧茈), 일명 발제(葧臍), 일명 지율(地栗)이다.

【『본초강목』: 올방개는 그 뿌리가 토란 같으면서 검은 색이다. 오리가 즐겨 먹으므로 『이아』에서 부자(鳧茈)라고 이름하였다. 후에 발제(葧臍)라고 와전되었는데 『절운』의 부발(鳧葧)과 같은 자모이며 음이 비슷하다. 얕은 논에서 살며 그 싹은 3~4월에 땅에서 나오고 한 줄기가 곧바로 위로 자라며 가지와 잎이 없다. 그 뿌리 백약(白蒻)에는 가을 후에 아가위 열매나 밤알만큼 큰 열매가 맺히는데 꼭지에는 털이 나 있다. 열매는 주렁주렁 아래로 열려 흙속에 묻혀 있다.】

【名品】

一名鳧茈, 一名葧臍, 一名地栗.

【本草綱目: 烏芋, 其根如芋而色烏也. 鳧喜食之, 故爾雅名鳧茈, 後遂訛爲葧臍. 蓋切韻鳧葧同一字母, 音相近也. 生淺水田中, 其苗三四月出土, 一莖直上, 無枝葉. 其根白蒻, 秋後結顆, 大如山査·栗子, 而臍有聚毛. 纍纍下生入泥底.】

* 올방개[烏芋]_ 사초과의 여러해살이풀. 학명은 Eleocharis kuroguwai이다.

【2. 적합한 토양】

비옥한 밭에 심은 것은 대략 파나 부들과 비슷하며 높이가 2~3자 된다. 오(吳)지방 사람들은 비옥한 밭에 올방개를 심는다. 『본초강목』

【土宜】

肥田栽者，麤近葱蒲，高二三尺，吳人以沃田種之.本草綱目

【3. 시기】

곡우에 심어야 한다. 『군방보』

3월에 파종하고 서리 내린 후에 싹이 마르며 겨울에서 봄 사이에 파서 과일로 삼는다. 『본초강목』

【時候】

種宜穀雨日.羣芳譜

三月下種,霜後苗枯,冬春掘收爲果.本草綱目

【4. 종자 선택하기】

【擇種】

야생으로 자란 것은 검으면서 작고 먹으면 차지다. 집에서 심은 것은 자색이고 크며 먹을 때 털이 많다. 『본초강목』

野生者黑而小, 食之澤. 家種者紫而大, 食之多毛. 本草綱目

【5. 심고 가꾸기】

심는 법: 정월에 종자를 남긴다. 종자는 크고 바른 것을 취하며 싹이 나기를 기다려 흙 항아리 속에 묻는다. 2~3월 사이에 다시 논에 옮겨 무성해지면 소서 전에 나누어 심는데 포기 사이의 거리는 5자 남짓이 한다. 동지 전후에 운탕(耘盪)으로[1] 캐낸다. 벼를 심는 방법과 같다. 『농정전서』

【種藝】

種法:正月留種.種取大而正者,待芽生,埋泥缸內.二三月間,復移水田中,至茂盛,于小暑前,分種,每科離五尺許.冬至前後,起之耘盪.與種稻同.農政全書

1 운탕(耘盪)_ 논밭에서 풀을 매고 흙을 부드럽게 해주는 농기구.

【6. 물주고 북돋우기】

【澆壅】

두병거름이나 똥거름으로 모두 북돋울 수 있다. 『농정전서』

豆餠或糞,皆可壅之.農政全書

해진 짚신으로 올방개를 북돋우면 매우 무성해진다. 『농정전서』

破草鞋壅烏芋,甚盛.同上

【7. 용도】

【功用】

생으로나 삶아서 먹어도 모두 좋다.『본초강목』

生食·煮食,皆良.本草綱目

소귀나물

慈姑

【1. 명칭과 품종】 【名品】

일명 하부자(河鳧茈), 일명 백지율(白地栗)이다.
【『본초강목』: 한 뿌리에서 한 해에 12개의 씨가 생기는데 인자한 시어머니가 여러 자식들에게 젖을 먹이는 모습과 같으므로 자고(慈姑)라 이름하였다. 검고(茨菰)라고 하는 것은 잘못이다.
『당본초』: 잎은 가위모양 같고 줄기는 연한 부들 같으며 희고 작은 꽃이 피는데 꽃술은 짙은 황색이다. 5~6월에 잎을 따고 1~2월에 뿌리를 캔다.】

一名河鳧茈, 一名白地栗.
【本草綱目: 一根歲生十二子, 如慈姑之乳諸子, 故以名. 作茨菰者非.
唐本草: 葉如剪刀, 莖似嫩蒲, 開小白花, 蕊深黃色. 五六月採葉, 正二月採根.】

* 소귀나물[慈姑]_ 택사과의 여러해살이풀. 학명은 Sagittaria trifolia var. sinensis이다.

【2. 적합한 토양】

【土宜】

밭은 마땅히 매우 비옥하게 해야 한다. 『농정전서』

田最宜肥.農政全書

【3. 시기】

소귀나물은 3월에 싹이 나는데 줄기는 푸른색이고 속이 비어 있다. 서린 내린 후에 잎이 마르면 뿌리가 맺히는데 겨울과 초봄에 캐어서 과일로 삼는다.『본초강목』

【時候】

慈姑,三月生苗,青莖中空.霜後葉枯,根乃練結,冬及春初掘以爲果.本草綱目

【4. 심고 가꾸기】

【種藝】

미리 12월 사이에 연한 싹을 꺾어 논에 꽂았다가 다음해 4~5월에 볍모 심는 것처럼 심는다. 포기 사이 거리는 1자 4~5치 남짓이 한다. 『농정전서』

種法：預於臘月間，折取嫩芽，揷於水田，來年四五月，如押秧法，種之．每科離尺四五許．農政全書

【5. 제조】

반드시 회탕(灰湯)에 담갔다가 익혀서 껍질을 제거하면 떫은 맛이 목안을 자극하지 않게 된다. 『본초강목』

【製造】

須灰湯者熟, 去皮, 不致麻澀戟咽也. 本草綱目

【6. 용도】

연한 줄기는 데쳐 먹을 수 있으며 즙은 취하여 분상(粉霜), 웅황(雄黃)을 만들 수 있다. 『본초강목』

움에 저장하였다가 다음해 봄에 심는다. 얼어서 손상되지 않게 한다. 『무본신서』

【功用】

嫩莖亦可煠食, 又取汁可制粉霜雄黃. 本草綱目

窨, 來春種之, 勿凍損. 務本新書

만학지 권제3 끝

晩學志卷第三

인용문헌 간략 해제

『가숙사친』 家塾事親

明代 郭晟이 지은 책으로 총 5권이다. 郭晟은 明 洪武 연간에 龍江參軍 벼슬을 하면서 醫藥으로 매우 많은 사람을 살렸다고 한다. 이 책은 그의 경험을 바탕으로 지은 책이다.

『감저소』 甘藷疏

『농정전서』의 저자 徐光啓가 지은 고구마에 대한 전문서. 玄扈는 그의 호이다.

『강씨감저보』 姜氏甘藷譜

1766년(영조 42) 姜必履가 고구마의 재배·이용법에 관하여 기술한 책으로 조선 최초로 고구마의 재배·이용법을 기술한 책이다. 柳重臨의 『增補山林經濟』 「治農篇」에 부록된 「甘藷種植法」(서울대학교 도서관 嘉藍文庫 소장 필사본)이 곧 이 책의 내용이라는 견해도 있으나 근거는 박약하다. 오히려 『種藷譜』 등에 인용되고 있는 『강씨감저보』의 내용이, 현존하는 고구마 재배·이용법 관계의 옛 문헌에서는 하나도 일치되는 부분을 찾아볼 수 없는 것으로 보아, 이 책은 오늘날 완전히 일실되었다는 주장이 옳은 것으로 여겨지고 있다.

『개보본초』 開寶本草

원제는 『開寶重定本草』이다. 목록 1권을 포함하여 전체 21권이다. 開寶 7年(974)에 劉翰, 馬志 등이 완성하였다. 이에 앞서 開寶 6年(973)에 완성된 『開寶新詳定本草』를 다시 교감하였기에 '重定'을 제목에 포함시켰다. 『開寶新詳定本草』는 『新修本草』, 『蜀本草』 등을 교감 상정한 책이다. 최종적으로 『開寶重定本草』에 수록된 약초는 모두 984종에 이른다.

『개차전』 岕茶箋

馮可賓이 지은 책으로 明末에 쓰여졌을 것으로 추론하고 있다. 이 책은 岕茶 관련 내용들을 담고 있다.

『거가필용』 居家必用
원명은 『居家必用事類全集』이며 모두 10권이다. 저자를 알 수 없으나 元代의 저술인 것은 분명하다. 歷代 名賢의 격언과 집안에서 매일 행해야만 하는 일에 대해 10부문으로 나누어 편집한 것이다.

『계신잡지』 癸辛雜志
宋代 사람 周密(1232-1298)이 지은 필기소설이다. 周密이 杭州 癸辛街에서 지었으므로 제목을 『癸辛雜志』라고 붙였다.

『고금의통』 古今醫統
원명은 『古今醫統大全』인데 『醫統大全』이라고 약칭하기도 한다. 明代 徐春甫(1520~1596)가 1556년에 완성하고 이듬해 간행되었는데 모두 100권이다. 옛 설을 인용한 것 외에도 자기의 의술과 약에 대한 새로운 지식을 더한 것과 역대 醫家의 略傳을 기재한 것은 모두 중요한 자료이다.

『고려도경』 高麗圖經
宋나라 徽宗이 고려에 國信使를 보낼 때 수행한 徐兢이 송도에서 보고 들은 것을 그림을 곁들여서 기록한 책이다. 전 40권이고 원명은 『宣和奉使高麗圖經)』이다. 300여 항목을 28개 門으로 분류하여 문장으로 설명하고 형상을 그릴 수 있는 것은 그림을 덧붙였다.

『고씨차보』 顧氏茶譜
명대의 顧元慶이 편찬한 책으로 차의 종류와 음용방법 등에 대한 내용들을 기록하고 있다.

『광군방보』 廣羣芳譜
淸 康熙 연간에 汪灝 등이 왕명을 받아 『군방보』를 증보하여 100권으로 편찬한 책이다.

『구선신은서』 臞仙神隱書
明代의 道士였던 명 태조의 제17자 寧獻王 朱權(1378~1448, 호는 臞仙)의 저술이다. 원명은 『臞仙神隱』으로 2권인데 『明史』「藝文志」에는 4권으로 되어 있다. 服食養生과 四時의 초목을 심는 방법 등에 대해 月令式으로 기재하였다.

『군방보』 羣芳譜
明代 王象晉(1561~1653)이 편찬한 책으로 원래 이름은 『二如堂羣芳譜』이다. 갖가지 穀物, 蔬菓, 花卉 등의 종류와 재배법, 효능 등을 설명했으며 총 30권이다. 淸 康熙 연간에 汪灝 등이 왕명을 받아 이 책을 증보하여 『廣羣芳譜』 100권을 편찬하였다. 오늘날에는 이 『광군방보』를 통해

『군방보』의 원문을 볼 수 있다.

『광지』 廣志

晉代, 郭義恭이 지은 博物志. 농업물산, 야생동물, 향초약재, 보석, 일용잡물, 지리기후 및 이민족과 이민족의 풍속 등 방대한 내용을 담고 있다. 그 중 특히 농업에 관한 내용은 이 책의 중심내용으로 糧食·瓜果·纖維·飼料綠肥·林木·禽畜·水產 등 방면으로 나누어 소개하고 있다.

『금화경독기』 金華耕讀記

조선 후기 서유구(1764~1845)가 엮은 농정서로 『임원경제지』에 이 책에서 인용한 조목이 매우 많다. 2010년에 일본에서 발견되었다는 보도가 있었다.

『남방초목상』 南方草木狀

晉代 죽림칠현의 한 사람이었던 嵇康의 손자 嵇含(263-306)이 편찬한 책으로 3권으로 구성되어 있다. 이 책은 嶺南 지역의 식물을 草·木·果·竹 4종류로 나누어 80종을 소개하였다.

『귀전록』 歸田錄

宋代 歐陽修(1007-1072)가 만년에 벼슬에서 물러나 潁州에 閑居할 때 지었으므로 『歸田錄』이라 하였다. 조정의 지난 일들과 사대부들의 자질구레한 일들을 적고 있는데 자신이 직접 보고 듣고 겪은 일들을 기록하고 있다. 2권으로 되어 있다.

『귤록』 橘錄

南宋의 韓彦直이 지은 책으로 『永嘉橘錄』 혹은 『橘譜』라고도 한다. 중국 최초의 감귤 전문서이며 3권으로 구성되어 있다. 1~2권에서는 감귤의 분류, 품종, 명칭과 특성에 대해 서술하였고, 3권에서는 감귤의 재배기술을 서술하고 있다.

『귤보』 橘譜

이 책에서는 『橘譜』와 『橘錄』이 함께 쓰이고 있다. 『귤록』 설명 참고.

『김씨감저보』 金氏甘藷譜

1813년 金長淳이 편찬한 고구마의 재배 이용법에 관한 책이다. 조선후기 문헌에는 『김씨감저보』로 소개되고 있는데 宣宗漢이 공저자라는 견해도 있다. 宣宗漢은 9년 동안 전라도에서 고구마 재배를 실험하였으며, 金長淳은 구황작물로서 고구마에 관심을 갖다가 宣宗漢의 도움을 받아 서울 지방에서 고구마 재배에 성공했다. 이 책은 宣宗漢의 자세한 증명 아래 金長淳이 찬술 간행한 것이다. 서문, 범례, 문답에 이어서 種藷法, 食品法, 姜氏甘藷譜辨訛의 순으로 기술되어 있다.

『난매유필』 暖姝由筆
명대의 徐充이 지은 책이다.

『남월필기』 南越筆記
淸代의 李調元(1734-1802)이 지은 책으로 『粤東筆記』라고도 하며 총 16권이다. 이 책은 廣東의 天文·地理·風土·人情·礦藏·物產 등에 대한 내용을 기록하고 있다.

『농정전서』 農政全書
明代의 農書로 전60권이다. 明末의 학자이자 정치가인 徐光啓(1562~1633, 號는 玄扈)가 편찬했으며, 1639년에 陳子龍에 의해 蘇州에서 간행되었다. 漢代 이후 특히 발달하기 시작한 農家의 여러 설을 총괄 분류하고, 저자의 견해를 덧붙여 집대성 중국 농학 및 농서의 총결산이라 일컬어진다. 마테오리치와 친교가 있었던 서광계는 유럽의 水利를 설명한 『泰西水法』을 옮겨 싣는 등 새로 수입된 서양의 水力學과 地理學도 참고하여 이 책을 편찬했다. 이 책은 農本, 田制, 農事, 水利, 農器, 樹藝, 蠶桑 등의 12개 門으로 나뉘어 있으며, 특히 제27권 種諸法, 제35권 木棉, 제44권 除蝗疏는 특히 명저로 알려져 있다. 농업 기술은 물론이고, 그 제목이 나타내는 바와 같이 農政書로서 중요하며, 조선 후기 우리나라 농학에도 큰 영향을 미쳤다.

『다경』 茶經
唐代의 문인 陸羽가 지은 茶道의 고전으로 760년경에 간행되었다. 상권은 차의 기원·차를 만드는 법과 그 도구, 중권은 茶器, 하권은 차를 끓이는 법과 마시는 법·산지와 문헌 등을 기록하고 있다.

『다능비사』 多能鄙事
明初에 劉基가 편찬한 책으로 총 20권이다. 이 책은 민간에 널리 유전하였던 일용서적으로 飮食, 服飾, 器用, 百藥, 農圃, 牧養으로부터 陰陽, 占卜에 이르기까지 민간의 일상에서 필요한 과학 상식과 흉한 일을 피하는 방법까지 두루 소개하고 있다.

『당본초』 唐本草
唐代의 蘇敬 등이 659년에 편찬한 세계 최초의 국가 반포 藥典이다. 『新修本草』라고도 한다.

『대관차론』 大觀茶論
宋 徽宗 赵佶이 지은 차에 관한 전문 저서로 1107년에 완성되었다. 이 책은 20편으로 구성되어 있는데 北宋 시기 차의 산지, 제조, 품질, 鬪茶 풍속 등 다양한 방면에 대하여 상세하게 기술하고 있다.

『도경본초』 圖經本草
원명은 『本草圖經』이다. 宋 蘇頌(1020～1101)등이 편찬한 책이다. 모두 20권, 목록1권으로 1061년에 완성되었다. 蘇頌이 집현전 교리로 있을 때 掌禹錫, 林億 등과 『嘉祐補注本草』를 편찬했는데, 이후 단독저술로 이 책을 지었다. 200여 종의 문헌을 인용하고 300여 종의 약용식물, 70여 종의 약용동물 등을 수록했다. 이 책은 宋代 가장 완비된 의약서로 明代 李時珍의 『本艸綱目』의 先河를 열었다. 蘇頌이 죽은 뒤 이 책은 온전히 전해지지 않고 『本草綱目』이나 『證類本草』에 일부가 전해지고 있다.

『도주공술』 陶朱公術
春秋 시기 越王 勾踐의 신하였던 范蠡가 화식의 방법에 대하여 저술한 책이라 전한다.

도씨『차전』 屠氏茶箋
明代의 屠隆이 지은 차 관련 저서이다.

『동계시차록』 東溪試茶錄
宋代의 朱子安이 저술한 책이다. 東溪는 宋代 관방의 차 생산지였던 福建 建安의 한 지명이다. 이 책은 건안의 차에 관한 일들에 대하여 소개한 내용이다.

『동보』 桐譜
北宋 때의 陳翥가 편찬한 중국 고대의 오동나무에 대하여 전면적으로 서술한 林學 저작이다.

『동파잡기』 東坡雜記
北宋 때의 문학가였던 蘇軾(1037-1101, 호는 東坡居士)이 지은 책으로 일부 美食과 생활 속의 재미있는 佚事들을 기록하고 있다.

『동파지림』 東坡志林
北宋의 문인 蘇軾의 문집이다.

『둔재한람』 遯齋閑覽
작자에 대하여 宋本에는 陳敏政, 明鈔本에는 陳正敏, 『說郛』本 『遯齋閑覽』에는 範正敏이라 기록하고 있어 확실하지 않다. 唐宋代의 文人과 그들의 작품에 대해 이야기한 내용들이 많이 수록되어 있다.

『모정객화』 茅亭客話
宋의 黃休復이 편찬한 雜錄으로 작자가 보고 들은 蜀 지방의 轶事를 기록하고 있으며 총 10권이다.

『몽계필담』 夢溪筆談
北宋의 과학자였던 沈括이 지은 책이다. 천문학, 수학, 지리, 물리, 생물, 의학과 약학, 군사, 문학, 사학, 고고학, 및 음악 등 분야의 내용을 필기식으로 서술하였다. 이전 시대의 과학 성취를 집대성한 작품이라 할 수 있다.

『몽계망오록』 夢溪忘懊錄
서지정보 미상

『무본신서』 務本新書
宋, 元 사이에 쓰여진 농서이며 기타 사항은 미상이다.

『묵객휘서』 墨客揮犀
宋의 彭乘이 지은 책으로 모두 10권이다. 宋代의 遺聞軼事, 詩話文平 등에 대해 기록하고 있다.

『문자』 文子
文子는 老子의 제자로 도가학파이며 『文子』 역시 文子가 지은 道家類의 저서이다.

『문창잡록』 文昌雜錄
北宋代 歐陽脩의 사위였던 龐元英(약 1078년 전후)이 지은 책이다. 이 책은 총 4권으로 되었으며 宋代 조정의 새로운 典章制度에 대하여 보고 들은 내용을 많이 담고 있다.

『물류상감지』 物類相感志
北宋代 僧 贊寧이 지은 총 18권의 박물학적 저서. 晉 張華의 『博物志』의 전통을 이은 책으로 天, 地, 人, 鬼, 鳥, 獸, 草, 木, 虫, 魚, 寶器 등 11가지로 분류하고 977조에 걸쳐 자연물간의 상호 감응의 특징과 현상에 대해 기록하였다.

『박문록』 博聞錄
南宋末 元初의 福建 사람 陳元靚이 지은 10권의 책이다. 陳元靚은 이외에도 『事林廣記』42권, 『歲時廣記』42권을 지었다.

『범승지서』 氾勝之書
西漢 末 黃門侍郎을 지낸 氾勝之가 편찬한 책으로 중국 최초의 농학서이다. 氾勝之는 漢 成帝 때 사람으로 일찍 議郎이 되어 陝西 關中平原 지역에서 백성들에게 농사짓는 법을 가르쳐 풍작을 거두었다고 한다. 모두 18편으로 이루어진 농서로, 황하 유역의 농업기술을 대상으로 하였다. 耕田, 收種, 區田法을 포함해 大豆, 小豆 등 약 18종의 작물에 대한 재배기술을 다루고 있다. 특히 다수확 농법인 區田法은 淸代까지 영향을 준 획기적인 농법이다.

범씨范氏 **『매보』** 梅譜
宋의 范成大(1126-1193)가 지은 책으로 세계에서 가장 이른 매화에 대한 전문저서이다.

『본사』 本史
조선 후기의 문신 徐命膺이 지은 農書로 총 12권이다. 1787년 완성하였으나 1845년 손자 徐有榘에 의해 출간되었다. 『保晩齋叢書』 권23～34로 편입되어 있다. 이 책은 저자의 서문, 후서, 목차, 본문, 서유구의 후발로 구성되었다. 제1권은 각종 작물에 대하여 기록하고 있고, 제2권은 관련농업기술, 제3권은 농기구, 경운, 파종 시기, 제4권은 가축, 양어, 양봉과 備荒, 救災, 止飢에 대하여, 제5권은 채소원예작물, 滑菜, 水菜, 芝栭, 제6권은 核果, 水果, 藤果, 叢果, 제7권은 貞木, 香木, 喬木, 灌木, 제8권은 香草, 芳草, 제9권은 山草, 濕草, 野草, 제10권은 石草, 水草, 菰草, 제11권은 蔓草, 변초, 제12권은 蠶紀, 苧紀, 棉紀에 대하여 기록하고 있다.

『본초습유』 本草拾遺
唐代의 陳藏器가 편찬한 의서로, 전10권이다. 원서는 전하지 않으며 『唐書』「藝文誌」, 『증류본초(證類本草)』 등의 책에서 단편적으로 볼 수 있다.

『본초연의』 本草衍義
宋代의 寇宗奭이 편찬하여 1116년에 간행된 의서로, 전 20권이며, 작자의 약재 감별과 약물 응용의 오랜 경험에 근거하여, 『嘉祐補註神農本草』 중 470종 가운데 설명이 미진한 약물에 대하여 상세한 분석과 해석을 붙인 책이다.

『본초유보』 本草遺補
북송 때의 명의였던 방안시(龐安時)가 편찬한 책이다. 그는 『본초강목』과 같은 약물학 저서들에 기록되어 있지 않은 일부 약재들을 임상실험을 통하여 효과가 있음을 검증하고 이 책을 편찬하였다.

『북학의』 北學議
조선 후기의 실학자인 朴齊家(1750～1805)가 1778년 謝恩使 蔡濟恭의 수행원으로 청나라에 가서 李調元 등 청나라 학자들에게 새 학문을 배우고 이 여행에서 얻은 지식을 엮은 책. 內篇 1권과 外篇 1권으로 2권 1책이다. 내편은 車船, 城壁, 宮室, 道路, 橋梁, 牧畜, 賈市 등 39항목으로 되어 있고, 일상생활에 필요한 모든 기구와 시설에 대한 개혁론을 제시하여 설명하였다. 외편은 田糞, 桑, 農蠶總論, 科擧論, 官論, 祿制, 財賦論 등 17항목의 논설을 개진하여 농업기술의 개량과 외국 무역의 이점을 설파하였다.

『비아』 埤雅
송대 陸佃(1042～1102)이 쓴 訓詁書이다. 모두 20권으로 오로지 名物을 해석한 것이므로 『爾雅』를 보충한다고 생각하여 埤雅라고 이름하였다.

『사류전서』 事類全書
宋代 祝穆이 원저자이고 뒤에 元代의 富大用등이 속편한 30권의 『古今事類全書』를 지칭하는 것으로 여겨진다.

『사민월령』 四民月令
後漢의 崔寔이 연중행사를 기록한 책이다. 完本은 전하지 않고 여러 서적에 인용되어 있는 逸文을 모은 것이 『漢魏遺書抄』, 『全上古三代秦漢三國六朝文』 등에 수록되어 있다. 『禮記』「月令」을 모방하여 士農工商의 四民이 준거해야 할 연중행사를 기록하였다. 내용은 祭祀, 宗族, 農事, 家禮, 教育, 도둑의 방어, 治病 등에 이른다.

『사시찬요』 四時纂要
唐末 韓鄂이 당시의 1년 동안 각 달마다 해야 할 일을 나누어 기록한 5권의 月令式 농서이다. 6세기 초의 『齊民要術』에서 12세기 초의 『陳旉農書』 사이에 드물게 보는 상세한 내용의 농서로 唐과 五代의 농업기술을 연구하는 데 귀중한 자료이다. 많은 부분이 『氾勝之書』, 『四民月令』, 『齊民要術』에서 인용한 것이지만 독창적 내용 또한 많다고 한다. 南宋代 이미 일실되었는데, 996년 北宋代에 간행되었던 판본을 조선에서 1590년 重刻한 판본이 1960년 일본에서 출현하여 오늘날 그 원문을 다시 볼 수 있게 되었다.

『산가청공』 山家清供
남송 때의 林洪이 편찬한 요리관련 저서이다. 이 책은 素食을 중심으로 당시에 유행하였던 104종의 식품에 대해 소개하고 있다. 일명 『산가청사(山家淸事)』라고도 한다.

『산거사요』 山居四要
元代의 농학가였던 汪汝懋(1341~1368)가 저술한 책으로 총 5권이다. '四要'란 攝生, 養生, 衛生, 治生의 요점을 말한다.

『산거요술』 山居要術
唐代의 道士였던 왕민(王旻)이 편찬한 책이다. 이 책에는 여러 종류의 약용식물의 재배방법에 대하여 기록하고 있다. 일명 『산거록(山居錄)』이라고도 한다.

『산림경제보』 山林經濟補
오늘날 佚書로 전해오지 않아 著者에 대한 것조차 정설이 없다. 다만 조선 후기의 학자 流巖 洪萬選(1643~1715)이 지은 4권의 『산림경제』가 홍만선 자신 혹은 이후 다른 사람들에 의해 증보된 책이라는 점은 분명하다. 『산림경제』가 인쇄본이 아닌 필사본으로 전해오는 과정에서 여러 사람에 의해 내용이 증보되어 만들어진 것이 이 책이 아닌가 여겨지고 있다.

『색경』 穡經
조선 후기 朴世堂(1629~1703)이 지은 2권의 농서. 농사에 관한 경서라는 뜻으로 穡經이라 이름 붙였다. 자신의 농사경험을 바탕으로 중국의 農書를 우리 농업 환경에 맞도록 편찬, 저술했다. 任地, 辨土, 耕地, 播種과 같은 기본적인 농법을 설명한 뒤 개별 작물들에 대해 설명했다. 『農桑輯要』, 『齊民要術』, 『氾勝之書』 등의 중국 농서를 참고했으며, 국내 농서에서 인용한 듯한 부분도 상당히 있다. 『農家集成』이 남부지방의 농법을 수록하여 전국으로 확산하려는 것이었음에 반해, 『穡經』은 중부 이북의 풍토에 적합한 寒田農法을 찾아 보급하려는 취지를 가지고 있다.

『송씨잡부』 宋氏雜部
서지정보 미상.

『수시통고』 授時通考
清代 乾隆 二年(1737)부터 皇家에서 王弘을 책임자로 하여 40여 명의 문신들을 동원하여 5년간의 기간을 거쳐 편찬, 간행한 중국 전통 형식의 마지막 農書이다. 이 책은 고대 農書를 輯錄한 외에도 經·史·子·集을 포함한 농사에 관련된 기록들을 널리 인용하였는데 총 427종의 문헌을 인용하고 삽도 512폭을 넣어 78권으로 완성되었다.

『식경』 食經
北魏 때 武成子의 작위를 받은 山東 사람 崔浩(?~450)가 지은 4권의 책. 최호가 지었다고 전하나 실은 최씨의 어머니 盧氏가 평소 酒食을 장만하여 시부모를 모시고 또 제사 지내던 것 등을 口授한 것이라고 한다. 원본은 일찍이 일실되고 오늘날 『齊民要術』, 『北堂書鈔』, 『太平御覽』, 『王氏農書』에 40여 조목이 전해지고 있다.

『약록』 藥錄
삼국 시기의 藥王으로 불리던 李當之가 편찬한 책이다. 그는 華陀의 제자로도 알려져 있는데 화타에게 전수받은 것과 자신의 약학에 대한 연구 성과를 더하여 이 책을 완성하였다.

『어우야담』 於于野譚
조선 선조 때 於于堂 柳夢寅이 지은 이야기 모음집으로 일반적으로 조선 후기 野談類의 효시라 일컬어지는 책이다.

『연경당잡초』 研經堂雜抄
서지정보 미상.

『연북잡지』 研北雜志
元代의 陸友가 지은 책으로 문예에 대한 내용이 많다. 陸友의 자가 友仁이고 호가 研北生이었으므로 본문에서는 陸友仁의 『硏北雜志』라 하였다.

『오물지』 吳物志

吳 지방에서 생산되는 물건에 대해 기록한 책이다.

『오잡조』 五雜俎

明代의 福建 사람으로 廣西按察使를 역임하고 文人이었던 謝肇淛(1567~1624)의 수필이다. 組를 俎로 쓴 것도 있다. 모두 16권이데 天部, 地部 각 2권, 人部, 事部, 物部 각 4권씩이며 5部로 구성되어 있다고 하여 책명이 오잡조이다. 이 책은 崇明反淸적 내용 때문에 淸 건륭 때 文字獄에 걸려 불태워졌다. 이 책은 기본적으로 天을 氣의 덩어리로 보아 天人感應등을 부정하고 과학적 입장을 취하고 있다. 『오잡조』의 최초의 판본은 明 만력 말 新安 如韋軒 刻本인데 이것이 비밀리에 잘 보존되어 오늘에 이르고 있다.

『왕우군첩』 王右軍帖

東晉의 서예가이며 書聖이라 일컬어지는 王羲之의 書帖. 王羲之가 右軍將軍 벼슬을 하였으므로 王右軍이라고도 부른다.

왕씨『자설』 王氏字說

宋代의 王安石이 漢字의 연원과 造字 원리에 대하여 저술한 책으로 총 20권(일설에는 24권이라 함)이다.

『우산잡설』 祐山雜說

明代의 馮汝弼이 편찬한 책이다. 평소의 자질구레한 일들과 타인의 일에 대해 적고 있으며 끝에 농작물 재배 방법에 대해 기록하고 있다.

『유양잡조』 酉陽雜俎

唐代 荊州 사람 段成式(803~863)이 지은 30권의 책이다. 段成式은 재상 段文昌의 아들인데 벼슬하여 太常少卿, 江州刺史에 이르렀다. 그는 자기 집에 秘書가 많은 것이 秦代 酉陽의 동굴에 책이 숨겨져 있던 것과 같다고 여겨 제목을 酉陽이라 하고, 책의 내용이 잡다하므로 雜俎라 하였다고 한다. 체제가 晉代 張華의 『博物志』와 비슷하다.

『육서정온』 六書精蘊

明代의 魏校가 漢字의 연원과 造字 원리에 대해 저술한 책으로 총 6권이다.

『이물지』 異物志

東漢의 楊孚가 2세기 초에 지은 책이다. 이 책은 嶺南의 육지와 강, 바다에서 생산되는 물산의 종류에 대해 기술한 책으로 영남의 식물학, 동물학과 광물학에 대하여 서술한 가장 이른 자료이며, 중국에서 한 지역의 동식물에 대해 기록한 최초의 저작이다.

『이아익』 爾雅翼
『爾雅』를 補翼한다는 뜻으로 南宋代 羅願(1136~1184)이 지었다. 이 책은 총 32권이며 釋草, 釋木, 釋鳥, 釋獸, 釋虫, 釋魚의 6부로 구성되어 있다.

『이원』 異苑
南朝 때 宋의 劉敬叔이 편찬한 志怪小說集이다.

『일본종저방』 日本種藷方
서지정보 미상. 다만 조선시대에 지어진 『종저방』이란 책이 있는데 고구마 재배기술에 관하여 소개하고 있다. 따라서 『일본종저방』은 일본의 고구마재배기술에 관한 책으로 『종저방』과 일련의 관계가 있을 것으로 보인다.

『자천소품』 煮泉小品
明代의 田藝蘅이 물맛과 차의 관계에 대하여 저술한 책이다.

장약재『종화법』 張約齋種花法
南宋 때의 張鎡가 지은 것으로 추정된다. 約齋는 그의 호이다. 『종화법』은 오늘날 『종수서』의 끝에 부록되어 있고 남송의 문헌에는 보이지 않는다. 내용은 꽃·과일·나무의 재배, 접하는 법, 보호하고 기르는 법에 대하여 터득한 점을 적고 있다.

「장약재종화법주」 張約齋種花法注
『種樹書』의 말미에 張約齋의 『種花法』에 부록되어 있다. 이 문장은 꽃, 과일, 나무 등의 심는 방법, 접붙이는 법, 보호하고 기르는 법에 대하여 터득한 내용을 적고 있다.

『전이기』 傳異記
중국 고대 필기소설로 신선귀괴에 대한 기이한 이야기들을 소재로 하고 있다.

『제민요술』 齊民要術
중국에 현존하는 가장 오래된 종합 농업기술서로서 전10권이다. 이 책은 北魏의 北陽太守였던 賈思勰이 저술하였으며, 6세기 전반에 간행되었다. 五穀, 野菜, 果樹, 香木, 桑麻의 種植法, 가축의 사육법, 술, 간장의 양조법 그리고 가공, 판매, 조리의 과정에 이르기까지 상세히 기술하고 있다. 수많은 참고문헌과 당시의 학설들을 모았다. 조, 수수로 대표되는 華北의 건조농법을 전하는 중요한 자료이며, 12세기 이후 華中의 벼농사에 관한 책이 나오기까지는 중국의 대표적인 농업기술서였다.

『제주풍토기』 濟州風土記

李健(1614-1662)이 제주 유배 생활을 시작한 1628년부터 1635년 울진으로 이배되기 전까지 17세기 제주도의 풍토 및 상황을 고찰한 한문 수필. 『葵窓集』 권5에 수록되어 있다. 제주도의 지리적 위치와 풍속의 하나인 뱀 신앙, 기후, 목축 상황과 목자의 고통, 농사의 경작 상황, 귤 종류에 대한 설명, 제주도 여인의 풍속, 잠녀의 풍속과 관원들의 횡포, 神堂의 모습, 동식물, 삼성혈의 신화, 김만일의 屯馬 및 자신의 소감을 수록하고 있다.

「종수곽탁타전」 種樹郭橐駞傳

당송팔대가 중의 한 사람이었던 柳宗元이 지은 문장이다. 이 문장은 나무 심는 것을 빗대어 위정자들이 정치를 함에 있어서도 경계하라고 충고한 내용이다. 유종원은 柳州刺史를 지낸 적이 있으므로 柳柳州라고도 부른다.

『종수서』 種樹書

元末 明初 兪貞木(1331~1401, 일명 兪宗本이라고도 함)이 지은 3권의 저서.

『증보도주공서』 增補陶朱公書

이 책은 이름이 여러 가지인데 『陶朱公致富奇書』, 『重訂增補陶朱公致富全書』, 『增補致富奇書全集』, 『增補致富奇書』, 『重訂致富全書』, 『蘊古堂增補陶朱公致富奇書廣集』, 『農圃六書』등이 모두 그것이다. 모두 4권인데 1권은 穀, 蔬, 木, 果를, 2권은 花, 藥, 牧畜을, 3권은 占候, 詩賦를, 4권은 衛生, 調攝, 服食 등을 기술하였다. 이 같은 체제는 『多能鄙事』, 『便民圖纂』과 비슷하지만 보다 진일보된 것이다. 이 책은 민간에서 대환영을 받아 계속 증보, 간행하였으므로 판본이 심히 많아 저자가 누군지를 잘 알 수 없게 만들었지만, 그러나 원저자는 明代의 陳繼儒(1558~1639)이며 증보는 淸代 사람에 의해 이루어진 것이다. 춘추시대 越의 范蠡의 별칭인 陶朱公이라고 한 것은 假託이다.

『증보산림경제』 增補山林經濟

1766년 柳重臨이 洪萬選의 『山林經濟』를 증보하여 간행한 農事要訣書이다. 16권 12책으로 되어 있는데 제1책 卜居, 治農, 제2책 種樹, 養花, 제3책 養蠶, 牧養, 제4책 治圃, 攝生, 種德, 徵惡附, 제5, 6책 治膳, 제7책 救荒, 제8, 9책 家政, 제9책 擇言, 抄求嗣, 제10책 救急, 제11책 增補四時纂要, 選擇, 제12책 雜方, 東國山水錄 등으로 분류, 수록되어 있다. 이 책은 博物志의 성격을 띤 문헌으로 徐有榘의 『임원경제지』에 큰 영향을 끼친 책이다.

『증보치부기서』 增補致富奇書

明末에 저술된 책으로 『陶朱公致富奇書』, 『重訂增補陶朱公致富全書』, 『增補致富奇書全集』,

『重訂致富全書』, 『蘊古堂增補陶朱公致富奇書廣集』, 『農圃六書』라고도 한다. 이 책은 農桑 생산을 중심으로 하여 果蔬·竹木·花卉·家畜·家禽·農産品加工·日常生活·醫藥衛生 등에 관한 내용을 겸하여 서술하고 있는데 농업생산에서부터 일상생활에 이르기까지의 적절히 실행할 수 있는 내용들을 담고 있기 때문에 민간에서 인기가 좋았다. 그러므로 출판 상인들이 이윤을 목적으로 책의 제목을 바꿔가면서 자료를 조금씩 보태고 또 陶朱公의 이름까지 가탁하기에 이르렀다. 그리하여 전해지는 판본도 매우 많으며 저자도 단정짓기 어렵다.

『지봉유설』 芝峯類說
1614년에 芝峯 李睟光이 편찬한 일종의 백과전서로 총 20권이다. 주로 고서와 고문에서 뽑아 기록한 奇事逸聞集이다.

『차해』 茶解
明代의 羅廩이 지은 차 관련 저서이다.

『청천양화록』 菁川養花錄
조선 世祖 때의 문신 仁齋 姜希顔(1417-1464)이 지은 園藝에 관한 책으로 원명은 『菁川養花小錄』이다. 老松, 萬年松, 烏斑竹, 국화, 매화, 蘭蕙, 瑞香花, 蓮花, 石榴花, 梔子花, 四季花, 山茶花, 紫薇花, 일본척촉화, 橘樹, 石菖蒲, 怪石, 種盆內花樹法, 기타 雜法 등의 항목으로 나누어 수록하고 있다.

『초계시화』 苕溪詩話
宋代 胡仔가 저술한 책이다. 이 책은 주로 시화에 대하여 논하고 있으며 차에 관한 내용도 일부 담고 있다.

『쾌설당만록』 快雪堂漫錄
明代 馮夢禎(1548～1595)이 지은 책.

『탐라지』 耽羅志
1653년(효종 4) 제주목사 李元鎭(1594～?)이 『東國輿地勝覽』 및 『濟州風土錄』을 참고하여 편찬한 제주도 濟州牧·旌義縣·大靜縣의 읍지이다. 내용은 제주현과 정의현으로 나누어 토지의 경계 및 도로·관원·성씨·풍속·명승지·산천·교량·토산품·경작지의 면적·성곽·防護所·水戰所·봉화대·궁실·창고·학교·향약·사원·軍兵·노비·과수원·인물·효자·열녀 등으로 구성되어 있다.

『파한집』 破閑集
고려 명종 때의 문신 李仁老(1152-1220)가 지은 詩話集. 『파한집』이라는 제목 그대로 문인의 破閑的인 文談이며, 詩話·記事·自作詩와 아울러 신라의 옛 풍속 및 西京과 開京의 풍물·궁궐·사찰 등이 재치 있게 소개되어 있다.

『패사류편』 稗史類編

明代의 王圻(1530-1615)가 지은 책. 동시대 사람이었던 唐順之의 『稗編』의 내용이 이 책의 내용이라고 잘못 알려진 것이 많다고 한다.

『편민도찬』 便民圖纂

明代 河北 사람 鄺璠(1465~1505, 字는 廷瑞)이 편집한 16권의 책. 『四庫全書總目』에서는 지은 이는 알 수 없고 광씨가 처음으로 간행하였다고 하였다. 광씨가 蘇州府 吳縣 현감으로 있던 1495년 전후에 편집되었을 것으로 여겨진다. 明代 소주 지역의 농업을 반영한 책이다. 1, 2권은 圖畵이고 3권은 耕獲類, 4권은 桑蠶類, 5, 6권은 樹藝類, 7권은 雜占類, 8권 月占類, 9권은 祈禳類, 10권은 涓吉類, 11권은 起居類, 12, 13권은 調攝類, 14권은 牧養類, 15, 16권은 製造類인데 8, 9, 10권엔 미신적인 요소가 많다.

『편민찬요』 便民纂要

서지정보 미상

『풍토기』 風土記

西晉의 周處가 편찬하였다. 이 책은 지방의 풍속에 대해 기술한 명저로 오늘날 단오, 칠석, 중양절 등의 습속을 고찰하는 데 근거를 제공하고 있다.

『피서록어』 避暑錄語

宋代의 葉夢得이 편찬한 책이다. 이 책은 섭몽득과 그의 제자들이 유난히 무더웠던 1135년 여름에 시원한 숲속에 피서하면서 고금의 잡사와 보고 들은 것에 대하여 이야기한 것을 적은 내용들이다. 일명 『避暑錄話』라고도 한다.

『학림신편』 學林新編

宋代의 王觀國이 편찬한 책으로 일부 차 관련 내용을 담고 있다.

『해동농서』 海東農書

1798년경 徐浩修(1736-1799)가 지은 농서. 徐浩修는 『攷事新書』를 지은 徐命膺의 아들이며 『林園經濟志』를 지은 徐有榘의 아버지이다. 『농가집성』, 『증보산림경제』를 기초로 중국의 농서, 특히 王禎의 『王氏農書』와 徐光啓의 『農政全書』를 인용하였다.

『행포지』 杏蒲志

1825년에 徐有榘(1764~1845)가 저술한 4권의 農書이다. 저자의 대표작인 『임원경제지』보다 먼저 농업기술과 농지경영에 관해 저술한 책으로, 『임원경제지』의 편찬 과정과 서유구의 농학 연구 과정을 보여주는 자료로서 중요하다. 저자는 서문에서 농사 전반에 걸친 내용을 하나씩 모은 것으로, 중국 徐陵侯가 杏林과 菖蒲를 보면서 勸農한 故事를 따라 '행포지'라는 이름을 붙였다고 밝혔다. 또 이 책은 농사를 짓는 사람뿐만 아니라 권세를 잡고 있는 관리들을 위한 것도 되니, 관리들이 이런 책을 비웃어서는 안 된다고 하여 저자의 실학적 자세를 표현하고 있다. 권1에서는 토지 면적의 측량법과 척도법 등 結負法과 量田法, 反畓(번답), 代田 등의 耕農法, 灌漑法, 토양과 각지의 토질, 經緯度의 차이에 따른 營農法 등을 논했다. 권2에서는 파종과 종자선택, 수확과 갈무리, 벼, 옥수수, 보리, 콩 등 작물에 대해 서술했다. 권3은 채소와 과일류, 고구마, 茶 등에 대한 설명이며, 권4는 穀名攷이다. 이 책의 내용은 『임원경제지』의 「本利志」, 「灌畦志」에 대부분 수록되어 있다.

『허씨차소』 許氏茶疏

명대의 許次杼가 편찬한 중국의 차 관련 저서이다.

『화한삼재도회』 和漢三才圖會

1713년에 일본의 한방 의사였던 寺島良安이 편찬한 105권의 방대한 類書. 1607년에 명나라 王圻가 편찬한 『三才圖會』 106권의 체제와 정보를 바탕으로 일본에 관한 정보를 보충하여 다시 편찬한 책이다.

『황정요람』 荒政要覽

明代의 俞汝가 지은 책으로 10권이다. 이 책은 명대의 救荒 제도와 조치에 대하여 기록한 저서이다.

『회남만필술』 淮南萬畢術

西漢의 劉安(B.C. 179~B.C. 122)이 지은 책으로 중국 고대의 물리, 화학에 관한 중요한 문헌이다.

만학지 01 상세목차

卷第一 총서 總敍

살구나무 杏

1. 명칭과 품종 名品
2. 심고 가꾸기 種藝
3. 접붙이기 接換

매실나무 梅

1. 명칭과 품종 名品
2. 적합한 토양 土宜
3. 심고 가꾸기 種藝
4. 접붙이기 接換
5. 물주고 북돋우기 澆壅
6. 제조 製造
7. 쇄언 瑣言

복숭아나무 桃

1. 명칭과 품종 名品
2. 종자 선택하기 擇種
3. 심고 가꾸기 種藝
4. 접 붙이기 接換
5. 치료법 醫治
6. 저장하기 收藏

밤나무 栗

1. 명칭과 품종 名品
2. 적합한 토양 土宜
3. 점후 占候
4. 종자 선택하기 擇種
5. 심고 가꾸기 種藝
6. 접붙이기 接換
7. 물주고 북돋우기 澆壅
8. 금기 宜忌
9. 수확하기 收採

만학지 02 상세목차

卷第四 나무류 木類

卷第五 잡식 雜植

찾아보기

ㄱ

ㄴ

ㄷ

ㅈ

박순철
전북대학교 및 전남대학교 대학원 중어중문학과를 졸업하고(문학박사), 현재 전북대학교 교수로 재직 중이다. 주요 논문으로는 「蘇軾의 詩畵書 一律相通論 小考」, 「후창 김택술의 학문과 사상」 등이 있으며, 주요 저서로는 『중국고전소설강독』(공저), 『중국 옛 문장가의 논술쓰기』(공저), 『역주 사단칠정논쟁』(공저) 등이 있다.

김영
전북대학교 대학원 중어중문학과에서 석사과정을 졸업하고 박사과정을 수료하였다. 주요 논문으로 「郭店楚墓竹簡 雙聲兼疊韻通假字 考察」, 「漢文 古典籍의 올바른 飜譯을 위한 몇 가지 提言」(공저) 등이 있으며, 주요 번역서로는 『소식의 시세계와 평론(동파제발 1·2권)』 (공역), 『소식의 기호품론(동파제발 5·6권)』(공역), 『간재 전우 중용을 탐구하다』(공역) 등이 있다.

쌀·삶·문명 총서는 전북대학교 인문한국(HK) 쌀·삶·문명 연구원이 기획 발간합니다.

林園經濟志

만학지 晩學志 01

2010년 9월 30일 1판 1쇄

지은이 : 서유구
옮긴이 : 박순철·김영

펴낸이 : 柳炯植 펴낸곳 : (주)소와당 笑臥堂 신고번호 : 제313-2008-5호
주소 : (121-848) 서울시 마포구 성산1동 274-2 비에스빌딩 5층
전화 : 편집부 (02)325-9807 영업부 (070)7585-9639
팩스 : (02)3141-9639 전자우편 : sowadang@gmail.com

값은 뒤표지에 적혀 있습니다.
잘못 만든 책은 서점에서 바꾸어 드립니다.

ISBN 978-89-93820-29-4 94910(세트)
ISBN 978-89-93820-26-3 94910